UTB 3357

utb.

W0368280

Eine Arbeitsgemeinschaft der Verlage

Böhlau Verlag · Wien · Köln · Weimar
Verlag Barbara Budrich · Opladen · Toronto
facultas.wuv · Wien
Wilhelm Fink · Paderborn
A. Francke Verlag · Tübingen
Haupt Verlag · Bern
Verlag Julius Klinkhardt · Bad Heilbrunn
Mohr Siebeck · Tübingen
Nomos Verlagsgesellschaft · Baden-Baden
Ernst Reinhardt Verlag · München · Basel
Ferdinand Schöningh · Paderborn
Eugen Ulmer Verlag · Stuttgart
UVK Verlagsgesellschaft · Konstanz, mit UVK/Lucius · München
Vandenhoeck & Ruprecht · Göttingen · Bristol
vdf Hochschulverlag AG an der ETH Zürich

Studieren, aber richtig
Herausgegeben von Theo Hug, Michael Huter und Otto Kruse

Die Bände behandeln jeweils ein Bündel von Fähigkeiten und Fertigkeiten. Das gesamte Paket versetzt Studierende in die Lage, die wesentlichen Aufgaben im Studium zu erfüllen. Die Themen orientieren sich an den wichtigsten Situationen und Formen des Wissenserwerbs. Dabei werden auch das scheinbar Selbstverständliche behandelt und die Zusammenhänge erklärt.

Weitere Bände:
Otto Kruse: Lesen und Schreiben (UTB 3355)
Klaus Niedermair: Recherchieren und Dokumentieren (UTB 3356)
Gerlinde Mautner: Wissenschaftliches Englisch (UTB 3444)
Steffen-Peter Ballstaedt: Visualisieren (UTB 3508)
Jasmin Bastian, Lena Groß: Lerntechniken und Wissensmanagement (UTB 3779)

Informationen, Materialien und Links: star.huterundroth.at

Theo Hug, Gerald Poscheschnik

Empirisch forschen

Die Planung und Umsetzung von Projekten im Studium

Unter Mitarbeit von
Bernd Lederer und
Anton Perzy

2., überarbeitete Auflage

UVK Verlagsgesellschaft mbH · Konstanz
mit UVK/Lucius · München

Zu den Autoren
Theo Hug und Gerald Poscheschnik lehren an der Fakultät für Bildungswissenschaften der Universität Innsbruck. Bernd Lederer und Anton Perzy sind Mitarbeiter an derselben Fakultät.

Bibliografische Information der Deutschen Nationalbibliothek
Die Deutsche Nationalbibliothek verzeichnet diese Publikation in der Deutschen Nationalbibliografie; detaillierte bibliografische Daten sind im Internet über http://dnb.d-nb.de abrufbar.

1. Auflage 2010
2. Auflage: © Verlag Huter & Roth KG, Wien 2015. www.huterundroth.at
Lizenznehmer: UVK Verlagsgesellschaft mbH, Konstanz

Satz und Layout: Claudia Wild, Konstanz
Einbandgestaltung: Atelier Reichert, Stuttgart
Coverillustration: Graf+Zyx
Druck und Bindung: Pustet, Regensburg

UVK Verlagsgesellschaft mbH
Schützenstr. 24 · 78462 Konstanz
Tel. 07531-9053-0 · Fax 07531-9053-98
www.uvk.de

UTB-Band Nr. 3357
ISBN 978-3-8252-4304-3

Inhalt

Überblicke

Worum es in diesem Buch geht und wie man es benützt (TH, GP)

Empirische Forschung ist ein zentrales Thema nahezu jeder wissenschaftlichen Ausbildung. Im Studium werden Sie bald die Erfahrung machen, dass sie nicht nur in den Lehrveranstaltungen zu Theorien und Methoden, sondern auch in anwendungsorientierten Kursen eine Rolle spielt. Immer wieder wird dabei auf empirische Forschungsergebnisse Bezug genommen. Sie sind aufgefordert, Forschungsberichte auch selbst nachzuvollziehen und zu beurteilen. Mehr noch: Spätestens bei der abschließenden Qualifizierungsarbeit stellt sich die Frage, wie Sie Ihr eigenes erstes Forschungsprojekt aufsetzen und realisieren können. Empirische Forschung wird Ihnen also während Ihres ganzen Studiums auf Schritt und Tritt begegnen.

Methodenkurse zählen im Allgemeinen nicht gerade zu den beliebtesten Lehrveranstaltungen. Es gibt sogar Studierende, die die Auseinandersetzung mit Forschung und Forschungsmethoden als Zumutung empfinden. Das kann unterschiedliche Gründe haben. Einerseits befürchten sie, mit abstrakten und komplexen Inhalten überfordert zu werden. Andererseits konkurriert die empirische Forschung auch mit Lehrveranstaltungsangeboten, die schon im Titel lebens- und berufspraktische Bedeutung versprechen. Es ist auch nicht auszuschließen, dass Statistik- und Methodenkurse da und dort dazu missbraucht werden, um mit Knock-out-Prüfungen den Andrang von Studierenden zu bewältigen. Grundsätzlich ist empirische Forschung allerdings weder komplizierter noch uninteressanter als andere Teile Ihres Studiums.

> Was haben das Kochen eines feinen Menüs, das Einstudieren eines neuen Musikstücks, die Programmierung einer tollen Website, das Erlernen einer Fremdsprache, das Einüben neuer Tanzschritte und der Erwerb forschungsmethodischer Kompetenzen gemeinsam? – Alle diese Tätigkeiten können Befriedigung verschaffen, Spaß machen und Freude bereiten – und: sie bedeuten auch Arbeit, sie erfordern eine gewisse Liebe zur Sache, und sie brauchen Zeit und Geduld.

Mit diesem Buch wollen wir Ihnen den Einstieg in Methodenfragen erleichtern und Ihnen helfen, sich im weiten Feld der empirischen Forschung zu orientieren. Wir möchten Sie ermutigen, über Methodenthemen nachzudenken, Anwendungen zu erproben und Schritt für Schritt forschungsmethodische Kompetenzen zu erwerben. Deshalb konzentrieren wir uns auf zentrale Themen und Schlüsselfragen. Indem wir Sie mit grundlegenden Erfordernissen und Prinzipien vertraut machen, wollen wir Ihre Neugier wecken und gleichzeitig allfällige Befürchtungen im Zusammenhang mit empirischer Forschung zerstreuen oder zumindest mildern. Das Buch kann Ihnen als Lösungshilfe für praktische Probleme in der Forschung dienen, sowohl im Studium als auch in der beruflichen Praxis. Darüber hinaus hilft es Ihnen auch, empirische Forschungsarbeiten anderer besser zu verstehen.

Die inhaltliche Gliederung des Bandes folgt der Logik, nach der empirische Forschung üblicherweise abläuft. Damit dient er auch als Leitfaden für die Durchführung Ihres eigenen Forschungsprojekts. Bevor Sie Ihr erstes eigenes empirisches Forschungsprojekt in Angriff nehmen, können Sie das Buch von Anfang bis zum Ende durchlesen und dabei alle Schritte Ihres Vorhabens planen. Sie haben aber auch die Möglichkeit, einzelne Kapitel zu lesen, und verschaffen sich damit einen raschen Überblick über ein bestimmtes Thema. Wenn Sie zum Beispiel Information über qualitative Interviews brauchen, lesen Sie einfach Abschnitt IV.1. Im Inhaltsverzeichnis sind die wichtigsten Themen der empirischen Forschung benannt. In jedem Fall wird Ihnen der Band dabei helfen, die begrenzte Zeit mit Lehrenden oder TutorInnen möglichst sinnvoll und effektiv zu nutzen.

Beim Schreiben haben wir die Dinge absichtlich vereinfacht. Das soll Ihnen den Einstieg ins Thema erleichtern. Es gibt kaum einen Punkt, den man nicht relativieren und diskutieren könnte, aber um die Sache nicht unnötig zu verkomplizieren, haben wir darauf weitgehend verzichtet. Damit nehmen wir bewusst in Kauf, dass Sie wahrscheinlich eines Tages, wenn Sie über eine gewisse methodologische Expertise verfügen, auf dieses Büchlein milde lächelnd zurückschauen können. Es ist nicht mehr als eine Leiter, die dazu dient, das nächsthöhere Plateau des Wissens zu erklimmen. Dort angelangt, können Sie darauf verzichten und sie getrost umstoßen.

Wir weisen also auf die Grenzen dieses schmalen Büchleins hin. Wir möchten Ihnen nicht vormachen, dass alles, was man über empirische Forschung wissen kann, in diesem Buch steht. Wenn Sie in einem bestimmten Gebiet Expertise erlangen möchten, müssen Sie weiterlesen. Aus diesem Grund enthält das Buch auch am Ende jedes Abschnitts einen oder mehrere Literaturtipps. Außerdem haben wir eine Reihe von Internetquellen zusammengestellt, die beim Erwerb forschungsmethodischer Kompetenzen hilfreich sind. Damit können Sie Ihr Wissen gezielt ausbauen.

Überblick

Fragen, die Ihnen dieser Band beantwortet

- Worin unterscheidet sich wissenschaftliche Erkenntnis von Alltagserkenntnis?
- Was ist und wie funktioniert empirische Forschung?
- Wie kann ich Hypothesen und Forschungsfragen finden?
- Wie plane ich mein erstes empirisches Forschungsprojekt?
- Wie läuft ein empirisches Forschungsprojekt ab?
- Welche Forschungsdesigns und Forschungsmethoden gibt es?
- Was ist der Unterschied zwischen qualitativen und quantitativen Forschungsmethoden?
- Welche Forschungsdesigns und Forschungsmethoden soll ich verwenden?
- Wodurch zeichnet sich eine gute wissenschaftliche Studie aus?
- Welche Methoden zur Erhebung von Daten gibt es?
- Welche Methoden zur Aufbereitung von Daten gibt es?
- Welche Methoden zur Auswertung von Daten gibt es?
- Wie kann ich Software und digitale Medien für mein Forschungsprojekt nutzen?
- Wie kann ich meine Forschungsergebnisse erfolgreich präsentieren?

In die Erstellung dieses Buchs sind freilich weitaus mehr Texte eingeflossen als im Rahmen der wenigen Literaturtipps Erwähnung finden. Eine vollständige Liste aller verwendeten Literaturangaben befindet sich aus Platzgründen nicht in diesem Buch, sondern im Internet (star.huterundroth.at). Abgesehen von wissenschaftlicher Literatur sind auch Gespräche mit Studierenden, Diplomanden, Dissertantinnen und Kollegen, denen wir für ihre Anregungen und Hinweise danken möchten, in die Texte eingeflossen.

Das gesamte Buch ist übrigens ein gemeinsames Produkt der Herausgeber und Autoren, nichtsdestotrotz zeichnet Theo Hug (TH) hauptverantwortlich für die Abschnitte I.1 bis I.4, IV.4, V.3 und VI.1 bis VI.3. Gerald Poscheschnik (GP) hat die Abschnitte III.1 bis III.7, IV.1 und V.1 erstellt. Aus der Feder Bernd Lederers (BL) stammen die Abschnitte IV.2 und V.2. Anton Perzy (AP) schließlich hat die Abschnitte II.1 bis II.3 und IV.3 geschrieben.

Noch ein letzter Hinweis: Nur keinen falschen Respekt vor Büchern! Bei diesem Bändchen handelt es sich nicht um eine heilige Schrift, sondern um ein Werkzeug. Aus dem Grund ist es auch in Ordnung zu unterstreichen, Randnotizen einzufügen, Eselsohren zu machen, Post-its reinzukleben usw. Wissenschaftliche Bücher sind dazu da, verwendet zu werden. Man benützt ja auch einen Hammer und lässt ihn nicht nur im Werkzeugkoffer liegen.

Vorwort zur 2. Auflage (TH, GP)

Es freut uns, dass der vorliegende Band offenbar als so brauchbar empfunden wurde, dass eine zweite Auflage nötig wurde. Wir haben uns alle Mühe gegeben, Tippfehler zu korrigieren, Literaturtipps zu aktualisieren und da und dort Ergänzungen einzufügen. Selbstverständlich ist und bleibt *Empirisch forschen* ein Einführungs- und Grundlagenwerk, das speziell auf die Bedürfnisse von Studierenden in den ersten Semestern ihres Bachelorstudiums zugeschnitten ist. Es hat sich aber auch gezeigt, dass der Band auch für höhersemestrige Studierende nützlich ist und vielfach als Study Companion verwendet wird. Vielen Rückmeldungen konnten wir entnehmen, dass das Buch als hilfreich auch für die Planung von Abschlussarbeiten und Forschungsprojekten erachtet wurde.

Flankiert wird die aktualisierte Buchauflage auch von einer aktualisierten Homepage (star.huterundroth.at), auf der sich nicht nur Vertiefungs- und Ergänzungstexte zum freien Download befinden, sondern auch Hinweise auf weitere Teilbände der Buchreihe »STAR – Studieren, aber richtig«, Sinn und Zweck dieser Bände ist es, interessierten Studierenden wichtige Schlüsselkompetenzen für das Studium zu vermitteln. Diese »Basics«, wie beispielsweise Lesen und Schreiben, Recherchieren und Dokumentieren, Arbeiten mit Medien, Visualisieren und wissenschaftliches Englisch sind häufig nur ungenügend oder gar nicht in den Studienplänen verankert, werden aber trotzdem in Lehrveranstaltungen mehr oder weniger vorausgesetzt.

Um relativ unleserliche Wortungetüme, wie z. B. »jedeR StudentIn« oder »der/die Forscher/in« zu umschiffen, haben wir einen pragmatischen Weg eingeschlagen und einen bewusst lockeren Umgang mit dem eigentlich heiklen Thema gendersensibler Formulierungen gewählt. Wir hoffen, weder Frauen noch Männer vor den Kopf zu stoßen, wenn wir abwechselnd mal die weibliche und mal die männliche Form benutzen, aber trotzdem stets beide Geschlechter meinen; in den seltenen Fällen, in denen nur eines der beiden Geschlechter gemeint ist, haben wir das einfach durch die Adjektive weiblich resp. männlich kenntlich gemacht.

Abschließend möchten wir die Gelegenheit nutzen, um uns erneut bei Studierenden, Kolleginnen und Freunden für Unterstützung und Rückmeldungen zu bedanken!

I Ausgangspunkte

T. Hug

Ziel dieses Kapitels ist es, Sie beim Einstieg in die Thematik mit brauchbaren Anregungen und Hinweisen zu versorgen. Gleichzeitig wollen wir Ihr Verständnis für grundlegende Fragen der empirischen Forschung wecken und Sie zur Entwicklung eigener Standpunkte und Begründungen ermuntern. Sie werden sehen, dass es sich lohnt, methodische und methodenreflexive Kompetenzen zu erwerben – nicht zuletzt deshalb, weil sie sich auch im Alltag und in der beruflichen Praxis als nützlich erweisen können.

1 Nachdenken – Wozu überhaupt?

Wer anfängt, sich mit wissenschaftlicher Forschung zu beschäftigen, sieht sich schnell einer Vielzahl von Ergebnissen, Methoden und Ansätzen gegenüber. Die Ausdrucksweise und die Fachbegriffe sind schwer verständlich, man sehnt sich nach Überblick und Durchblick. Das Bedürfnis nach Orientierung ist nur zu gut verständlich, denn im Studium wird ja erwartet, dass Sie Forschungsergebnisse analysieren und kommentieren. Andererseits müssen Sie lernen, eigene Forschungsprojekte zu planen, durchzuführen und zu präsentieren.

Auf den ersten Blick mag das etwas viel verlangt erscheinen, vor allem wenn man dabei an grosse Würfe wie die Evolutionstheorie oder die Psychoanalyse denkt. Aber keine Sorge: Die meisten ForscherInnen produzieren keine nobelpreisverdächtigen Ergebnisse und von studentischen Qualifizierungsarbeiten werden keine bahnbrechenden Neuigkeiten erwartet.

Beachten Sie also: Zwischen groß angelegten Forschungsprojekten, für die viele Millionen Euro zur Verfügung stehen, und kleinen Studien, die im Rahmen von Lehrveranstaltungen, im Zusammenhang von Weiterbildung oder in beruflichen Kontexten gemacht werden, liegt ein weites Feld unterschiedlich anspruchsvoller Forschungsbemühungen.

Reflexion

Grundsätzlich geht es aber darum, dass Sie sich Gedanken darüber machen,
- wie sich **alltagsweltliche** und **wissenschaftliche Erfahrungen** zueinander verhalten
- welche Bilder und Vorverständnisse von wissenschaftlicher Forschung Sie haben
- was »Wissenschaft« und »empirisch Forschen« bedeuten
- wo die Freiheit der Forschung und wo ihre Grenzen liegen
- was auf dem Weg zu Ihrem ersten Forschungsprojekt wichtig ist.

Wissenschaftliche Forschung geht immer von Vorannahmen und Voraussetzungen aus. Darüber nachzudenken lohnt sich doppelt: Es wird nachvollziehbar, wie Problembeschreibungen entstehen. Und: die Entscheidung für oder gegen eine bestimmte Vorgangsweise lässt sich differenzierter diskutieren und begründen.

Über Ausgangspunkte nachzudenken, heißt auch, Zielsetzungen, Interessenslagen und Relevanzen von Forschungsergebnissen besser zu verstehen. Dabei rücken theoretische Vorannahmen, institutionelle Rahmenbedingungen, gesellschaftliche

Zusammenhänge, individuelle oder kollektive Voraussetzungen inhaltlicher Art ins Blickfeld. In jedem Fall wird deutlich, dass Tatsachen etwas »Gemachtes« sind.

2 Alltagserfahrung vs. wissenschaftliche Erfahrung

Alltagserfahrungen dienen häufig als didaktisches Hilfsmittel beim Themeneinstieg, zur Veranschaulichung von Kernaussagen und als Hintergrund und Gegensatz für wissenschaftliche Erfahrungen. Aber was sind Alltagserfahrungen?

Diese Frage lässt sich doch einfach beantworten, werden Sie sich vielleicht denken: Das sind Erfahrungen, die wir im alltäglichen Leben machen, zum Beispiel: Einkaufen gehen, eine Fahrkarte lösen, jemanden grüßen, einen Waldlauf machen, Radio hören, einen Weblog-Beitrag schreiben, sich einen Drink an der Bar genehmigen, usw. Die Liste ließe sich lange fortsetzen. Das mag schon sein, werden Sie nun vielleicht einwenden, aber wir können doch diese Erfahrungen mit einem Begriff zusammenfassen, zum Beispiel so: Alltagserfahrungen sind Erfahrungen, die wir im alltäglichen Leben immer wieder machen, ohne dass sie eine besondere Bedeutung für uns haben. – Gut, damit haben wir eine erste einfache Definition, man könnte auch sagen: eine alltagsweltliche Definition, also eine Begriffsbestimmung, die aus dem Alltagsleben stammt und in diesem für viele Zwecke bestens funktioniert.

Diese Definition ist insofern unscharf, als sie auf *wiederholte* Erfahrungen abzielt und die Abgrenzung zu *besonderen* Erfahrungen offen lässt. Offen bleiben weiters auch Abgrenzungen zu einmaligen *Erlebnissen* und nicht zuletzt zu jenem weit verbreiteten Alltagsverständnis von Erfahrung, demzufolge unter Erfahrung einer Person auch deren ausgeprägte Handlungskompetenzen in einem speziellen Arbeitsbereich, einem beruflichen Feld oder auch einer Sphäre der Freizeit gemeint sind. Denken Sie zum Beispiel an das Handlungswissen des erfahrenen Installateurs, der auch mit begrenzten Ressourcen und unter raum-zeitlichen Beschränkungen gut improvisieren und dauerhafte Lösungen schaffen kann. Oder stellen Sie sich eine erfahrene Seglerin vor, die viele Tausend Meilen gesegelt ist, die viele schöne und auch viele schwierige Situationen erlebt hat, und die sich in den allermeisten maritimen Lebenslagen gut zu helfen weiss. Kurzum: Wir sehen, dass wir bereits im Alltagsleben verschiedene Begriffe von ›Alltagserfahrung‹ verwenden. Auch wenn wir sie nicht ausdrücklich voneinander unterscheiden, so kommen wir im Allgemeinen mit ihnen gut zurecht.

Auch in der Philosophie und den Sozial- und Kulturwissenschaften sind unterschiedliche Begriffe von ›Alltagserfahrung‹ diskutiert worden. Die Akzentsetzungen fallen dabei alles andere als einheitlich aus. So wird das Augenmerk beispielsweise auf sinnliche Aspekte der Wahrnehmung, die Strukturierung von Alltagsrationalität, soziale Dimensionen der Erfahrung, einfühlendes Verstehen von Ereignissen sowie auf Fragen von Macht und Herrschaft gelegt. Für unsere Zwecke genügt die folgende Kurzdefinition:

Definition

Unter **Alltagserfahrungen** verstehen wir jene sinnlichen Wahrnehmungszusammenhänge, die sich auf soziale Ereignisbereiche des täglichen Lebens beziehen, in denen die Mehrheit der Gesellschaftsmitglieder über Wissen und Handlungskompetenzen verfügt.

Wichtig ist nun, dass wir uns vor Augen führen, wie wir solche Alltagserfahrungen kommunizieren und dokumentieren. Nehmen wir ein Beispiel:

Ein Kollege bekommt einen Anruf einer Werbeagentur, die seine Telefonnummer ausfindig gemacht hat und die ihn für ein Interview über Lifestyle-Fragen gewinnen will, das nur 10 Minuten dauert. Er lehnt dankend ab, nachdem der Zeitpunkt ungünstig ist und er sich auf das Gespräch mit seiner Freundin konzentrieren will. Die anrufende Person schwärmt ihm trotzdem von tollen Preisen vor, die er gewinnen kann und will das Telefonat ungeachtet seiner Erklärungen führen. Er wird ungeduldig und bricht den Telefonkontakt mit einem kurzen »Danke, nein« ab. Tags darauf treffen Sie ihn beim Sport und er erzählt Ihnen:

> Du, gestern hat eine Dame von so einer Agentur angerufen. Die wollte unbedingt wissen, ob ich ein Auto hab' und was für eines, und welches Shampoo ich verwende, und was weiß ich noch was alles. Du, die war ganz schön aufdringlich – unglaublich, wie die da vorgehen. Eigentlich wollte ich mich nachher beschweren, aber da war keine Nummer und ein Brief, na ja, der landet sowieso im Papierkorb. – Lass' uns von was Erfreulicherem reden: Wie war denn die Party am Wochenende ....

Überlegen wir kurz: Was charakterisiert diese **Alltagsbeschreibung**? – Es handelt sich um eine mündliche Erzählung. Sie enthält wertende Züge (z. B. »von so einer Agentur«) und drückt die subjektive Sicht der Erzählers recht einseitig aus. Die Beschreibung hat den Charakter des »So-und-so-ist-es« und enthält Verallgemeinerungen (z. B. »wie die da vorgehen«) sowie auch spekulative Elemente (z. B. »der landet sowieso im Papierkorb«). Weiters werden Gesten der Distanzierung von der Interviewerin und der persönliche Bezug zur Person deutlich, die Erfahrung erzählt bekommt.

Einige dieser Merkmale sind für die meisten Alltagsbeschreibungen charakteristisch. Wie steht es nun aber um die **wissenschaftliche Erfahrung**? Eine erste Antwort haben Sie schon, ohne sie vermutlich bemerkt zu haben: Indem wir uns zwar kurz, aber doch reflektiert mit der obigen Alltagsbeschreibung befasst haben, haben wir bereits eine reflexive Distanz zur Darstellung hergestellt – die Alltagsbeschreibung ist zum Gegenstand unserer Betrachtungen geworden. Freilich müssten bei einer wissenschaftlichen Analyse einer solchen Alltagsbeschreibung je nach Erkenntnisziel etliche weitere Gesichtspunkte beachtet werden. Fassen wir kurz zusammen:

1. Die Wissenschaft stellt alltagsweltliche Grundannahmen und Selbstverständlichkeiten in Frage und bricht mit der fraglos angenommenen Perspektive des »**So-und-so-ist-es**«.
2. Vielfach geht es in Wissenschaft darüber hinaus auch um die Überwindung nicht nur gewohnter alltagsweltlicher, sondern auch eingespielter wissenschaftlicher Sichtweisen.
3. Im Unterschied zu Alltagserfahrungen sind wir bei wissenschaftlichen Erfahrungen immer aufgefordert, die Methoden ausdrücklich zu benennen, mit denen die Erfahrungen gemacht worden sind.
4. Weiters ist die Auswahl der Methoden jeweils zu begründen und der institutionelle Zusammenhang deutlich zu machen.

Definition

Wissenschaftliche Erfahrungen

Unter wissenschaftlichen Erfahrungen verstehen wir jene Formen der Ver- und Entflechtung von Wahrnehmungen und Beobachtungen, die in speziellen institutionellen Zusammenhängen und häufig mithilfe von spezifischen Instrumenten oder Apparaten hergestellt und reflektiert werden. Dabei spielen zwei weitere Aspekte eine besondere Rolle:

(a) die Beschreibung und Kritik der jeweiligen Theoriebezüge und der Methodenverwendung
(b) das Erfordernis von Sonderwissen und speziellen Handlungskompetenzen

Schauen wir noch einmal auf unser Beispiel: Wie könnte eine wissenschaftliche Beschreibung hier aussehen und was zeichnet die wissenschaftliche Erfahrung aus? Je nach Fragestellung, Zielsetzung und Erkenntnisinteresse sind hier sehr verschiedene Methoden und Beschreibungen möglich. Wir begnügen uns der Einfachheit halber mit einer qualitativen und einer quantitativen Version:

Eine Beschreibung im Kontext **qualitativer Sozialforschung** könnte zum Beispiel auf die Untersuchung eines Teilbereichs der Medienkommunikation abheben. Die qualitativen Daten könnten etwa in Form eines Interviewdokuments vorliegen, das als Grundlage für Prozesse der Interpretation und Hypothesengenerierung dient. Sofern die **qualitative Beschreibung** den Standards guter wissenschaftlicher Praxis genügt, wäre sie im Vergleich zur Alltagsbeschreibung weniger subjektiv gefärbt sowie weniger wertend und weniger spekulativ. Die Fokussierung wäre mit der Forschungsfrage begründet, die Beschreibung wäre weiters tendenziell abstrakter und auch systematischer.

Eine Beschreibung im Kontext **quantitativer Sozialforschung** könnte ebenfalls auf die Beantwortung einer Forschungsfrage im Bereich der Medienkommunikation zielen. Sie könnte zum Beispiel auf die Akzeptanz digitalisierter Telefonum-

Überblick

Alltagsweltliche und wissenschaftliche Erfahrungsformen weisen folgende **Gemeinsamkeiten** auf:

- Filterprozesse und Auswahl von Perspektiven der Betrachtung (Figur-/Grund-Relation)
- erfahrungsorientierter Umgang mit Wirklichkeit (Hypothesenbildung, Erfolgskriterien)
- interaktive Realisierung von Handlungsplänen (Intersubjektivität der Orientierungen)
- begrenzte Möglichkeiten der Darstellung und der Versprachlichung des Wissens
- Bedürfnis möglichst verlässlicher Voraussagen (prognostische Ansprüche)
- Theoriecharakter des Wissens (Alltagstheorien vs. wissenschaftliche Theorien)

Die korrespondierenden Beschreibungsformen lassen sich **unterscheiden** insbesondere nach

dem Abstraktionsgrad	niedriger vs. höherer Grad
dem Grad ihrer Systematisierung	schwach vs. stärker systematisiert
dem Begründungsanspruch	fraglos gegeben vs. explizit begründet
der Sprache	erfahrungsnahe vs. erfahrungsfern
dem institutionellen Kontext	informell vs. formell
dem Erkenntnisinteresse	alltagspraktisch vs. wissenschaftlich

fragen in einer bestimmten Region abheben. Die quantitativen Daten könnten in Form einer standardisierten Befragung online oder mittels gedruckter Fragebögen erhoben werden. Die korrekt ausgefüllten Bögen könnten dann als Grundlage für eine statistische Analyse und Interpretation der Ergebnisse dienen. Sofern die **quantitative Beschreibung** den Standards guter wissenschaftlicher Praxis genügt, wäre sie im Vergleich zur Alltagsbeschreibung ebenfalls weniger subjektiv gefärbt sowie weniger wertend und weniger spekulativ. Angesichts der Selektion der zu quantifizierenden Aspekte wäre die Fokussierung spezieller als bei der qualitativen Beschreibung. Im Vergleich zu letzterer wäre sie überdies noch abstrakter (vgl. die mathematische Sprache) und weniger nahe am lebendigen Geschehen.

Wir haben es also bei alltagsweltlichen und wissenschaftlichen Erfahrungsformen nicht mit absoluten, sondern mit relativen Gegensätzen zu tun. Analoges gilt für Theorien, Wissen, Denken und Handeln. Es lassen sich jeweils ähnliche Gegenüberstellungen machen, in denen es kritisch abzuwägen gilt: Alltagswissen vs. wissenschaftliches Wissen, Alltagstheorien vs. wissenschaftliche Theorien, etc.

Diskussion

Überlegen Sie, welche **Unterschiede** zwischen **alltagsweltlichen und wissenschaftlichen Erfahrungsformen** Ihnen besonders wichtig erscheinen. Begründen Sie Ihre Auffassungen und diskutieren Sie das Resultat Ihres Nachdenkens mit Studien- oder ArbeitskollegInnen.
Nehmen Sie das Diskussionsergebnis nochmals unter die Lupe und schauen Sie nach, ob und in welcher Form Sie auch einzelne der folgenden Aspekte behandelt haben:

- Ansprüche des Verstehens, der Erklärung, der Kritik und der Prognose
- Formen und Grade der Regelgeleitetheit
- Funktionen des Reflexions-, Handlungs- und Orientierungswissens
- Mittel und Methoden der Problembearbeitung
- Aufgaben der Innovation und Tradierung
- Funktionen der Bewältigung von individuellen und gesellschaftlichen Lebenslagen

Runden Sie Ihre Diskussion ab, indem Sie Beispiele benennen, mit denen sich die Bedeutung der einzelnen Punkte für alltagsweltliche und wissenschaftliche Erfahrungszusammenhänge veranschaulichen lässt.

Die Anhaltspunkte für Gemeinsamkeiten und Unterschiede alltagsweltlicher und wissenschaftlicher Erfahrungsformen zeigen in einer komprimierten Form dreierlei: Einmal wird plausibel, dass und wie zwischen den verschiedenen Welten des Alltagslebens, der beruflichen Praxis und der wissenschaftlichen Forschung diverse Übergänge und Zusammenhänge beschrieben werden können; zum Zweiten wird die Diskussionswürdigkeit der Anhaltspunkte einsichtig; und zum Dritten sehen wir auch hier, dass Wissenschaft ein vielgestaltiges Unterfangen ist.

Wir wollen Sie mit unseren Ausführungen dazu verführen, sich auf wissenschaftliche Erfahrungsformen einzulassen. Dazu legen wir Ihnen nahe, dass Sie sich zunächst Ihre Vorstellungsbilder und Ihr Vorverständnis von wissenschaftlicher Forschung vor Augen führen.

Reflexion

Nehmen Sie ein Blatt Papier und notieren Sie Ihre Assoziationen und Vorstellungsbilder zum Thema Wissenschaft und Forschung in Stichworten.
Welche Metaphern fallen Ihnen ein? Welche Farben stehen im Vordergrund?
Denken Sie an Ihre Studienziele im Bereich wissenschaftlicher Theorie und Methodik und formulieren Sie einen Zweizeiler in der Terminologie von Wettervorhersagen.
Überlegen Sie weiters anhand von drei, vier der oben genannten Anhaltspunkte, was wissenschaftliche Forschung für Sie gegenwärtig bedeutet. Fallen Ihnen auch Anhaltspunkte ein, die wir nicht erwähnt haben?
Diskutieren Sie Ihre Überlegungen mit Studien- oder ArbeitskollegInnen.

Das Nachdenken über Vorstellungsbilder und Vorverständnisse ist insofern wichtig, als diese den Zugang zur empirischen Forschung erschweren oder erleichtern können. Oft wird das, was Wissenschaft leisten kann, über- oder auch unterschätzt – und nicht selten werden die eigenen Entwicklungsmöglichkeiten im Bereich empirischer Forschung verkannt. Ehrfurcht vor den »heiligen Hallen« der Wissenschaft, Illusionen über deren Problemlösungskapazitäten und Mystifizierungen von Forscherpersönlichkeiten helfen nicht weiter, wenn es um Ihre wissenschaftlichen Arbeiten geht.

»Aber was ist nun Wissenschaft?«, werden Sie sich an dieser Stelle vielleicht fragen, und: »Was macht meine Arbeit wissenschaftlich?« Diese Fragen sind nicht leicht zu beantworten und es besteht in der Wissenschaft allenfalls Konsens über sehr allgemeine und abstrakte Bestimmungen. Hier zwei Beispiele für mögliche Antworten:

Wissenschaft meint Prozesse und Ergebnisse der Forschungstätigkeiten, die in besonderen gesellschaftlichen Institutionen (z.B. Hochschulen, Universitäten) durchgeführt werden. Ihre Arbeit ist dann wissenschaftlich, wenn sie in einem solchen institutionellen Zusammenhang gemacht wird, Sie dabei entsprechende **Basisanforderungen** des Recherchierens, Dokumentierens, Zitierens, Schreibens sowie der Erhebung, Auswertung und Darstellung von Daten erfüllen, und wenn die Resultate von Wissenschaftlerinnen akzeptiert werden.

»Moment mal,« werden Sie nun mitunter einwenden: »und was ist mit der nicht-empirischen, theoretischen Forschung? Was ist mit der Forschung in Unternehmen und öffentlichen Institutionen wie Schulen, Vereinen oder sozialpädagogischen Einrichtungen? Wo bleiben die Erfordernisse logischer Widerspruchsfreiheit? Was ist mit der Lehre und dem forschenden Lehren und Lernen? Und überhaupt: Da gibt es doch auch allerhand Irrtümer und Glaubensbekenntnisse, politischer Aktionismus, Intrige, Betrug und Täuschung – nicht wahr?« – Ja, wir stimmen Ihnen zu: Selbstverständlich erfüllen viele theoretische und nicht-akademische Forschungen wissenschaftliche Basisansprüche. Freilich ist lange nicht alles, was Wissen schafft, auch Wissenschaft, und auch nicht alles, was als solche verkauft wird, verdient den Namen Wissenschaft. Wir müssen allerdings in Rechnung stellen, dass im Zuge der historischen Ausdifferenzierung wissenschaftlicher Bemühungen eine große Vielfalt von **Wissenschaftsverständnissen** entstanden ist, die teils international und teils nur in lokalen Wissenschaftskulturen Gehör und Anerkennung finden. Auf die Frage nach allgemein verbindlichen Kriterien für die Unterscheidung von Wissenschaft, Nichtwissenschaft und Pseudowissenschaft hat die Wissenschaftstheorie bis heute keine eindeutige und gemeinhin akzeptierte Antwort. Wenn sich die Erkenntnisbemühungen jedoch hauptsächlich auf Intuition oder mystische Versenkung berufen und die Ergebnisse nur einem kleinen Kreis »Wissender« zugänglich sind, dann werden sie von den Vertreterinnen etablierter Wissenschaftszweige in aller Regel nicht als wissenschaftliche anerkannt.

Auch wenn sich die Auffassungen von Wissenschaft unterscheiden, so gibt es durchaus Kriterien, die fach- und disziplinübergreifend anerkannt werden. So wird zum Beispiel in der Welt der Wissenschaft eine unreflektierte Vorgangsweise nicht akzeptiert. Damit unterscheidet sich die Wissenschaft tendenziell von alltagsweltlichen und künstlerischen Methoden sowie insbesondere von mystischen oder magischen Erkenntniswegen. Intuitionistische Verfahren, kryptische Darstellungen, widersprüchliche Behauptungen, Kritikverweigerungen und unsystematische Argumentationsformen sind in der Wissenschaft auch nicht annehmbar.

Andererseits sagt die Erfüllung der angeführten Basisanforderungen noch nichts darüber aus, wie wissenschaftliche Erkenntnisse im Detail gewonnen werden. Wie wir in den folgenden Kapiteln sehen werden, sind die Wahlmöglichkeiten hier sehr groß. Welche Vorgangsweise jeweils angemessen ist und welches Verfahren konkret in Betracht kommt, hängt dabei ganz wesentlich von den Forschungsfragen, der angestrebten Reichweite der Aussagen und den verfügbaren Ressourcen ab.

Definition

Wissenschaft ist eine Sammelbezeichnung für unterschiedliche *Formen des gesellschaftlich organisierten Forschungshandelns*, die in methodisch reflektierter und nachvollziehbarer Weise auf die Bearbeitung spezifischer Gegenstände und abgegrenzter, historischer oder zeitgenössischer Fragestellungen zielen. Wichtige Basisanforderungen sind dabei

- die Beschreibung der Erkenntnisinteressen und Ziele
- die intersubjektive Überprüfbarkeit der Prozesse und Ergebnisse der Forschungsaktivitäten
- die Klärung zentraler Begriffe und relevanter Theorien
- die Entwicklung möglichst widerspruchsfreier Aussagezusammenhänge
- die möglichst eindeutige sprachliche und mediale Darstellung der Methoden und Resultate
- die Begründung der Reichweiten der Aussagezusammenhänge und der Relevanzen für gesellschaftliche und kulturelle Problemlagen
- die Kritisierbarkeit der Methoden, Konzepte, Ansprüche, Prozesse und Ergebnisse

3 Empirisch forschen – Was ist das?

Empirisch forschen heißt wissenschaftliche Erfahrungen machen. Die Arten und Weisen, wie das geschieht, haben sich im Laufe der Geschichte sehr verändert. Und die Zeiten, in denen »**Empirie**« allein mit statistischen und experimentellen Verfahren assoziiert wurde, sind längst vorbei. Heute existieren viele verschiedene Formen, die in unterschiedlichen Wissenschaftskulturen gepflegt und weiterentwickelt werden.

Die **Geschichte des empirischen Forschens** reicht weit zurück. Manche Wissenschaftshistoriker setzen den Beginn mit der Verwendung von Steinwerkzeugen durch den *homo habilis* um ca. 1.800.000 vor unserer Zeitrechnung (v. u. Z.) an.

Manchmal wird der Beginn mit den Anfängen der Kultivierung von Getreide um ca. 8.000 v. u. Z., der Kupferbearbeitung (ca. 4.000 v. u.Z.) oder der Erfindung des Pflugs in China (ebenfalls ca. 4.000 v. u. Z.) angesetzt. In den Jahrtausenden bis zum Beginn unserer Zeitrechnung wurden viele weitere Forschungsleistungen erbracht (Bsp. Kalender, Zählsysteme, Kompass), die sich als frühe Vorformen dessen beschreiben lassen, was wir heute unter empirischer Forschung verstehen.

Auch wenn die Entwicklungen dieser Vorformen über den Globus verstreut gemacht wurden, so werden in den meisten historischen Darstellungen die Anfänge wissenschaftlicher Forschung mit der antiken Kultur im 8. Jahrhundert v. u. Z. angesetzt. Als historische Meilensteine werden dabei häufig die Naturphilosophie der vorklassischen Zeit Griechenlands (ca. 700–500 v. u. Z.), die Vorsokratiker (z. B. Pythagoras und Heraklit) und die Wende genannt, die Sokrates (469–399) eingeleitet hat, in dem er den Menschen statt Zahlenverhältnisse, Bewegungsgesetze und metaphysische Prinzipien in den Mittelpunkt des Denkens rückte. Wie immer hier die Schwerpunkte gesetzt werden, entscheidend sind die Neuakzentuierungen im Spannungsfeld von **Mythos** und **Logos**. Bis dahin waren der Mythos und die Epen die zentralen Erklärungs- und Darstellungsformen. In der weiteren Folge wurden rationale und vernunftgeleitete Formen favorisiert und durchgesetzt. Ein neuer Typ des Geschichtenerzählens war entstanden, bei dem abstrakte Begriffe und vor allem die schematisierte Erzähldynamik wichtig wurden. Letztere unterlag nicht mehr dem äußeren Zwang einer Tradition, sie war sozusagen von innen her geregelt: Das Ende der Geschichte folgte jeweils aus der »Natur der Dinge«. Zwar waren die neuen Darstellungsweisen weniger komplex und ärmer an Details, dafür waren die Ergebnisse aber eindeutiger und (scheinbar) weniger von der erzählenden Instanz abhängig.

Für die Geschichte der abendländischen Wissenschaft, die in dieser Zeit beginnt, sind zwei Aspekte bis heute wichtig geblieben:

- Argumentation und Logik
- Abstraktion und sprachliche Darstellung

Hinzu kommt die globale Verbreitung wissenschaftlicher Terminologien mit sprachlichen Wurzeln im Griechischen und Lateinischen.

Für das empirische Forschen sind im 20. Jahrhundert viele weitere Strömungen und Denkrichtungen bedeutsam geworden, so zum Beispiel: Neopositivismus, kritischer Rationalismus, Neomarxismus, Kritische Theorie, erkenntnistheoretischer Anarchismus, Strukturalismus bzw. Poststrukturalismus, Postkolonialismus, Feminismus, Postmodernismus, Neue Phänomenologie, Systemtheorie, Konstruktivismus, Kontextualismus, etc. Auf die verschiedenen Ismen und Theorieansätze und die korrespondierenden Auffassungen von empirischer Forschung können wir hier nicht weiter eingehen.

Überblick

Meilensteine in der abendländischen Geschichte der Methodenreflexion

Aristoteles (384–322)	Begründung der Logik als eigenständige Wissensdisziplin
William von Ockham (ca. 1285–1349)	Prinzip der Eliminierung aller unnötigen Begriffe und Hypothesen
René Descartes (1596–1650)	Begründung der »rationalen Methode«, Subjektunabhängigkeit als Prinzip systematischer Wissenschaft
John Locke (1632–1704) und David Hume (1711–1776)	Ideen sind nicht angeboren, sie stammen aus der Erfahrung; Ursachenerkenntnisse gehen auf wiederholte Erfahrungen zurück und sind durch bloße Vernunft nicht zu gewinnen **(Empirismus)**
Auguste Comte (1798–1857)	Verlässliche wissenschaftliche Erkenntnis ist als höchste Form menschlicher Geistesentwicklung nur auf der Basis sinnlich gegebener und wiederholt positiv bestätigter Tatsachen möglich **(Positivismus)**
Karl Marx (1818–1883)	Das gesellschaftliche Sein bestimmt das Bewusstsein der Menschen, Forderung nach weltverändernder Praxis anstelle von Gelehrtenstreitereien über die Wirklichkeit des Denkens **(Marxismus)**
Edmund Husserl (1859–1938)	Realität hat keinen selbständigen Status, sie kann als Erscheinendes, Intentionales und Bewusstes mittels Wesensschau untersucht werden **(Phänomenologie)**
Charles Sanders Peirce (1839–1914), William James (1842–1910) und John Dewey (1859–1952)	Bedeutungen von Begriffen und Handlungen sowie die Wahrheit von Aussagen sind in ihren praktischen Konsequenzen und Wirkungen auszuloten, auch das wissenschaftlich-theoretische Wissen ist im praktischen Umgang mit den Gegenständen fundiert **(Pragmatismus)**

Für die erste Orientierung reicht es aus, wenn Sie die folgenden Merkpunkte beachten:

- Am Anfang empirischer Forschung stehen beschriebene Problemkonstellationen, theoretisch oder praktisch motivierte Forschungsfragen, Voranannahmen über Regelmäßigkeiten und Strukturzusammenhänge, alltagsweltliche Erfahrungen und deutungsbedürftige Einzelbeobachtungen sowie Sehnsüchte, Hoffnungen, Ärgernisse und Nutzenerwartungen aller Art.
- Die Annahme, dass »reine Beobachtung« und »reine Theorie« strikt voneinander abgegrenzt werden können, gilt seit einigen Dekaden als überholt.
- Die Auffassung, dass wissenschaftliche Verfahren eine zwar mitunter etwas verzerrte, aber tendenziell objektive Repräsentation von Wirklichkeit ermöglichen (**positivistisches Empirieverständnis**), wurde in der Wissenschaftsphilosophie in vielfacher Hinsicht in Frage gestellt und massiv kritisiert.
- Auch wenn in der Wissenschaft alles andere als Einigkeit über die Beziehungen zwischen Wirklichkeit und Wissen besteht: Empirisch forschen wird heute überwiegend als eine institutionalisierte Form der Wirklichkeitskonstruktion mit spezifischen methodischen Hilfsmitteln verstanden.
- Sowohl »natürliche« oder besser: kultürliche Alltagserfahrungen als auch streng methodisch hergestellte Erfahrungen (Bsp. Experiment) können zum Gegenstand wissenschaftlicher Reflexion gemacht werden (Stichwort »**Beobachtungen zweiter Ordnung**«).
- Empirische Forschung kann einerseits auf die Ansammlung von Wissen und die Entwicklung von methodischen Routinen im Sinne von bestätigenden Erfahrungen zielen. Andererseits kann sie auch auf die Bearbeitung wissenschaftlicher Vorurteile und Scheinprobleme, die Konfrontation von Forschungsergebnissen mit der Komplexität realer Lebenszusammenhänge oder auf Irritationen und Enttäuschungen im Zusammenhang vermeintlicher Sicherheiten abheben (Bsp. Einsprüche, widerlegende Erfahrungen, Generierung neuer Hypothesen).
- Hand in Hand mit den Digitalisierungsprozessen ist auch in der empirischen Forschung eine Neubewertung der Rolle der Medien im Forschungsprozess im Allgemeinen und der bildhaften Darstellungen im Besonderen zu verzeichnen.
- **Empirische Forschung** ist allemal eine **Verdichtungsleistung** – sowohl im Sinne von »komprimierter« Darstellung als auch im ästhetischen Sinne von Dichtkunst (»Herstellung«).

Eine streng systematische Abgrenzung zur nicht-empirischen Forschung ist schwierig. Als Beispiele für Formen **theoretischer Forschung** lassen sich die philosophischen Methoden der Hermeneutik, Phänomenologie, Logik und Sprachanalyse nennen. Aber schon die Gegenüberstellung sozialwissenschaftlicher und geisteswissenschaftlicher Methoden macht nur begrenzt Sinn, wenn man etwa an die sozialwissenschaftliche Hermeneutik denkt.

Ein verbreitetes Verständnis nicht-empirischer Forschung, mit dem Anfänger oft konfrontiert werden, wird mit dem Terminus »**kompilatorische Arbeit**« ausgedrückt. Damit ist gemeint, dass der Stand der Forschungsergebnisse auf einem bestimmten Gebiet oder zu einer spezifischen Frage zusammengetragen, zusammenfassend dargestellt und in vergleichender Absicht bewertet wird. Solche Übersichtsarbeiten (»desk studies«) werden typischer Weise in akademischen Seminaren, aber auch im Zusammenhang wirtschaftsorientierter Bedarfserhebungen gemacht. Häufig stehen sie auch am Anfang von empirischen Untersuchungen.

Definition

Empirisch Forschen ist eine Sammelbezeichnung für unterschiedliche Formen der institutionalisierten, zielgerichteten und begründeten Anwendung wissenschaftlicher Methoden und Techniken zur kommunikativen Stabilisierung von Forschungsgegenständen und lösungsorientierten Bearbeitung von Forschungsfragen.

Wichtig sind dabei die Beachtung der wissenschaftlichen Basisanforderungen (s. o.) sowie die folgenden Punkte:

- Anpassung der Vorgangsweise im Lichte der Fragen, Ziele und Rahmenbedingungen (Spezifikation des Ablaufmodells)
- Begründung der Auswahl eines geeigneten Forschungsdesigns und der passenden Forschungsmethoden
- Verortung im Spannungsfeld von Anwendungs- und Grundlagenforschung sowie von Nutzenorientierung (Bsp. Praxisbesserung) und zweckfrei gedachter Erkenntnis (Bsp. Verstehen)
- Bestimmung des Exaktheitsniveaus und der angestrebte Reichweite der Aussagezusammenhänge
- Klärung historischer und systematischer Ansprüche und Arbeitsweisen
- Ausbalancieren der **Nähe-Distanz-Thematik** (Bsp. Selbstbetroffenheit, politisches Engagement, intervenierende Sozialforschung vs. teilnahmslose Aufzeichnung oder strikte methodische Distanzierung von Untersuchungsgegenständen und ForschungspartnerInnen)
- Beachtung internationaler Dimensionen und lokaler Fachkulturen, methodenspezifischer Gütekriterien und forschungsmethodischer Spielregeln **(»relative Regelgeleitetheit«)**

4 Die Freiheit der Forschung und ihre Grenzen

In einigen Ländern ist die Freiheit wissenschaftlicher Forschung und Lehre als bürgerliches Grundrecht verankert. Dass die Wissenschaft wie auch die Kunst nicht einfach alles darf, ergibt sich schon im Zusammenhang ethischer oder strafrechtlicher Überlegungen. Andererseits kann man auch ohne groß angelegtes empirisches Projekt leicht sehen, dass das Bild des Forschers, der von alltagsweltlichen Verpflichtungen weitgehend entbunden ist, der in aller Ruhe seinen Lieblingsthemen nachgehen kann und der über die ökonomische Verwertbarkeit der Ergebnisse nicht nachdenken muss, längst überholt ist. Mittlerweile hält ökonomisches Denken mehr und mehr auch in den geistes- und kulturwissenschaftlichen Disziplinen Einzug. Der Druck ökonomisch verwertbares Wissen zu produzieren steigt. Leistungsvereinbarungen und output-orientierte Mittelverteilung, Steuerungsgremien und Zielvorgaben, Exzellenzversprechungen und verschulte Massenbetriebe, politische Einflussnahmen auf die Gestaltung von Forschungsprogrammen, Technologiemilliarde – das sind nur ein paar Stichworte, die deutlich machen, dass die Grenzen der Freiheit der Forschung verschoben wurden.

Daraus resultiert für angehende ForscherInnen eine Reihe von Fragen, die es auch im Zusammenhang erster eigener Forschungsprojekte zu reflektieren gilt: Werde ich von staatlicher oder wirtschaftlicher Seite gefördert oder nicht? Ist mit der Förderung die Erwartung verbunden, dass die Forschungsergebnisse in eine bestimmte Richtung gehen? Habe ich einen fairen Vertrag oder muss ich im Forschungsprojekt unentgeltlich mitarbeiten, um meinen Abschluss schaffen zu können? Wie bringe ich persönliche, berufliche, familiäre und ausbildungsbezogene Ziele in gelingender Weise unter einen Hut? Was kann ich alleine machen und was kann, soll, muss und will ich zusammen mit anderen beforschen? Wie steht um die Ethik der Forschung im wissenschaftlichen Alltag?

Akademische und kommerzielle Forschung

Die Unterscheidung akademischer und kommerzieller Forschung stellen Sie sich am besten als Pole eines Kontinuums vor:

Kontinuum akademischer und kommerzieller Forschung

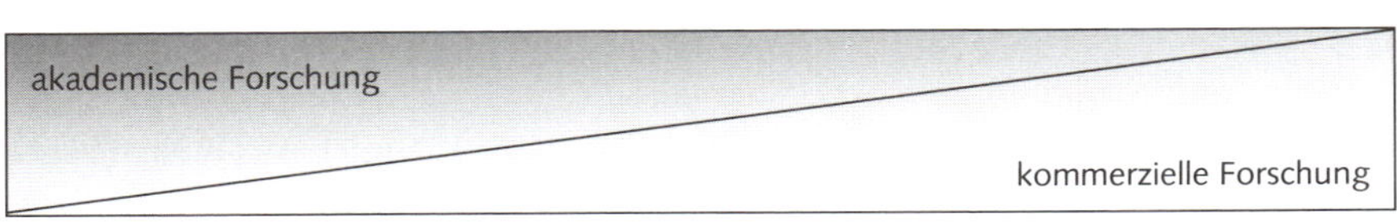

Akademische Forschung wurde lange mit rein theoretisch motivierter Grundlagenforschung an Hochschulen und Universitäten gleichgesetzt. Kommerzielle Forschung hingegen wurde meist mit angewandter Forschung oder gewinnorientierter Industrieforschung verbunden. Diese Situation hat sich geändert. Einfache Gegenüberstellungen wie etwa Nutzen bringend vs. nutzlos, gesellschaftsrelevant vs. l'art pour l'art oder ökonomisch aussichtsreich vs. gesellschaftskritisch greifen zu kurz. Vielfach werden heute Studierende in laufende Forschungsaktivitäten mit eingebunden. Was müssen Sie beachten, wenn Sie während des Studiums bezahlte Forschungsmöglichkeiten wahrnehmen wollen?

Tipp

Forschen gegen Bezahlung

Die Zusammenarbeit muss für beide Seiten fair sein. Achten Sie darauf, dass Geben und Nehmen in einem ausgewogenen Verhältnis stehen. Verschaffen Sie sich Klarheit über den Nutzen, den Ihre Arbeit für den Auftraggeber und für Sie selbst hat. Bei der Zusammenarbeit mit Partnern außerhalb der Universität betreten Sie wahrscheinlich Neuland. Achten Sie darauf, dass Sie von einer erfahrenen Person in fachlicher und methodischer Hinsicht beraten werden. Die Durchführung des Projekts bietet Ihnen wahrscheinlich auch die Chance, besondere Kompetenzen zu erwerben. Machen Sie sich klar, welche das sind, und entwickeln Sie Ihre Expertise. In der angewandten Forschung sind auch ethische Aspekte stärker zu berücksichtigen. Denken Sie daran, dass Sie für Forschungsprozesse und Ergebnisse eine Verantwortung im Sinne der Grundsätze guter wissenschaftlicher Praxis haben.

Das sind die entscheidenden Erfolgsfaktoren:

- Klarheit über den Inhalt und Umfang des Auftrags, die Zielsetzung und Methoden
- Eindeutigkeit hinsichtlich der Verteilung von Zuständigkeiten und Verantwortung
- schriftliche Vereinbarung von Leistungsumfang und Bezahlungsmodalitäten

Selbst gewählte und vorgegebene Themen

Am Anfang einer Forschungsarbeit steht oft die Frage: Kann ich mir mein Thema selbst aussuchen oder wird mir das Thema vorgegeben? Vor allem bei Qualifizierungsarbeiten bestehen hier oft große Spielräume. Anders als in unternehmerischen Kontexten, wo die Forschungsthemen in aller Regel von der Geschäftsleitung im Lichte der Unternehmensziele vorgegeben sind, und anders als in Schulen, in denen Selbstevaluationsprojekte durchgeführt werden, kann bei wissenschaftlichen Seminar- oder Abschlussarbeiten in vielen Einrichtungen das Thema selbst gewählt werden. Manchmal werden von den Dozentinnen auch Listen mit aktuellen und diskussionswürdigen Themen zur Verfügung gestellt, seltener sind die Themenstellungen im Detail vorgegeben. Es kommt allerdings häufig vor, dass angesichts von Prüfungsberechtigungen, fachlichen Spezialgebieten und Zuständigkeiten, methodischen Präferenzen sowie lokalen Forschungsschwerpunkten und -traditionen die Wahlmöglichkeiten begrenzt werden.

Tipps

- Wägen Sie die Wahl von Themen und Forschungsfragen nach Möglichkeit immer auch unter der doppelten Perspektive der fachlichen Qualifikation und der kommunikativen Kompetenz der betreuenden Person ab.
- Verlassen Sie sich dabei in erster Linie auf Ihre eigenen Wahrnehmungen und nicht auf die Gerüchteküche.
- Wählen Sie Themen, die Ihnen wichtig sind oder am Herzen liegen und nicht x-beliebige Themen.

Diese Anregung können Sie gerne mit dem Spruch von WeinliebhaberInnen vergleichen: Das Leben ist zu kurz, um viel Zeit in nebensächliche Forschungsfragen zu investieren. Außerdem brauchen Sie auch bei der Durchführung kleinerer Forschungsprojekte viel Kraft und Ausdauer, und die lassen sich viel leichter aufbringen, wenn der Sinn der Sache für Sie klar ist und die Motive subjektiv bedeutsame sind.

Weiters empfehlen wir Ihnen, die folgenden Punkte zu berücksichtigen:

- Prüfen Sie vorab, ob Sie einen angemessenen Zugang zu den Quellen und Materialien sowie zum Forschungsfeld haben.
- Loten Sie die Betreuungskapazitäten aus und machen Sie sich klar, was Sie können oder leicht selbst erlernen können und wozu Sie Unterstützung brauchen.
- Grenzen Sie die Themenstellung schon am Anfang so ein, dass sie mit den Ihnen zur Verfügung stehenden Mitteln gut bearbeitbar ist (s. dazu Kapitel II).
- Vergewissern Sie sich über die politischen Dimensionen und relevanten Kontexte der Thematik und überlegen Sie, welchen Interessen Sie zuarbeiten wollen und welche Rolle Sie dabei einnehmen wollen oder zu akzeptieren bereit sind.

- Wägen Sie im Fall der Möglichkeit der Einbindung in größere Forschungsprojekte ab, was für Sie und die anderen Beteiligten dabei die Vor- und Nachteile sind.
- Achten Sie auf ein ausgewogenes Verhältnis von frohsinnigem Engagement und skeptischer Distanzierung – weder allzu heftige Emotionen oder intime persönlichen Verstrickungen noch frostige Indifferenz oder ängstliche Verschlossenheit gelten als Erfolg versprechende Faktoren für eine gelingende Themenbearbeitung.

Institutionelle Rahmenbedingungen und persönliche Kontexte

Im Zuge der gesellschaftlichen Differenzierungsprozesse und gesetzlichen Veränderungen haben sich nicht nur die **institutionellen Rahmenbedingungen** im tertiären Sektor verändert. Auch die Milieus und Lebenswelten der Studierenden sind heterogener geworden. Lehrende an Hochschulen und Universitäten sind heute mit sehr unterschiedlichen Erwartungshaltungen konfrontiert. Das Spektrum reicht dabei vom Bild der fürsorglichen und kompetenten Fachberaterin über die für alles verantwortliche und notfalls durchgreifende Autorität bis zum Gutachtenlieferanten sowie zur gleichberechtigten Ansprechpartnerin zum Zwecke des wissenschaftlichen Austauschs.

Tipp

- Vermeiden Sie in Ihren Forschungsprojekten Rollenkonfusionen. Sie mögen als Supervisor, Leiterin einer Arbeitsgruppe, Mitarbeiter eines Teams, studentische Hilfskraft, neugieriger Forscher oder Firmenchefin erfolgreich tätig sein – aber vermischen Sie weder die **Rollen** noch die Funktionen, die mit den verschiedenen Arbeitsbereichen verknüpft sind.
- Achten Sie auf angemessene Beziehungsökologien und degradieren Sie Ihre engsten Freunde und Freundinnen nicht zu Datenlieferanten.
- Sichern Sie sich möglichst regelmäßige Zeitfenster für Ihre Forschungsaktivitäten sowie auch für Erholung, Entspannung und körperliche Bewegung.

Was die viel zitierte **Work-Life-Balance** betrifft, wollen wir hier nur einige Punkte hervorheben, die uns wichtig erscheinen. Die Durchführung eines empirischen Forschungsprojekts erfordert Konzentration, Aufmerksamkeit und viel Zeit. Achten Sie darauf, dass

- ihre Basisökonomie ausreichend gesichert ist und nutzen Sie verfügbare Forschungsstipendien

- ein Mindestmaß an Zeit für Familie, Kinder sowie für Freunde und Freundinnen bleibt
- eine allenfalls geplante Familiengründung möglichst vorher oder nachher, aber nicht genau während eines zeitintensiven Forschungsprozesses stattfinden kann
- Sie bei unverhofften Ereignissen, die mit Zusatzbelastungen verbunden sind, entsprechende Unterstützung organisieren und sich zeitliche Spielräume verschaffen
- die häusliche Arbeitsteilung in einer allseits akzeptablen Weise geregelt ist
- Ihre Gesundheit nicht leidet und die sinnlichen Seiten des Lebens, die in der wissenschaftlichen Erfahrung keinen Platz haben, nicht zu kurz kommen.

Die Forschungsaufgabe, die Gruppe und ich

Vor allem an Massenuniversitäten werden Didaktiken, die das Lernen in kleinen Gruppen mit plenaren Lernsituationen verknüpfen, gerne eingesetzt. Auch an Fachhochschulen und in betrieblichen Zusammenhängen wird von Ihnen erwartet, dass Sie im Team arbeiten können und entsprechende Fähigkeiten entwickeln. Was bedeutet das für das empirische Forschen?

Die Antwort auf diese Frage hängt sehr vom jeweiligen Forschungskontext ab. Es macht einen Unterschied, ob Sie Ihre Forschung als Ausbildungsteil in einem Lehrveranstaltungsmodul, als Qualifizierungsarbeit (Bachelor, Master, Diplom), als Kooperationsprojekt mit einem Verein, einer Schule oder einem Unternehmen, oder als Teil eines umfangreichen kommerziellen Großprojektes durchführen. Die zeitlichen Handlungsbögen, die inhaltlichen Verantwortlichkeiten und die Gruppendynamiken können hier sehr variieren (vgl. dazu die Tabelle im Webtext »Einzel- und Gruppenarbeit«: star.huterundroth.at).

Wer z. B. eine Diplomarbeit zu zweit oder zu dritt schreibt, dem wird es nicht erspart bleiben, sich mit seinen Kolleginnen auseinanderzusetzen. Die **Arbeit in Gruppen** kann – wie jeder aus eigenen Erfahrung in und mit Gruppen weiß – sowohl Chancen als auch Risiken in sich bergen. Einerseits besteht die Chance, im Team die eigene Leistungsfähigkeit zu steigern und sich selbst zu übertreffen, andererseits besteht das Risiko, sich in Konflikten mit den anderen Gruppenmitgliedern zu verzetteln und letztlich vielleicht sogar zu scheitern. Effektives Arbeiten in Gruppen erfordert Reflexionsprozesse unterschiedlicher Art: Verantwortlichkeiten müssen geklärt werden, der Fokus der Aufgabenstellung sowie die gemeinsamen und individuellen Motive sollten besprochen werden, die Arbeit muss aufgeteilt werden, Verbindlichkeiten müssen kultiviert werden, Konflikte müssen thematisiert und bearbeitet werden, die Ergebnisse und deren Präsentation sollten als gemeinsame Leistung erfahrbar werden.

Reflexion

- Wie geht es mir in Gruppensituationen in der Freizeit, im Studium bzw. im Beruf?
- Gibt es typische Erfahrungen, die ich immer wieder mache? Kann ich mutmaßliche eigene Anteile benennen?
- Feedback geben und nehmen: Habe ich das gelernt? Wo und wie?
- Arbeite ich gerne in Gruppen oder versuche ich Gruppensituationen tendenziell zu meiden?
- Denken Sie an eine Gruppe, in der Sie Mitglied sind: Sind Sie mit dem Platz und dem Raum, den Sie in dieser Gruppe haben, gut zufrieden? Wenn nicht: Wie wollen Sie damit künftig umgehen?

Was immer ihr nächster Schritt beim Erwerb forschungsmethodischer Kompetenzen ist:
Formulieren Sie für sich selbst auch einen Schritt, den Sie in Sachen Gruppenlernen machen wollen, z. B. die Moderation übernehmen, im Namen der Gruppe präsentieren, eine Irritation artikulieren, einen Konflikt ansprechen, sich weniger oft zu Wort melden, als erste das Wort ergreifen, ein Abstract zur gemeinsamen Forschungsaufgabe entwerfen, eine neues Werkzeug ausprobieren (z. B. http://www.doodle.com), pünktlich zum vereinbarten Termin kommen, etc. Wichtig ist, dass es Ihre Idee, Ihr Lernthema und Ihr Lernschritt ist.

Ob Sie nun eine Wahl haben, Ihre Forschungsinteressen in der Gruppe zu bearbeiten, oder nicht: in jedem Fall sind es viele Aspekte, die förderlich oder hinderlich sein können. Erfolg und Misserfolg hängen von vielen Faktoren ab, und Sie werden vielleicht sagen: »Wenn ich all das, was in der Gruppenpädagogik wichtig ist, auch noch ständig im Auge haben soll, dann sinken doch die Chancen auf gelingende Lernprozesse?« In der Tat ist es so, dass man auch hier allzu leicht den Wald vor lauter Bäumen nicht mehr sehen kann. Aber: Es fallen weder in der Forschung noch in der Gruppenkommunikation die Meister einfach vom Himmel. Also:

- nehmen Sie sich immer nur einen oder zwei Lernschritte vor und lassen Sie sich Zeit für den Kompetenzerwerb
- versuchen Sie die Herausforderungen auf den verschiedenen Ebenen des Forschungshandelns so auszubalancieren, dass bei Ihnen und Ihren Forschungspartnerinnen ein Grundgefühl der Zufriedenheit überwiegt

- lesen Sie den vertiefenden Webtext, mit dem wir Ihnen zeigen wie zum Beispiel das Modell der Themenzentrierte Interaktion (TZI) auch in Forschungsprozessen fruchtbar angewendet werden kann.

Wissen und Gewissen – Wie halte ich es mit Ethik und Moral in der Forschung?

Im vorigen Abschnitt wurde bereits deutlich, dass empirische Forschung nicht einfach eine Sache der sturen Anwendung von ein paar Richtlinien ist. Es bestehen viele Gestaltungs- und Wahlmöglichkeiten und damit verbunden auch Entscheidungsnotwendigkeiten. Wir gehen davon aus, dass qualitätsvolle Forschung ihren Preis hat und werden uns im dritten Kapitel noch ausführlicher mit den Gütekriterien empirischer Forschung befassen.

An dieser Stelle wollen wir Sie darauf aufmerksam machen, dass Überlegungen zur Ethik und Moral in der Forschung nicht nur mit Blick auf technologieintensive Zweige der Atom-, Gen- oder Rüstungsforschung eine Rolle spielen. Sie sollten in allen Forschungszweigen und Disziplinen ihren Platz haben.

Zwei **forschungsethische Prinzipien** haben Sie bereits kennengelernt. Einmal handelt es sich um den *Begründungsanspruch* (Bsp. Auswahl der Themen und Methoden), und zum Zweiten um die Forderung der *Methodenexplikation,* d.h. der ausdrücklichen Benennung und Beschreibung der jeweiligen verwendeten Forschungsmethoden. Als empirische Forscherin sollten Sie weiters erläutern können, was die *Ziele* Ihrer Forschung sind und welchen *Nutzen* Sie sich von Ihrer Forschungsarbeit erwarten. Selbstverständlich müssen Sie auch die geltenden Datenschutzbestimmungen sowie Urheber- und Verwertungsrechte beachten.

Als allgemeine **Kriterien für qualitätsvolle Forschung** gelten insbesondere *Sorgfalt, Umsicht, Ehrlichkeit* und *Gewissenhaftigkeit.* Vielleicht wenden Sie hier ein, dass in den beschleunigten Lebensverhältnissen doch andere Kriterien wie etwa Schnelligkeit, Gewandtheit, List oder Trickreichtum wichtig sind, dass es so etwas wie ein kollektives Gewissen einer Forschungsdisziplin doch sowieso nicht gibt, und dass heute hauptsächlich die Frechheit siegt, und alle, die auf Betrug und Täuschung verzichten, auf der Strecke bleiben. Auch wenn wir die Diagnose der beschleunigten Lebensverhältnissen teilen und zugestehen, dass sich mit den gesellschaftlichen Veränderungen in vielen Hinsichten auch die Bedeutung von Werten, Normen und **ethischen Prinzipien** verändert hat, so wollen wir doch an einigen Prinzipien festhalten. Hier einige ausgewählte Punkte, die uns im Hinblick auf verantwortliche Forschungsaktivitäten wichtig erscheinen:

- Klären Sie zu Beginn eines Projekts mit Ihren Forschungspartnern und den kooperierenden Einrichtungen die Motive, Ziele und Aufgabenverteilungen. Achten Sie weiters darauf, dass dabei einvernehmlich festgelegt wird, wer in welcher Weise mit Materialien und Ergebnissen umgehen darf.
- Machen Sie je nach Umfang und Reichweite des Vorhabens einen Vertrag. Im Fall von drei Interviews oder einer Gruppendiskussion in einem Ausbildungszusammenhang genügt im Allgemeinen ein **mündlicher Vertrag**. Bei Projekten mit größeren Reichweiten oder im Fall von bezahlten Forschungsaktivitäten sollte der **Vertrag schriftlich** sein. In jedem Fall sollte allen Beteiligten klar sein, wozu sie ihre Zustimmung geben.
- Wenn Sie Kinder zu Forschungszwecken beobachten oder befragen, dann brauchen Sie dazu vorab das Einverständnis auch der Eltern.
- Holen Sie den Rat erfahrener Forscherinnen ein, wenn Sie experimentelle Methoden verwenden wollen.
- Achten Sie auf einen fairen Umgang mit allen Beteiligten hinsichtlich der Verwendung von Materialien (Stichwort »fair use«). Mitteilungen »off the records« bleiben »off the records«.
- Tragen Sie Sorge für die Aufklärung der Befragten über Forschungsresultate und achten Sie auf einen fairen Umgang mit Ergebnissen (Bsp. symbolische Namensordnungen bei Publikationen).
- Achten Sie auf einen sorgsamen Umgang mit sich selbst (Bsp. eigene Schwächen, »Bekenntnisse«) und verzichten Sie auf Anbiederungen. Achten Sie weiters auf einen sorgsamen und geschlechtersensitiven Umgang mit allen Beteiligten auch hinsichtlich ihrer Herkünfte, Zugehörigkeiten zu Milieus oder Teilkulturen, Einkommensverhältnisse, etc.
- Behandeln Sie personenbezogene Daten streng vertraulich und in anonymisierter Form (**Datenschutz**). Bei Experten-Interviews oder Befragungen von Personen des öffentlichen Lebens gibt es da Ausnahmen (Bsp. Politik); diese sind aber ggf. einvernehmlich und schriftlich festzulegen.
- Geben Sie der Verführung, Daten im Lichte erhoffter oder erwarteter Ergebnisse »hinzubiegen« nicht nach und verzichten Sie auf Plagiate (**Redlichkeit**).
- Achten Sie darauf, dass durch Ihre Forschungsaktivitäten niemand zu Schaden kommt.

Manche dieser Punkte müssen zu Beginn eines Projekts besondere Beachtung finden, andere werden erst später bedeutsam. Wichtig ist, dass Sie sich im Klaren darüber sind, dass die Erwägung forschungsethischer Themen keine Sache ist, die man einmal anschaut, und dann für den Rest der Forschungsarbeiten als abgehakt betrachten kann. Diese Erwägungen haben in der empirischen Forschung vielmehr den Charakter der Begleitreflexion. Dabei können die einzelnen Punkte selten einfach im Sinne simpler Regeln angewendet werden. Sie müssen vielmehr in fall- und kontextbezogener Weise reflektiert, interpretiert und fruchtbar gemacht werden.

Tipps

- Schauen Sie nach, welche **Regeln guter wissenschaftlicher Praxis** und welche ethischen Standards von Seiten der Institution, an oder mit der sie Ihre Forschungen durchführen, veröffentlicht sind.
- Recherchieren Sie, welche Richtlinien die für Sie wichtigen wissenschaftlichen Fachgesellschaften zu forschungsethischen Themen beschlossen haben.
- Lesen Sie die gefundenen Dokumente aufmerksam durch und überlegen Sie, welche der in ihnen angesprochenen Punkte für Ihre Forschungsvorhaben in welchen Hinsichten bedeutsam sind.

5 Mein erstes Forschungsprojekt – Was brauche ich?

Zum Abschluss der ersten Kapitels wollen wir Ihnen einige praktische Tipps für Ihr erstes Forschungsprojekt mit auf die Reise geben. Wenn Sie aufmerksam gelesen und die Reflexionsaufgaben gemacht haben, dann haben Sie über viele Dinge nachgedacht, die für die erfolgreiche Durchführung eines seriösen empirischen Projekts zumindest in Ansätzen geklärt sein sollten. Das Forschungshandeln in empirisch ausgerichteten Projekten erschöpft sich aber nicht im »Nachdenken und Reden über« – es geht dabei wesentlich auch um konkrete Interaktionen und die Verwendung methodischer Instrumente. Schließlich wollen Sie ja nicht stundenlang die Schier wachseln, sondern auch mal die Hänge hinunterfahren.

Fassen wir kurz zusammen, was wir von den Dingen, die Sie für ihr erstes Forschungsprojekt brauchen, bereits angesprochen haben. Das sind insbesondere Zeit, Geduld, Ausdauer, Schaffenskraft, Lernbereitschaft, Bereitschaft zur Übernahme von Verantwortung, kommunikative Kompetenz, Neugier und Liebe zur Sache. Freilich ist diese Liste alles andere als vollständig, und es ist auch nicht so, dass man all das einfach schon mitbringt oder eben nicht. Die entsprechenden Fähigkeiten, Fertigkeiten und Qualitäten sind vielmehr schrittweise weiter zu entwickeln.

Nehmen wir zum Beispiel den Punkt Ausdauer. Wenn Sie das Verfassen einer Abschlussarbeit, die auf einem empirischen Forschungsprojekt basiert, mit der Anfertigung eines Werkstücks bei der Meisterprüfung vergleichen, was war dann das Gesellenstück? Was waren die entsprechenden Vorübungen? Aus welchen Fehlern konnten Sie auf dem Weg zum Meisterstück lernen? – Hatten Sie in der Schule mal die Gelegenheit, kurze Interviews durchzuführen? Haben Sie in Ihrem bisherigen Leben mal über Wochen hinweg an einem Bild gemalt, ein Musikstück komponiert oder ein umfänglicheres Wohnungsprojekt durchgeführt? Sind Sie gewohnt, über längere Zeit hinweg konzentriert zu lesen oder halten Sie es eher mit Weblog-Einträgen und kurzen Zeitschriftenbeiträgen? Bereits kleinere Forschungsprojekte erfordern überdurchschnittlich lange Aufmerksamkeitsspannen und eine gewisse Kondition beim Recherchieren, Organisieren, Transkribieren, Dokumentieren, Lesen, Schreiben und nicht zuletzt bei der Überarbeitung von Rohfassungen.

Auf einen besonders wichtigen Punkt wollen wir extra nochmals hinweisen: Die Bereitschaft zum **Perspektivenwechsel.** Das bedeutet, dass im Zuge empirischer Forschungstätigkeiten ähnlich wie bei der Auseinandersetzung mit wissenschaftlichen Theorien die Begrenztheit vertrauter Sichtweisen überschritten wird und verschiedene Erklärungs- und Deutungsmöglichkeiten ins Blickfeld rücken. Die »Normalität« des Alltagslebens erscheint dann mitunter fremd und reflexionswürdig. Differenziertere Betrachtungsweisen und kritisches Denken lassen die Dinge komplexer erscheinen, neue Formen der Wissensintegration und Komplexitätsreduktion erscheinen angezeigt.

Bevor Sie sich nun auf den Weg zu Ihrem ersten Forschungsprojekt machen, laden wir Sie zu einem Check up ein, der Ihnen dabei helfen soll, die Kräfte möglichst gut einzuteilen. Halten Sie dabei vor Augen, um welche Zielstellung es zunächst geht. So, wie Sie für einen Ausflug ins Nachbardorf, eine Wanderung auf eine nahe

Wichtig

Empirische Forschung kann Ihr Leben sehr verändern. Der (scheinbar) sichere Boden des alltagsweltlichen »So-und-so-ist-es« wird fragwürdig, Vorurteile und stereotype Darstellungen fallen bei einem selbst und bei anderen gehäuft auf. Das Erfordernis Dinge neu denken zu müssen geht Hand in Hand mit dem Abenteuer sich selbst neu zu entdecken. Als Lohn für die Bemühungen um wissenschaftliche Erfahrung winken vertiefte Einsichten und Kenntnis neuer Zusammenhänge, erweiterte Handlungsspielräume und differenziertere Betrachtungsweisen.

Fragebogen

Teil 1 : Mein erstes Forschungsprojekt: Was bringe ich mit?

Meine Selbsteinschätzung:	**niedrig**	**mittel**	**hoch**
Vorfreude	( )	( )	( )
Neugier	( )	( )	( )
gesicherte Basisökonomie	( )	( )	( )
kommunikative Fähigkeiten	( )	( )	( )
Kritikfähigkeit	( )	( )	( )
Medienkompetenz	( )	( )	( )
organisatorisches Talent	( )	( )	( )
Zeitmanagement	( )	( )	( )
Arbeitsplanung / Projektmanagement	( )	( )	( )
mathematische Kenntnisse	( )	( )	( )
Netzwerke, institutionelle Verbindungen	( )	( )	( )
Basiskompetenzen im wiss. Arbeiten	( )	( )	( )
Vorerfahrungen (Bsp. Schulprojekte)	( )	( )	( )
forschungsmethodische Kompetenzen	( )	( )	( )
unterstützendes Umfeld (Familie, Freunde, StudienkollegInnen)	( )	( )	( )
....	( )	( )	( )
....	( )	( )	( )
....	( )	( )	( )

gelegene Alm oder eine Klettertour im hochalpinen Gelände jeweils andere Dinge mitnehmen, so sollten Sie sich vorab klar machen, ob Sie Ihre Selbsteinschätzung im Hinblick auf eine forschungsmethodische Seminararbeit, Ihre erste Bachelorarbeit oder zum Beispiel eine Master- bzw. Diplomarbeit vornehmen.

Und das sind die entscheidenden **Erfolgsfaktoren** auf dem Weg zu Ihrem ersten Forschungsprojekt:

- gute Selbsteinschätzung (Stärken / Schwächen)
- Forschungsneugier und ernsthafte Motive
- angemessene Ressourcen (Zeitbudget, finanzielle Absicherung)
- gute Kontakte und Zugänge (Internet, Bibliotheken, Forschungsfeld)
- ein Umfeld, in dem Humor, Selbstachtung, Selbstironie sowie Wertschätzung und Anerkennung für Ihre Bemühungen gepflegt werden.

Fragebogen

Teil 2: Mein erste Forschungsprojekt: Wo gibt es Schwächen und wo will ich erste Schritte setzen?

Bereich	**Aktivtitäten**
Forschungsmethoden (Überblick)	....
spezielle Forschungsmethoden	....
Basisökonomie	....
Medienkompetenz	....
kommunikative Fähigkeiten	....
emotionale Aspekte	....
kritisches Denken / Kritikfähigkeit	....
Präsentieren und Moderieren	....
Umfeld (Familie, Freunde, etc.)	....
Projektmanagement	....
....	....
....	....
....	....

Tipp: Wählen Sie zunächst lediglich 2–3 Bereiche aus und konzentrieren Sie sich auf höchstens 2–3 Aktivitäten. Kommen Sie allerdings in einigen Wochen wieder auf diese Aufgabe zurück und setzen Sie dann neue Akzente.

Sofern das Thema für Ihr erstes Forschungsprojekt nicht vorgegeben ist, brauchen Sie nur noch eine Idee und es kann losgehen. Wie Sie zu Ideen und von diesen zu Ihren Forschungsfragen kommen, erfahren Sie im nächsten Kapitel.

Literaturtipps

Zum Thema gibt es ein großes Informationsangebot in Form von Büchern, Aufsätzen und Internetquellen. Für den Einstieg in die Thematik empfehlen wir Ihnen als Ergänzung und Erweiterung zu diesem Band folgende Bücher:

Baur, Nina & Blasius, Jörg (2014): Handbuch Methoden der empirischen Sozialforschung. Wiesbaden: Springer VS.

Flick, Uwe; Kardoff, Ernst v. & Steinke, Ines (Hrsg.) (2005): Qualitative Forschung. Ein Handbuch. (7. Aufl.) Reinbek bei Hamburg: Rowohlt.

Heinze, Thomas (2001): Qualitative Sozialforschung. Einführung, Methodologie und Forschungspraxis. München / Wien: Oldenbourg.

Hug, Theo (Hrsg.) (2001): Wie kommt Wissenschaft zu Wissen? 4 Bände, Baltmannsweiler: Schneider-Verlag Hohengehren.

Hussy, Walter; Schreier, Margrit & Echterhoff, Gerald (2013): Forschungsmethoden in Psychologie und Sozialwissenschaften – für Bachelor. (2. Aufl.) Berlin u. a.: Springer.

Kruse, Otto (2015): Lesen und Schreiben. Der richtige Umgang mit Texten im Studium. (2. Aufl.) Konstanz u. a.: UTB.

Mautner, Gerlinde (2011): Wissenschaftliches Englisch. Stilsicher schreiben in Studium und Wissenschaft. Grundlagen und Anwendungen. Konstanz u. a.: UTB.

Niedermair, Klaus (2010): Recherchieren und Dokumentieren. Der richtige Umgang mit Literatur im Studium. Konstanz u. a.: UTB.

Raithel, Jürgen (2008): Quantitative Forschung: Ein Praxiskurs. (2. Aufl.) Wiesbaden: VS.

Eine Auswahl relevanter Internetquellen finden Sie im Kapitel VI sowie online unter http://star.huterundroth.at

II Von der Idee zum Forschungsprojekt

A. Perzy

In diesem Kapitel erfahren Sie, wie man von einer Idee zu einem Forschungsprojekt kommt. Die wesentlichen Schritte bestehen darin, Ideen zu finden, ein Thema zu wählen, die Forschungsfrage zu formulieren sowie eine Projektskizze zu entwerfen und ein Exposé zu schreiben. In den drei Abschnitten lernen Sie, was Idee, Thema und Fragestellung voneinander unterscheidet und wieso es wichtig ist, diese unterschiedlichen Konkretisierungsebenen auf dem Weg zu einem Forschungsprojekt zu beachten.

1 Am Anfang steht eine Idee

Forschungsvorhaben beginnen meistens mit einer Idee. Es ist allerdings nicht immer leicht, zu Ideen zu kommen oder aus mehreren die am besten geeignete zu bestimmen. Die Aufgabe, eine Idee zu finden oder auszuwählen, wird leichter, wenn Sie methodisch vorgehen.

Eine **Idee** ist vorerst einmal einfach ein Einfall, ein erster Gedanke. Sie kann als Antwort auf eine Frage oder ein Problem auftauchen und sogar schon einen ersten Entwurf zu dessen Lösung enthalten. Für ein Forschungsprojekt ist eine Idee aber erst dann geeignet, wenn sie sich wissenschaftlich bearbeiten lässt. Das bedeutet, dass das Problem mit den wissenschaftlichen Methoden des jeweiligen Faches systematisch und für andere nachvollziehbar lösbar sein muss. Die Ergebnisse müssen als sachliche Aussagen formuliert werden können und überprüfbar sein. Ziel ist die Gewinnung neuer und gesicherter – und wie Sie nun auch sagen können – wissenschaftlicher Erkenntnisse.

Die ersten Forschungsprojekte sind meistens durch den Studienplan vorgegeben, etwa im Rahmen eines Forschungspraktikums oder von Abschlussarbeiten, wenn diese einen empirischen Teil erfordern. Die inhaltliche Aufgabenstellung eines Forschungsprojekts kann ebenfalls vorgegeben sein. Das erspart Ihnen die Mühe, sie selbst zu erarbeiten, und damit eine Menge Zeit. Dies ist z.B. der Fall, wenn ein Thema für eine Qualifizierungsarbeit ausgeschrieben wird. Dabei erübrigt sich auch die oft mühselige Suche nach einer Betreuung, weil diese mit der Ausschreibung eines Themas verbunden ist.

Im Verlauf des Studiums werden Sie allerdings immer auch gefordert sein, selber Ideen zu finden und zu Themen weiter zu entwickeln. Das hat Vorteile: Erstens entwickeln und wählen Sie Ideen nach eigenen Interessen und Vorstellungen. Zweitens erwerben Sie das wissenschaftliche Rüstzeug, um relevante Fragen aufzugreifen und selbstständig wissenschaftlich zu bearbeiten.

Wie ein Forschungsprojekt beginnt

Die ersten Fragen lauten: Was interessiert Sie? Womit möchten Sie sich näher beschäftigen? Nur wenn Sie eine Idee genügend reizt, bringen Sie auch das nötige Durchhaltevermögen für ein Forschungsprojekt auf. Ideen finden sich im Grunde überall. Alles, was Ihnen irgendwie auffällt, Ihr Interesse erregt, Fragen auslöst und den Wunsch nach Antworten weckt, kann Ausgangspunkt für eine Idee werden.

Neben Fachartikeln und anderen wissenschaftlichen Veröffentlichungen können das Medienberichte oder genauso gut Begebenheiten aus dem Alltag sein.

Der Prozess der Ideenfindung lässt sich gut organisieren und überblicken, wenn Sie schrittweise vorgehen: Beschaffen Sie sich zuerst die nötigen Unterlagen (z. B. Artikel, Bücher, Skripten, Mitschriften von Lehrveranstaltungen). Schauen Sie diese nach interessanten Themen, offenen Fragen, ungelösten Problemen, Gedanken und Ideen durch. Fertigen Sie Kopien von wichtigen Passagen an und legen Sie sie in einem Ordner ab. Beschäftigen Sie sich näher mit ihnen. Stellen Sie Fragen, vor allem die so genannten »**W-Fragen**«: Was? Wie? Warum? Wo? Was finde ich an der Thematik interessant? Was genau will ich wissen? Wie kann das beobachtete Ereignis A mit dem theoretischen Ansatz B erklärt werden? Warum ist Ereignis C eingetreten? Wo liegen die Ursachen?

Wenn Sie die Fragen immer wieder umformulieren, lassen sich Sachverhalte aus anderen Blickwinkeln betrachten. Der **Perspektivenwechsel** lässt Sie weitere Aspekte entdecken und ermöglicht Ihnen in Folge neue Ideen. Das Umformulieren hilft außerdem, Fragen zu präzisieren. Der Aufwand lohnt sich, Sie werden überrascht sein, wie viele inhaltliche Details und Ideen Sie dabei entwickeln.

Kreativitätstechniken

Ideen zu produzieren, kann eine der interessantesten und lohnendsten Aktivitäten des gesamten Studiums sein. Es gibt eine Reihe von **Kreativitätstechniken**, mit denen Sie diesen Prozess unterstützen können. Sie dienen dazu, das eigene Denken anzuregen und Denkblockaden zu überwinden. Sie sind leicht anzuwenden und bedürfen auch keiner aufwendigen Vorbereitung. Allerdings müssen einige Regeln beachtet werden, die für ihren Erfolg wichtig sind. Da es sich um aufeinander folgende Arbeitsschritte handelt, ist es wichtig, das Finden von Ideen und deren Bewertung zu trennen.

Überblick

Kreativitätstechniken

unterstützen und fördern das Produzieren von Ideen und Einfällen, mit dem Ziel, konkrete Fragen zu lösen. In allen Kreativitätstechniken bildet das freie Assoziieren die methodische Grundlage. Es steht auch für sich selbst und stellt als Brainstorming die am häufigsten verwendete Technik dar.

Brainstorming: Im freien Assoziieren entstehen Gedanken, die unerwartete Perspektivenwechsel auf den untersuchten Gegenstand (die Frage) mit sich bringen. Entscheidend ist dabei, alle Ideen und Einfälle zuzulassen und diese nicht zu zensurieren!

Brainwriting: Unterscheidet sich nur darin, dass es den Fokus auf das strukturierte Anknüpfen an eigene und fremde Ideen legt und die dabei entstehenden neuen Einfälle systematisch schriftlich festhält.

Kärtchenmethode: Mit Hilfe von Kärtchen lassen sich Ideen nicht nur leichter parallel und damit gleichzeitig in der Gruppe sammeln, sondern vor allem immer wieder neu (an)ordnen und gegeneinander abwägen, um letztlich z.B. eine Übersicht, eine Gliederung oder auch einen Prozessablauf zu erstellen.

Clustering: Man beginnt mit einem zentralen Begriff, kreist ihn ein und notiert alle Einfälle dazu rund um diesen und verbindet die einzelnen Einfälle ggf. durch Striche mit dem zentralen Thema und / oder anderen Einfällen. Wie die Kärtchenmethode erlaubt das Clustering (oder Assoziogramm) eine erste Strukturierung, die in Folge weiter bearbeitet werden kann.

Mind Mapping: Ähnlich dem Clustering (oder Assoziogramm) beginnt man mit einem zentralen Begriff (Thema, Frage) in der Mitte. Anders als bei den Verfahren davor, ist hier das Ziel, ein strukturiertes Diagramm zu erstellen, von Beginn an im Mittelpunkt. Der Wechsel zwischen freiem Assoziieren und Strukturieren kennzeichnet das Mind Mapping.

Brainstorming

Dabei handelt es sich um die einfachste und grundlegendste Methode, um das kreative Denken und damit das Generieren von Ideen zu fördern. Sie wurde von Alex F. Osborn in den 30er Jahren in den USA entwickelt. Wie der Name sagt, geht es darum, dass einem Gedanken zu einer bestimmten Frage nur so durch den Kopf »wirbeln«. Andere Bezeichnungen wie »Methode des freien Einfalls« und »Methode der freien Assoziation« sind ebenfalls geläufig.

Wesentlich ist dabei eine Atmosphäre, in der Sie sich wohl fühlen und bewusst keinen Leistungsdruck zulassen. Am leichtesten geht es, wenn Sie sich vorher mental entspannen. Damit verhindern Sie, dass Sie sich blockieren. Versuchen Sie also nicht, Ideen zu erzwingen! Lassen Sie sich treiben und von Ihren Gedanken überraschen, ohne sie zu zensurieren oder zu bewerten. Charakteristisch sind Sequenzen, wo Ihre Gedanken sprudeln. Daran erkennen Sie, dass Sie es richtig machen. Geben Sie aber nicht auf, wenn Ihnen anfänglich nichts einfällt. Entspannen Sie sich noch einmal und warten Sie, bis die Gedanken von alleine kommen. Ihre Aufgabe besteht allein darin, sie zuzulassen, wahrzunehmen und aufzuschreiben. Die Notizen werden erst später durchgesehen, geordnet, bewertet und »gesiebt«.

Ein Vorteil dieser Methode ist, dass Sie nicht nur zu neuen Ideen kommen, sondern auch das eigene Vorwissen rund um eine Idee aktivieren. Im Grunde basiert diese Methode auf der Fähigkeit, uns selbst Fragen zu stellen und Antworten aus unserem inneren Gedächtnisspeicher abzurufen. Die Einhaltung der folgenden Regeln erhöht die Chancen auf Erfolg.

Tipp

Regeln für Brainstorming

1. Jede Idee wird sofort aufgeschrieben.
2. Ideen werden nicht kommentiert, kritisiert oder zensuriert.
3. Ideen dienen als Anregung für weitere Ideen.
4. Je mehr Ideen gefunden werden, desto besser.

Wenn Sie nicht gerne alleine oder einmal mit anderen zusammenarbeiten wollen, lässt sich ein Brainstorming hervorragend in der Gruppe durchführen. Die Anzahl der Einfälle ist meist ungleich größer und die Ideen sind vielfältiger. Blockaden werden durch die Hilfe der anderen leichter überwunden oder entstehen erst gar nicht. Viele spontane Fragen, Zweifel und Einschätzungen können im Anschluss an die Ideenfindung gleich in der Gruppe diskutiert werden. Die Gruppe berücksichtigt dabei meist mehr Gesichtspunkte. Die Dauer beträgt eine halbe Stunde oder auch mehr.

Es gelten die gleichen Regeln wie für das individuelle Brainstorming. In der Gruppe müssen sie allerdings noch stärker beachtet werden. Es erfordert mehr Anstrengung von jedem einzelnen, sich auf die Aufgabe zu konzentrieren und die gemeinsame Aufmerksamkeit aufrecht zu erhalten. Außerdem ist es wichtig, in der Gruppe genauso an Ideen anderer anzuknüpfen wie an eigene. Damit der eigene

Ideenfluss nicht durch die Gruppe blockiert wird, ist es jedoch vorteilhaft, zwischen Einzelarbeit und Bezugnahme auf die Ideen der anderen Teilnehmer zu wechseln. Methoden wie das Brainwriting und die Kärtchenmethode (siehe unten) leisten genau das.

Tipp

Gedanken sofort protokollieren

Schreiben Sie die Ideen und Gedanken, so wie Sie Ihnen einfallen, sofort auf. Was Sie nicht gleich notieren, steht Ihnen dann oft nicht mehr zur Verfügung, wenn Sie es brauchen.
Indem Sie die Ergebnisse dieses wissenschaftlichen Arbeitsprozesses – um einen solchen handelt es sich nämlich – schriftlich festhalten, dokumentieren Sie ihn. Indem Sie Ihre Gedanken aufschreiben, machen Sie diese außerdem sichtbar. Die Ideen und Gedanken stehen Ihnen in Folge nicht nur jederzeit zur Verfügung, sondern sie sind nun überschaubar und systematisch und schrittweise bearbeitbar.

Brainwriting

Nehmen Sie ein Blatt Papier (A4) und notieren Sie Ihre Ideen untereinander oder spaltenweise nebeneinander. Wenn Ihnen nichts mehr einfällt, gehen Sie zum ersten Gedanken, den Sie aufgeschrieben haben, und notieren Sie alle Assoziationen. Gehen Sie anschließend zum zweiten Gedanken und setzen Sie analog fort, bis Sie genügend Ideen beisammen haben.

Wenn Sie in der Gruppe arbeiten, beginnen alle Teilnehmer mit einem eigenen Blatt und reichen es nach ein paar Minuten in die gleiche Richtung weiter. Ihre Ideen können nun von anderen als Anregung verwendet und auf dem Blatt dazugeschrieben werden. Die Blätter werden reihum weitergereicht, bis die Runde durch ist oder genug Ideen beisammen sind. Für die weitere Auswertung werden die Ideen geordnet und solche, die doppelt vorkommen, eliminiert.

Auch hier gilt das Brainstorming-Prinzip: Entscheidend ist es, den Gedanken freien Lauf zu lassen und sie bewusst *nicht* zu lenken. Überlassen Sie sich dem intuitiven Fluss Ihrer Assoziationen. Das hat den Vorteil, dass man sich aus festgefahrenen Denkmustern lösen und Gedanken auf bisher ungewohnte Art und Weise kombinieren kann.

Wenn Ihnen nichts einfällt, warten Sie ruhig ein bisschen. Das Stocken des Gedankenflusses gehört dazu. Oft kündigt sich damit eine Phase an, in der Ihnen weitere Gedanken kommen. Drängen Sie sich nicht und brechen Sie nicht ab. In dieser zweiten Phase vertiefen sich Ihre Gedanken. Oft sind es weiterführende Assoziationen zu den schon vorliegenden Einfällen. Sie werden merken, wenn es genug ist. Es fällt Ihnen kaum mehr was ein und die Gedanken beginnen um die gleichen Details zu kreisen. Freuen Sie sich über das Erreichte und gönnen Sie sich eine Pause.

Die Kärtchenmethode

Für das Ordnen und Gruppieren hat sich die **Kärtchenmethode** bewährt. Sie lässt sich sehr gut alleine und in der Gruppe anwenden und ist vor allem in Vorbereitungs- und Klärungsphasen von Prozessen sehr nützlich. Mit Hilfe von Kärtchen lassen sich Ideen sammeln, ordnen und gegeneinander abwägen.

Alle Ideen werden schriftlich festgehalten. Das ist deswegen wichtig, weil manche anfänglich für nebensächlich gehaltene Ideen im weiteren Verlauf wichtig werden können, während andere an Bedeutung verlieren. Die Kärtchen (z. B. halbes oder viertel A5-Format) können nach Belieben ergänzt und sortiert werden. Sie lassen sich ohne Aufwand überall hin mitnehmen und übersichtlich anordnen. Ein bisschen Platz auf dem Tisch, Boden, Pinwand oder Flipchart genügt. Auf jedes Kärtchen kommt nur eine Idee. Kommentare und Anmerkungen lassen sich gut dazuschreiben, auf der Rückseite ist Platz für mehr (z. B. für Literaturtipps). In einem weiteren Schritt können Sie die Kärtchen nach unterschiedlichen Kriterien anordnen.

Tipp

Textverarbeitungsprogramme nutzen

Wenn Sie Ihre Gedanken in eine Textdatei auf den Computer übertragen oder gleich direkt in den Computer eingegeben haben, können Sie Ihre Ideen mühelos nach Interesse ordnen. Mit *Drag and Drop* können Sie die Reihenfolge Ihrer Einträge jederzeit ändern. Gehen Sie Ihre gesammelten und aufgelisteten Ideen immer wieder mal durch, entdecken Sie Zusammenhänge zwischen ihnen und ordnen Sie diese gegebenenfalls neu. Nach einigen Überarbeitungen, Ergänzungen und Umreihungen haben Sie eine erste solide Auflistung Ihrer Ideen nach Interesse.

Clustering oder Assoziogramm

Die assoziative Technik des Clustering wurde von Gabriele L. Rico in den USA in den späten 70-er Jahren entwickelt und in dem Buch »Garantiert schreiben lernen« 1984 ausführlich dargestellt. Das Clustering (»Anhäufen«) soll durch Anregung und Nutzung spontaner, freier Einfälle und Assoziationen helfen, Ideen zu finden und zu visualisieren. Wie allen anderen angeführten Kreativitätstechniken kann auch das Clustering vorhandenes Wissen aktivieren und sowohl einzeln wie auch in der Gruppe angewandt werden.

Schreiben Sie den zentralen Begriff (»das worum es geht«) in die Mitte auf ein Blatt (A4 oder größer, unliniert, im Querformat) und kreisen Sie ihn ein. Er bildet den Ausgangspunkt. Verteilen Sie Einfälle räumlich um diesen und kreisen Sie diese ebenfalls ein. Wenn zwei Einfälle zusammenhängen, verbinden Sie diese mit Linien oder Pfeilen. Ein Einfall kann mit mehreren anderen verbunden sein oder unverbunden stehen. Zu den Linien und Pfeilen können Sie Angaben zur Art der Beziehung notieren.

Sie können z. B. in der Mitte »Ideen für Themen« schreiben und rundherum alle »Ideen«, die Ihnen einfallen. Alle weiteren Einfälle zu einzelnen Ideen können Sie dann jeweils enger um diese gruppieren.

Clustering bzw. Assoziogramm

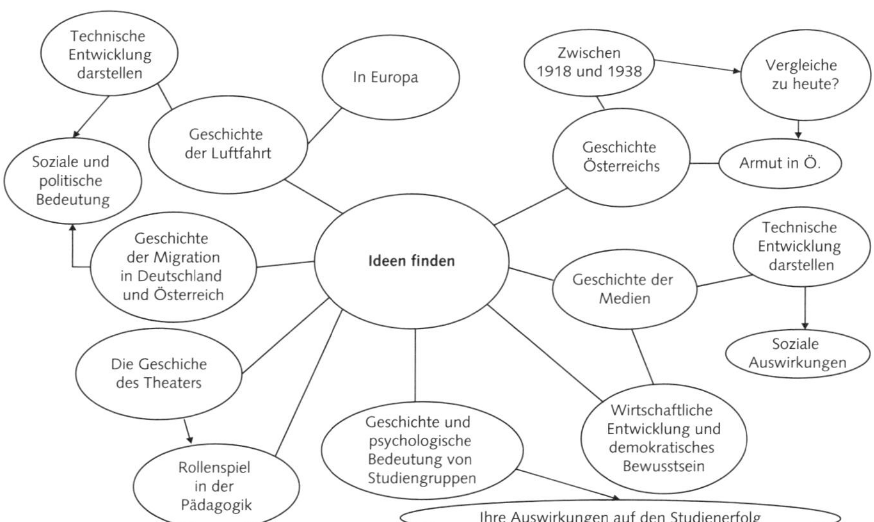

Mind Mapping

Entwickelt wurde die Methode des **Mind Mapping** durch Tony Buzan in den 70er Jahren ebenfalls in den USA. Man geht dabei von einem zentralen Begriff in der Mitte eines Blattes (A4 oder größer, unliniert, im Querformat) aus und zeichnet und beschriftet Linien, die sich wie die Äste eines Baumes immer weiter verzweigen lassen. Das ermöglicht es, Einfälle noch stärker zu strukturieren als mit den zuvor genannten Methoden. Es bedarf dazu einer Balance zwischen den spontanen und freien Einfällen und den Überlegungen, wohin sie sich am Blatt am besten inhaltlich platzieren lassen. Jeder Einfall wird durch einen neuen Hauptast, Ast oder Zweig dargestellt und entsprechend beschriftet.

Nehmen Sie sich aber besonders zu Beginn noch nicht bewusst vor, Ihre Einfälle zu strukturieren, sondern tun Sie dies beiläufig, nebenher. Unser Denken erkennt und schafft Zusammenhänge auch ohne unser bewusstes Zutun. Die einzelnen Verzweigungen können mit unterschiedlichen Farben gezeichnet und beschriftet werden. Das erhöht die Übersicht und lässt die Struktur klarer hervortreten. Mind Mapping kann besonders sinnvoll im Anschluss an eine andere Kreativtechnik angewandt werden, um Einfälle zu strukturieren. Nehmen wir dafür zum Beispiel die »Geschichte der Medien« aus dem obigen Assoziogramm. Mit einem Mind Map (auch Mindmap geschrieben) können Sie Ihre Idee nun etwas vertiefen, präzisieren und vorstrukturieren. Der neue Titel heißt jetzt »Geschichte der Neuen

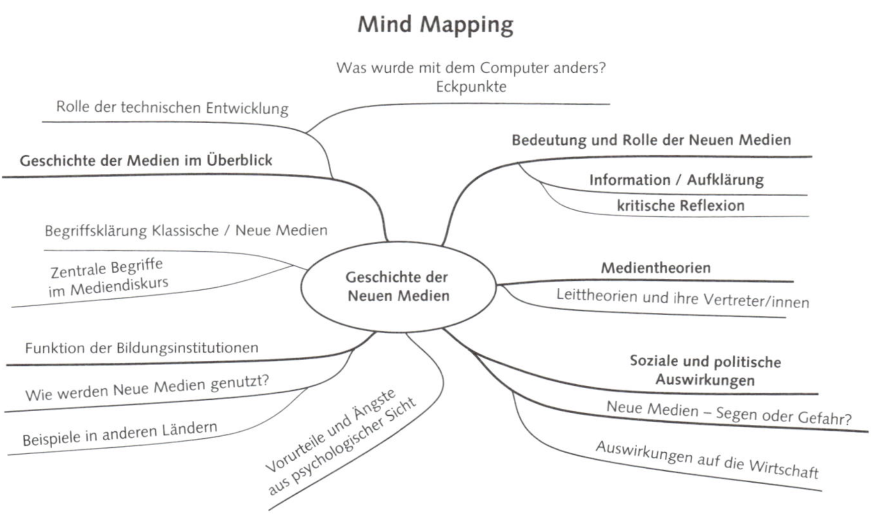

Medien«. Sie grenzen damit den Themenbereich nicht nur ein, vor allem konkretisieren Sie sie dadurch weiter, eine Grundvoraussetzung, um letztlich zu einem bearbeitbaren Thema zu kommen, wie in den folgenden beiden Abschnitten genauer ausgeführt wird. Da es sich um **iterative** (sich wiederholende) Prozesse bei der Konkretisierung bzw. Präzisierung handelt, müssen die erstellten Vorlagen immer wieder überarbeitet werden, bis ein zufriedenstellendes Ergebnis erreicht ist. Die weitere Ausführung des Beispiels bis hin zu einer konkret bearbeitbaren Fragestellung finden Sie auf der Website zum Buch.

Allen angeführten Methoden ist eine visuelle Anordnung und Zuordnung der Einfälle gemeinsam. Wenn man die Ergebnisse am Blatt betrachtet, werden auch Strukturen ersichtlich. Das ist insofern von Vorteil, als diese bereits erste Möglichkeiten für die Gliederung in Kapitel, Unterkapitel und weitere Unterteilungen aufzeigen.

Die Methoden sind einfach und zielführend. Sie müssen sich nur Zeit nehmen und die einzelnen Schritte sorgfältig nacheinander ausführen. Die vorgestellten Methoden sind keine in Stein gehauenen, unveränderlichen Vorgaben. Sie können auch Ihre eigene Variante finden und ausprobieren. Worauf es ankommt ist, dass Sie gut und gerne damit arbeiten!

Es gibt noch andere Möglichkeiten, eigene Ideen zu finden bzw. zu produzieren. Versuchen Sie es mit Kreativitätstechniken wie Phantasiereisen, Rollenspielen, kreativem Schreiben in der Gruppe oder auch systematischen Variationen der vorgestellten Methoden und Kombinationen von Einzelaspekten.

Wenn Sie Ihre Einfälle durchgehen, ordnen Sie diese nach thematischer Nähe in Gruppen (wenn nicht bereits geschehen) und reihen Sie die Gruppen nach dem Grad Ihres Interesses. Damit haben Sie noch keine Entscheidung für die Themenwahl getroffen. Sie haben aber eine gut strukturierte Vorlage an Ideen.

2 Wie komme ich von meinen Ideen zu einem Thema?

Im Gegensatz zu einer bloßen Idee wird ein Thema erst nach Überprüfung an Hand bestimmter Kriterien aus dieser entwickelt und formuliert: Es muss z. B. neues Wissen versprechen und an den aktuellen Stand der Forschung anknüpfen. Im Detail sind folgende Kriterien zu beachten:

Fragen helfen, Ideen einzugrenzen und zu konkretisieren. Was genau meinen Sie mit der Idee oder einem verwendeten Begriff? Was haben Sie sich dabei gedacht? Was möchten Sie herausfinden? Lässt sich der Sachverhalt einfacher, kürzer, klarer

Überblick

Inhaltliche Kriterien für die Themenformulierung und Themenwahl

1. Das Thema muss wissenschaftlich relevant sein, z. B. neue Erkenntnisse anstreben.
2. Das Thema sollte gesellschaftlich relevant sein, z. B. akute Fragen und Probleme unserer Gesellschaft behandeln.
3. Die Themenbearbeitung muss an aktuelles Fachwissen anknüpfen und darauf Bezug nehmen.
4. Das Thema muss mit wissenschaftlichen Methoden bearbeitbar sein.
5. Das Thema (Problemdarstellung) muss klar und eindeutig formuliert sein.
6. Relevante Quellen (z. B. Fachliteratur) müssen verfügbar sein.
7. Die eigenen (methodischen) Vorkenntnisse müssen ausreichen, um das Thema im Rahmen der vorgegebenen Zeit und in der geforderten Tiefe bearbeiten zu können.

und präziser ausdrücken? Hat die Idee vielleicht mehrere Aspekte und lassen sich diese als eigene Themen formulieren? Versuchen Sie, die Fragen zu beantworten.

Um von einer Idee zu einem bearbeitbaren Thema zu kommen, müssen Sie sich ausreichend Zeit nehmen und strukturiert vorgehen. Am einfachsten nach den oben angeführten Kriterien und wiederum in Form von Fragen: z. B. Was ist an dem Thema wissenschaftlich relevant? Für wen sind zu erwartende Erkenntnisse von Bedeutung? Besonders zu Beginn fehlen meist klare Vorstellungen darüber, welche Ideen sich prinzipiell eignen. Deshalb müssen Sie die einzelnen Ideen auch inhaltlich und sprachlich überprüfen, präzisieren und in konkrete Themen umformulieren.

Nehmen wir wieder unser Beispiel von oben: *Geschichte der Neuen Medien.* Das Thema ist freilich zu breit angelegt. Ein Tipp: Um das Thema zu konkretisieren und Interesse zu erwecken, versuchen Sie es »zum Leben erwecken«, indem Sie Wörter hinzufügen, die Handlungen oder Beziehungen ausdrücken. Mit Blick auf unser Beispiel bietet es sich an, einen Aspekt aus dem Mind Map herauszugreifen (z. B. »Bedeutung und Rolle der Neuen Medien«). Die vorläufige Themenformulierung könnte dann lauten: *Die Auseinandersetzung um den Einsatz Neuer Medien im Unterricht aus medienpädagogischer Sicht.* Damit sind Sie einen Schritt weiter und haben auch schon einige Elemente für eine gute »story« skizziert: Einen Konflikt, eine Auseinandersetzung, das erzeugt Spannung und Neugier. Gleichzeitig fokussiert es auf einen bestimmten thematischen Aspekt, nämlich den *Einsatz* Neuer Medien (das Verb »einsetzen« drückt wieder Aktivität aus). Weiter verengt wird es durch die Präzisierung des Untersuchungsbereichs »im Unterricht« und die fachspezifische Zuordnung »aus medienpädagogischer Sicht«. In der weiteren Folge ginge im gegenständlichen Beispiel darum zu klären, welche Instanzen sich auseinandersetzen, welche Bildungskontexte, Unterrichtsformen, Medientechnologien oder -angebote und Nutzungsweisen näherhin gemeint sind, welche medienpädagogische Perspektive forschungsleitend sein soll, und welche Forschungsfragen konkret bearbeitet werden sollen.

Weitere Voraussetzungen für die Themenwahl

Neben der Beachtung von inhaltlichen Kriterien gilt es, schon im Vorfeld einige Voraussetzungen zu klären. Vor allem braucht es:

a) eine Betreuungsperson, die das Thema annimmt: Findet meine Betreuerin das Thema sinnvoll, interessiert es sie und kennt sie sich bei dem Thema aus?
b) ausreichend Zeit, um alle anfallenden wesentlichen Teilaufgaben zu erledigen: Themenfindung, Recherche, theoretische Konzeption, Methodenwahl, Planung, Organisation, Durchführung, Aufbereitung der Ergebnisdaten, Auswertung, Beschreibung, Analyse, Interpretation, Texterstellung und -überarbeitung, dazu Einleitung, Zusammenfassung und Schlussfolgerungen, Layoutierung, mehrmaliges Korrekturlesen
c) ausreichende materielle Ressourcen: einen geeigneten Arbeitsplatz, einen gut funktionierenden Computer mit Internetzugang und Drucker, Papier und Kopiermöglichkeiten, ein Aufnahmegerät für Interviews, ein Softwareprogramm zur Datenanalyse, ein Telefon für Recherche und Kommunikation, etc.
d) persönliches Interesse und Motivation: Will ich mich mit der Idee weiter befassen? Wie sehr interessiert mich die Sache? Was genau will ich wissen und warum?
e) die Bereitschaft, dabei systematisch und nach wissenschaftlichen Kriterien vorzugehen, d. h. sich schrittweise den einzelnen Teilaufgaben zu widmen und dabei die Regeln des wissenschaftlichen Arbeitens zu beachten.

Wie können Sie sich nun für ein Thema entscheiden?

A. Formulieren Sie die Themen als Fragen

Offene Fragen (**W-Fragen**: Was? Wer? Wann? Wie? Woran? Womit? Warum? etc.) haben den Vorteil, dass Sie zu ihrer Bearbeitung mehr Spielraum haben. Fragen müssen aus der wissenschaftlichen Diskussion begründet ableitbar und bearbeitbar sein. Sie korrespondieren entsprechend mit Annahmen, Thesen und Hypothesen.

Definition

Hypothesen, Thesen und Annahmen

Eine **Hypothese** ist eine wohlbegründete Annahme, die vorläufig weder erhärtet oder bestätigt noch widerlegt ist. Eine Hypothese ist dann wissenschaftlich, wenn sie durch Fakten und bisherige empirische Erkenntnisse herausgefordert oder plausibilisiert wird. Eine gute Hypothese eröffnet neue Beobachtungsmöglichkeiten und ist theoretisch anschlussfähig. Wörtlich heißt der aus dem Griechischen stammende Begriff »Unter-Stellung«.
Eine **These** ist eine Behauptung oder ein »Lehrsatz«. Wissenschaftliche Thesen haben den Charakter von begründeten »Setzungen«.
Darüber hinaus spielen in empirischen Forschungsprojekten auch mehr oder weniger gut begründete **Vorannahmen** und Vorvermutungen eine Rolle. Das Spektrum reicht dabei von Menschen- und Weltbildannahmen bis zu Annahmen über die Bedeutung von konkreten Rahmenbedingungen.

B. Ordnen sie die Themen nach ihrer inhaltlichen Nähe

Gruppieren Sie als nächsten Schritt die Themen – so wie vorher die Ideen – nach ihrer inhaltlichen Nähe zueinander. Sie verschaffen sich damit einen ersten geordneten Überblick über alle Themen. Sie können erkennen, welche Themen inhaltlich zusammenhängen. Diese können Sie in Folge anhand noch zu benennender Kriterien einschätzen, miteinander vergleichen, in Bezug auf ein zu entscheidendes Forschungsprojekt gegeneinander abwägen und bewerten.

C. Stellen Sie Kriterien zum Bewerten Ihrer Themen auf

Sie müssen klären, was ein Thema braucht (siehe oben), damit es sich für das Vorhaben einer wissenschaftlichen Abschlussarbeit (Bachelor-, Master- oder Diplomarbeit) eignet. Ihre Antworten darauf ergeben die verschiedenen Kriterien, mit denen Sie das jeweilige Thema bewerten können. Die Kriterien sollten sorgfältig gewählt und gewichtet werden und die für Sie und Ihre Betreuungsperson wichtigen Aspekte abdecken.

D. Listen sie Kriterien nach ihrer Wichtigkeit auf
Reihen Sie diese Kriterien nach ihrer Wichtigkeit. Damit sehen Sie, welche Kriterien wichtiger sind als andere. Anschließend bestimmen Sie auch das Ausmaß ihrer Wichtigkeit. Sie tun das, indem Sie die einzelnen Kriterien gewichten und dazu jedes Kriterium je nach Wichtigkeit mit einer bestimmten Anzahl an Punkten ausstatten. Unterscheiden sich einzelne Kriterien in Bezug auf ihre Wichtigkeit voneinander, so vergeben Sie eine unterschiedliche Anzahl an Punkten. Dadurch legen Sie fest, welches wichtiger als das jeweils andere ist und um wie viel.

E. Reihen Sie die Themen nach der Punktezahl
Sie brauchen die Themen nur mehr eines nach dem anderen nach den gerade festgelegten Entscheidungskriterien bewerten (»bepunkten«) und anschließend nach ihrer erreichten Gesamtpunktezahl auflisten. Dazu zählen Sie für jedes Thema die Punkte, die es bei den verschiedenen Kriterien bekommen hat, zusammen. Dies geschieht gleichsam »mechanisch«, zum Schluss haben Sie das Thema mit der höchsten Punktezahl an erster Stelle stehen, welches Ihren Kriterien zumindest nach Punkten am besten entspricht. Der Vorteil dieser Vorgehensweise ist, dass Sie genau wissen, wie Sie zu Ihrer Entscheidungsgrundlage gekommen sind und eine begründete Entscheidung treffen können.

Häufig verwendet man dazu die so genannte **Entscheidungs- oder Bewertungsmatrix**. Eine solche Matrix kann entweder mit Argumenten und inhaltlichen Hinweisen digital befüllt oder auf Flipchartpapier visualisiert und durch Diskussion in der Gruppe bewertet werden. Sie kann mehr oder weniger detailliert sein. Sie kann aber auch bloß die zu verteilenden Punkte enthalten (vgl. das Beispiel auf Seite 55).

Wichtig ist, dass das Gesamtergebnis der Berechnungen überdacht und auf Stimmigkeit geprüft wird. Nachdem bei jeder Entscheidung auch gefühlsmäßige und intuitive Momente eine wesentliche Rolle spielen, gilt es, das Ergebnis noch einmal zu überprüfen.

Erfüllt das an Punkten vorne liegende Thema auch wirklich die wissenschaftlichen Anforderungen an ein Thema und dessen Bearbeitung? Und ist es ein Thema, dass Sie auch wirklich gerne bearbeiten wollen? Wenn ja, dann haben Sie Ihr Thema gefunden. Sonst nehmen Sie einfach das nächste in der Reihe.

Beispiel

Entscheidungsmatrix

	Kriterium 1 (15 Pt.)	Kriterium 2 (10 Pt.)	Kriterium 3 (10 Pt.)	Kriterium 4 (10 Pt.)	Kriterium 5 (08 Pt.)	Kriterium 6 (06 Pt.)	Kriterium 7 (05 Pt.)	**Summe**
Thema 1	3		2	3	2	1		**11**
Thema 2	4	3	3	2		2	3	**17**
Thema 3	8	6	5	5	4	3	2	**33**
Thema 4		2			2			**4**

Thema 3 hat mit Abstand die meisten Punkte erhalten. Sie haben Glück. Die Entscheidung wird Ihnen leicht fallen.

Überblick

Ablauf der Themenauswahl

1. Die gesammelten Ideen inhaltlich und sprachlich überprüfen, präzisieren, einschränken und in konkrete Themen umformulieren.
2. Die Themen als offene Fragestellungen (vgl. W-Fragen) formulieren, als Thesen nur dann, wenn sie aus der wissenschaftlichen Diskussion gut begründet als solche ableitbar und bearbeitbar sind.
3. Die Themen nach ihrer thematischen Nähe zueinander anordnen, um einen besseren Überblick über die Themen zu bekommen.
4. Alle wichtigen Entscheidungskriterien für die Themenauswahl aufstellen und nach ihrer Wichtigkeit auflisten
5. Die Themen nach diesen Kriterien bewerten und reihen, d. h. der erreichten Punktezahl nach auflisten.
6. Das Thema festlegen: Nach Überprüfung wird aus allen Alternativen das mit den meisten Punkten gewählt.

Arbeiten Sie, wenn es Ihnen irgendwie möglich ist, mit anderen zusammen. Studiengruppen können eine enorme Unterstützung sein. Die zusätzlichen Gesichtspunkte, die in einer Gruppe entwickelt werden, und deren unterschiedliche Bewertung der einzelnen Kriterien ergeben insgesamt meist ein ausgewogeneres Bewertungsschema. Wenn Sie mit Flipchart oder Pinwand arbeiten, zeichnen, heften oder kleben Sie die Punkte in den entsprechenden Feldern dazu.

3 Wie komme ich von einem Thema zu einer Forschungsfrage?

Nachdem Sie das Thema festgelegt haben, stellt sich die Frage, was Sie eigentlich *genau* herausfinden wollen. Die Antwort darauf führt zu Ihrer **Forschungsfrage**. Diese gibt Ihrem Thema eine Richtung und bildet den Ausgangspunkt für die Planung des Forschungsprojektes. Sie kann zwar in weitere Fragen unterteilt sein, aber das zentrale Erkenntnisinteresse muss sich in einer einzigen Frage ausdrücken lassen und auch als solche formuliert sein.

Wenn wir von der zentralen Forschungsfrage sprechen, meinen wir die in Form einer einzelnen Frage formulierte, konkrete Fragestellung, die dann nach Forschungsbedarf und -interesse durch Detailfragen ergänzt wird. Ausgehend von der zentralen Forschungsfrage können Sie eine Projektskizze entwerfen und ein Exposé erstellen.

Um die zentrale Forschungsfrage aus einem Thema abzuleiten, können Sie deduktiv (»top-down-Ansatz«) oder induktiv (»bottom-up-Ansatz«) vorgehen. Deduktiv heißt, dass Sie die Fragestellung aus einer allgemeinen, theoretischen Überlegung ableiten. Induktiv heißt, dass Sie die Fragestellung aus einem oder mehreren beobachteten Einzelfällen ableiten. Konkretisieren Sie Ihr Thema solange weiter, bis eine eindeutige, klare und überschaubare Aufgabenstellung übrig bleibt. Diese formulieren Sie anschließend als Frage. Damit haben Sie Ihre zentrale Forschungsfrage.

Worin unterscheidet sich die Fragestellung von einem Thema?
Das Thema ist der Fragestellung übergeordnet. Es bildet den inhaltlichen Rahmen der Fragestellung. Die zentrale Forschungsfrage ist in das Thema eingebettet und aus diesem abgeleitet.

Wozu braucht es eine konkrete Fragestellung?
Es ist wichtig, dass das Thema eingegrenzt wird, um die Forschungsabsicht bzw. das Forschungsvorhaben zu klären und zu definieren. Dies geschieht über die wie-

derholte Konkretisierung des Themas, der Präzisierung der Aufgabenstellung und deren Formulierung als Frage.

Je präziser die Fragestellung letztlich gefasst ist, desto klarer lässt sich ein Forschungsvorhaben in Folge strukturieren, planen, organisieren, durchführen, auswerten, analysieren, interpretieren und kritisch diskutieren. Desto leichter lässt es sich auch in ein Themengebiet einordnen. Ein anderer unmittelbarer Vorteil einer gelungenen Fragestellung zeigt sich in der Entwicklung einer ersten inhaltlichen Gliederung des Untersuchungsablaufs.

An dieser Aufzählung können Sie sehen, dass viele grundlegende Aktivitäten eines Forschungsprozesses eng miteinander verflochten sind, aufeinander einwirken und voneinander abhängen. Sie sind nur gedanklich voneinander zu trennen. Die Gefahr, während der Untersuchung den roten Faden zu verlieren, wird mit einer konkreten Fragestellung um Vieles verringert. Aufwendige Klärungsschritte, die den Forschungsverlauf beeinträchtigen und aufhalten, entfallen so. Die Arbeit selbst wird dadurch wesentlich erleichtert.

Überblick

Woran erkenne ich eine gute Fragestellung?

Denken Sie an das Ziel von Forschung. Sie wollen einen wissenschaftlichen Beitrag zur Lösung einer relevanten Fragestellung leisten.

- Lässt sich das Forschungsvorhaben mit Ihren Vorkenntnissen und den Ihnen zur Verfügung stehenden Mitteln in der Ihnen zur Verfügung stehenden Zeit durchführen?
- Ist Ihre Forschungsfrage prinzipiell mit empirischen Mitteln beantwortbar?
- Ist der Untersuchungsgegenstand in der Fragestellung deutlich und präzise erfasst?
- Haben Sie Annahmen und etwaige Hypothesen, die der Fragestellung zu Grunde liegen bzw. sich aus ihr ableiten lassen, berücksichtigt?

Wenn Sie diese Fragen mit Ja beantworten können, haben Sie eine gute Fragestellung ausgearbeitet. Zusammen mit den Teilfragen bzw. Unter- oder Detailfragen ergibt sich eine provisorische erste Gliederung, Grundlage auch für das spätere Inhaltsverzeichnis. Außerdem kann zusammen mit dem Thema nun ein neuer Arbeitstitel gewählt werden

Nochmals zu unserem Beispiel: Einigen wir uns auf den Arbeitstitel *Notebook-Klassen zwischen Anspruch und Wirklichkeit – Eine Fallstudie zur Erkundung medi-*

endidaktischer Innovationspotenziale am Beispiel des Englischunterrichts in der 8. Schulstufe eines Gymnasiums. Forschungsfragen könnten dann lauten: Wie nehmen Schüler, Lehrer und Eltern die Innovationsansprüche der Schulleitung wahr? Wie beschreiben Vertreterinnen der beteiligten Gruppen gelingende und problematische Seiten der innovativen Bemühungen? Welche mediendidaktischen Weiterbildungsangebote spielen für Lehrerinnen eine zentrale Rolle? Überlegen Sie Ihrerseits alternative Akzentsetzungen und Fragestellungen.

Wenn Sie noch nicht so weit sind, dann helfen Eingrenzungskriterien, das Wesentliche herauszuarbeiten.

Einfache Möglichkeiten sind *zeitliche* und *örtliche* Beschränkungen, eine spezielle *Auswahl* an zu beforschenden Personen, die Entscheidung für einen *bestimmten theoretischen* und *methodischen* Zugang.

Andere wichtige Eingrenzungskriterien sind Innovation, Relevanz, Machbarkeit und Bearbeitbarkeit:

Eingrenzungskriterium Innovation: Bringt meine Forschung etwas Neues? Diese Frage ist für Ihr Forschungsprojekt entscheidend. Was gibt es bereits an Forschungen zu meinem potentiellen Thema? Welche Fragen sind offen? Wo gibt es Lücken? Forschen heißt etwas nach wissenschaftlichen Kriterien (neu) zu erkunden und Antworten auf ungelöste Fragen zu finden. Innovation ist in der Wissenschaft immer nur unter Bezugnahme auf den aktuellen Forschungsstand denkbar.

Eingrenzungskriterium Relevanz: Welchen Sinn hat meine Forschung? Was erwarten Sie sich von den Ergebnissen? Welche Auswirkung soll die Beantwortung der Fragestellung haben? Was würde abgehen bzw. fehlen, wenn die Forschung nicht durchgeführt wird? Sie haben zwar vielleicht das Kriterium nach Neuheit erfüllt, aber das Ergebnis ist möglicherweise ohne jeden wirklichen praktischen oder theoretischen Nutzen. Ihre Forschung nimmt keinerlei Bezug auf aktuelle gesellschaftliche Fragen und Probleme oder aktuelle wissenschaftliche Diskurse. Dann ist sie sehr wahrscheinlich belanglos, weil die Fragestellung für niemanden außer einem selbst von Bedeutung ist.

Eingrenzungskriterium Machbarkeit: Kann ich das schaffen? Bei diesem Kriterium geht es darum, die eigenen Möglichkeiten einzuschätzen, vor allem im Hinblick auf die zur Verfügung stehenden persönlichen und materiellen Ressourcen. Reicht die veranschlagte Zeit aus? Stehen alle notwendigen Forschungsmittel dann bereit, wenn sie benötigt werden? Bringen Sie ausreichende Vorkenntnisse mit, um das Thema theoretisch, konzeptionell und empirisch zu bearbeiten? Was kann schief gehen und wie sorge ich für diese Fälle vor? Die Antwort bzgl. der Machbar-

keit liegt im Detail versteckt. Hier entscheidet sich, ob das Forschungsvorhaben wie geplant umgesetzt werden kann oder nicht.
Eingrenzungskriterium Bearbeitbarkeit: Ist die Frage mit empirischen Mitteln überhaupt zu beantworten? Die Frage setzt voraus, dass die zu beobachtenden Phänomene in irgendeiner Form messbar und vergleichbar sind. Die empirische Forschung nützt Instrumentarien, die unsere Mittel, zu Erkenntnissen über die Welt zu kommen, erweitern. Indem Sie lernen, sie zu benützen, und so Kenntnisse in ihrer Anwendung erwerben, wird Ihnen der Einsatz empirischer Mittel geläufig. Sie lernen Fragen danach abzuschätzen, ob sie sich mit empirischen Mitteln beantworten lassen.

Am Ende dieser Phase sollte einer Projektskizze stehen. Wenn diese auf mehreren Seiten schriftlich ausgeführt ist, spricht man von einem Exposé. Für Qualifizierungs- bzw. Abschlussarbeiten (Bachelor- oder Masterarbeit) wird in diesem Zusammenhang häufig ein schriftliches **Exposé** verlangt. Dieses kann Teil der Betreuungsvereinbarung sein und soll Angaben zu den folgenden Punkten enthalten:

Überblick

Bestandteile eines Exposés

- Wichtige Ausgangspunkte, Hinweise zum gewählten Themenbereich im übergreifenden Zusammenhang (Problemlage) und zu allfälligen Vorarbeiten
- Begründung der Themenwahl (Erkenntnis- und Forschungsinteresse)
- Hinweise zum Stand der Forschung im gegenständlichen Forschungsfeld
- Vorläufige Fragestellung(en) und Zielsetzung der Arbeit
- Auswahl relevanter Bezugstheorien
- Überlegungen zur Methodenwahl und zum Design der Arbeit
- Vorläufiges Verzeichnis von Literatur und Internetquellen
- Vorläufige Gliederung
- Grober Arbeits- und Zeitplan sowie Hinweise zu allenfalls benötigten Mitteln und Ressourcen

Im Regelfall wird so ein vorläufiges Exposé zumindest ein bis zwei Mal überarbeitet und verfeinert, bevor mit der Datenerhebung begonnen wird. Wenn Sie jeden Punkt mit zwei bis drei Sätzen beantworten, haben Sie Ihr Exposé! Später können Sie Teile davon für Ihre Einleitung verwenden.

Literaturtipps

Booth, Wayne C.; Colomb, Gregory G. & Williams, Joseph M. (2008): The Craft of Research. Third Edition. Chicago & London: The University of Chicago Press.

Ebster, Claus & Stalzer, Lieselotte (2013): Wissenschaftliches Arbeiten für Wirtschafts- und Sozialwissenschaftler. 4. Aufl.. Wien: facultas wuv (UTB).

III Erste Schritte: Die Planung eines Forschungsprojekts

G. Poscheschnik

Die Forschungsfrage (s. Kap. II), die Sie gefunden haben, richtet sich immer auf einen bestimmten Forschungsgegenstand. Dieser bezeichnet das Phänomen, das empirisch untersucht werden soll und kann auf unterschiedliche Art und Weise verstanden werden. Wichtig ist es dann, nicht nur Forschungsgegenstand und Forschungsfrage, sondern auch Ihr methodisches Vorgehen und Ihre Forschungsergebnisse mit guten Argumenten zu begründen. Behilflich bei der Planung Ihres Forschungsprojekts ist das Ablaufmodell, das eine logische Abfolge von Schritten vorgibt, wie Sie Ihr Ziel erreichen. Ein wichtiges Element in der Umsetzung Ihres Forschungsvorhabens ist das Forschungsdesign. Darunter versteht man den übergeordneten Versuchsplan, in dem dann unterschiedliche Forschungsmethoden zum Einsatz kommen. Es gibt Methoden zur Erhebung von Daten, zur Aufbereitung von Daten und schließlich zur Auswertung von Daten. Dabei können Sie jeweils quantitativ und / oder qualitativ vorgehen. Eine Reihe von Gütekriterien hilft Ihnen, sowohl die Qualität Ihrer eigenen Studie einzuschätzen als auch andere wissenschaftliche Untersuchungen zu beurteilen.

1 Wie verstehe ich den Gegenstand meiner Forschung?

Die Möglichkeiten, den **Forschungsgegenstand** zu verstehen, sind in den Human- und Sozialwissenschaften nahezu unbegrenzt. Sie können Ihren Forschungsfokus unter anderem auf kognitive Schemata, emotionale Reaktionen, Interaktionsmuster, subjektive Sichtweisen, Sinnkonstruktionen, Gruppendynamiken, historische Abläufe, soziale Beziehungen, neuronale Vorgänge, genetische Besonderheiten, Entwicklungsprozesse, gesellschaftliche Trends, mediale Inszenierungen, interkulturelle Unterschiede, ethnische Besonderheiten usw. richten.

Sie können Individuen und Kollektive, Menschen und Gegenstände, Statiken und Dynamiken untersuchen. Den Forschungsgegenstand an und für sich zu finden, ist insofern leicht, als er durch die jeweilige Wissenschaft vorgegeben und Ihre Forschungsfrage eingegrenzt ist. Kompliziert ist allerdings der Umstand, dass sich ein Forschungsgegenstand auf ganz unterschiedliche Art und Weise verstehen lässt.

Die Art und Weise, wie man den Gegenstand der Forschung versteht, hängt von disziplinären, theoretischen und methodologischen Voraussetzungen ab. Meistens ist uns dieses Vorverständnis nicht bewusst. Am leichtesten können Sie sich Klarheit über Ihr Verständnis Ihres Forschungsgegenstandes verschaffen, wenn Sie die Ihnen vertrauten Theorien reflektieren (s.a. Abschnitt III.7). Das gelingt z.B., indem Sie diese mit anderen wissenschaftlichen Theorien über Ihren Forschungsgegenstand vergleichen. Das ist nötig, weil die Wahl der Forschungsstrategie eng mit Ihrem Verständnis vom Forschungsgegenstand zusammenhängt. Deshalb müssen Sie sich ausführlich Gedanken darüber machen, wie Sie Ihren Forschungsgegenstand verstehen.

Ein Forscher, der verhaltenstheoretisch orientiert ist, wird seinen Gegenstand anders verstehen und andere Forschungsmethoden verwenden als eine Forscherin, die ihren Forschungsgegenstand handlungstheoretisch versteht. Im ersten Fall lassen sich Methoden zum Einsatz bringen, die menschliche Verhaltensweisen erfassen, ohne sich um dahinterstehende mentale Prozesse zu kümmern. Es geht nur um sinnlich wahrnehmbare Aktivitäten eines Individuums, die sich in irgendeiner Form messen lassen. Im zweiten Fall hingegen werden menschliche Aktionen und Reaktionen als ein Handeln verstanden, das von seinem Akteur als subjektiv sinnhaft empfunden und mit einer bestimmten Intention durchgeführt wird. Die Handlungsforscherin bringt demzufolge Forschungsmethoden zum Einsatz, die subjektiven Sinn erfassen. Das können beispielsweise Interviews und qualitative Auswertungsmethoden sein.

Es geht also nicht nur darum, WAS man zum Gegenstand seiner Forschung macht, sondern auch darum WIE man sich den Gegenstand vorstellt oder welches Modell man sich davon macht. Und wie Sie Ihren Forschungsgegenstand verstehen, bestimmt wie Sie forschen werden. Dieses Verständnis bedingt die Wahl des Forschungsdesigns und der Forschungsmethoden, die dafür adäquat sind.

2 Die Rolle von Argumenten im Prozess der Forschung

Argumente dienen dazu, eine Behauptung zu begründen oder zu widerlegen. Eine Folge von Argumenten, mit der andere Leute von der Richtigkeit oder Falschheit von Behauptungen überzeugt werden sollen, nennt man **Argumentation**. Im Prozess der Forschung spielen Argumente eine zentrale Rolle. Sie dürfen nämlich in den Wissenschaften nicht einfach irgendetwas behaupten und diese Behauptung im Raum stehen lassen. Sie müssen diese Behauptung mit Argumenten begründen und wenn möglich mit empirischen Daten belegen.

Stationen des Argumentierens

1. Forschungsfrage und Forschungsgegenstand
2. Methodisches Vorgehen
3. Ergebnisse

Gleich zu Beginn des Forschungsprozesses geht es darum, **Forschungsfrage** und **Forschungsgegenstand** zu argumentieren. Sie müssen Argumente vorbringen, warum der Forschungsgegenstand und die Forschungsfrage diskussionswürdig und relevant sind. Hier kann man grob zwischen wissenschaftlicher und **gesellschaftlicher Relevanz** unterscheiden. Die **wissenschaftliche Relevanz** begründet man meist mit Lücken in der Forschung (gap of research). Als gesellschaftlich relevant gilt eine Studie dann, wenn sie zur Lösung gesellschaftlicher Probleme beiträgt.

Ob eine Forschungsfrage schon hinreichend beantwortet ist oder nicht, erfahren Sie durch das Studium der einschlägigen wissenschaftlichen Literatur. Die Untersuchung einer Forschungsfrage gilt dann als wissenschaftlich relevant, wenn sie bisher unbeforscht oder unbeantwortet geblieben ist. Im Rahmen dieser Begründung wird meistens das Forschungsprojekt verortet, und zwar indem Sie angeben, welcher wissenschaftlichen Disziplin und Teildisziplin Ihre Studie angehört, und welchem Forschungsprogramm bzw. Paradigma Sie sich zugehörig fühlen (s. Kap. I).

Nach dem Forschungsgegenstand und der Forschungsfrage wird das **methodische Vorgehen** mit Argumenten begründet. Das gilt zum einen für die Argumentation des wissenschaftstheoretischen und methodologischen Rahmens. Ist Ihr Grundverständnis kritisch-rational, empiristisch, hermeneutisch oder dialektisch (s. Kap. I)? Zum anderen müssen Sie auch begründen, warum Sie sich für ein bestimmtes Forschungsdesign und bestimmte Forschungsmethoden entschieden haben. Das machen Sie, indem Sie vor Augen führen, dass Ihre Methodik zur Untersuchung Ihres Forschungsgegenstands und zur Beantwortung Ihrer Forschungsfrage geeignet ist.

Argumentation nimmt aber nicht nur in der Planung und Durchführung Ihres Forschungsprojekts eine zentrale Stellung ein, sondern auch bei der Präsentation der Ergebnisse. Sie müssen Ihre Ergebnisse geschickt mit Argumenten diskutieren. Das bedeutet, Sie müssen sowohl die Stärken als auch die Schwächen der Ergebnisse Ihrer Studie benennen. Einerseits müssen Sie die Grenzen Ihrer Studie ausloten können (s. Abschnitt III.7.), andererseits dürfen Sie das Licht Ihrer Studie aber auch nicht unter den Scheffel stellen. Deshalb ist es ebenso wichtig die Ergebnisse gegen mögliche Einwände anderer Wissenschaftlerinnen zu verteidigen wie Argumente für die Qualität und die Gültigkeit Ihrer Ergebnisse zu liefern.

Auf allen Stufen der Argumentation können Fehler passieren und selbst Experten tappen dabei noch in *Fallen*. Ein Beispiel für eine solche Falle ist etwa der ethnozentrische Blickwinkel. Gerade in den Anfängen der Ethnologie wurde an fremde Kulturen der Maßstab der eigenen Kultur angelegt, ohne dass das reflektiert worden wäre. Das hat dazu geführt, dass andere Ethnien als primitiv eingestuft wurden, weil gewisse Sitten und Gebräuche, die bei uns Gang und Gebe sind, und bestimmte technische Errungenschaften, die hierzulande eine Selbstverständlichkeit sind, dort nicht vorkommen. Aus solchen »**Zentrismen**«, die einem – wenn man sie nicht reflektiert – gar nicht bewusst werden, ergeben sich blinde Flecken, die dazu führen, dass Forschungsergebnisse vorschnell überinterpretiert und übergeneralisiert werden.

Es kommt auch häufig vor, dass **deskriptive** und **normative Aspekte** miteinander vermengt werden. Nicht selten wird vom Sein aufs Sollen »geschlossen«. Wenn z.B. festgestellt wird, dass in der BRD nur ein geringer Prozentsatz der Grundschulklassen mit Computern ausgestattet ist, lässt sich daraus nicht zwingend der Schluss ziehen, dass man die restlichen Klassen auch mit PCs ausstatten sollte. Will man diese Forderung aufstellen, braucht man eine normative Vorgabe, dass z.B. Medienkompetenz ein wichtiges Bildungsziel ist. Man könnte nämlich genauso gut die Forderung aufstellen, dass die bestehenden Computer abgerüstet werden, wenn das normative Ziel darin besteht, etwaigen Augenschäden bei Kindern vorzubeugen. Vermeiden Sie solche »Kurzschlüsse« und reflektieren Sie deskriptive und normative Aspekte in Ihrem Forschungsprojekt.

Überblick

Drei häufige »Blindheiten« in der wissenschaftlichen Forschung

1. **Geschichtsblindheit:** Geschichtsblind wäre es, die Möglichkeiten der Manipulation von Menschen durchs Internet als noch nie dagewesen zu bezeichnen und dabei zu übersehen, dass es schon lange vor der Erfindung des Internets äußerst effektive Propaganda gegeben hat.
2. **Geschlechtsblindheit:** Wenn die Wirksamkeit einer bestimmten Psychotherapiemethode bisher in erster Linie an Frauen überprüft wurde, die Ergebnisse dann aber ohne weitere Studien auf Männer übertragen werden, wäre das geschlechtsblind.
3. **Gesellschaftsblindheit:** Gesellschaftsblind schließlich wäre es, das vermehrte Auftreten von Depressionen auf Störungen im Neurotransmitterhaushalt des Gehirns zurückzuführen, ohne zu beachten, dass unsere neoliberale Gesellschaft einen enormen Druck auf ihre Mitglieder ausübt, sich ständig beweisen und ständig Leistung erbringen zu müssen.

Argumentation ist natürlich nicht gleich Argumentation. Es gibt Formen der Argumentation, die eher logisch ausgerichtet sind. Andere versuchen mit poetischen und rhetorischen Mitteln zu überzeugen. Die Wissenschaft hat sich zwar der Logik und Wahrheit verschrieben, nichtsdestotrotz enthalten auch wissenschaftliche Veröffentlichungen eine nicht zu unterschätzende Komponente an rhetorischen Raffinessen. Gerade erfolgreiche Wissenschaftler sind oft auch gute Autoren, die gekonnt auf der Klaviatur sowohl logischer als auch poetischer Argumentation zu spielen wissen.

3 Step by step – Sinn und Zweck von Ablaufmodellen

Empirische Forschung verläuft nicht irgendwie, sondern folgt einem Plan, der eine logische Abfolge von Schritten vorgibt. Ein Schritt folgt dabei immer dem anderen. Empirischer Forschung liegt also – im Unterschied zur Alltagserfahrung – ein systematischer Vorgehensplan zugrunde, der auf bisherigen wissenschaftlichen Erfahrungen aufbaut und Schritt für Schritt durchgeführt wird. Diese Abfolge von Schritten oder »Master-Plan« wird als Ablaufmodell bezeichnet (Hug 2001).

Das **Ablaufmodell** gibt an, wie man ein Forschungsprojekt beginnt, wie man es beendet und was man dazwischen tut. Es funktioniert wie ein Kochrezept und sagt Ihnen, welche Zutaten Sie in welcher Reihenfolge wie verwenden müssen, um etwas Schmackhaftes zu bereiten. Die Devise lautet: step by step! Das heißt aber nicht, dass empirische Forschung immer geradlinig abläuft. Bei jedem Forschungsprojekt treten Schwierigkeiten auf und es wird Ihnen nicht erspart bleiben, hin und wieder auch einen Schritt zurück zu machen. Empirische Forschung läuft also nicht völlig linear ab, sondern enthält auch zirkuläre Elemente. Darauf kommen wir noch am Ende dieses Abschnitts zurück.

Das hier vorgestellte Ablaufmodell empirischer Forschung ist für die meisten empirischen Forschungsprojekte anwendbar. Es kann Ihnen auch als Leitfaden für die Planung Ihres Forschungsprojekts dienen. Der Aufbau dieses Buchs folgt übrigens bis zu einem gewissen Grad ebenfalls der Logik so eines Ablaufmodells empirischer Forschung.

1. Vorbereitung: Am Anfang jedes Forschens steht der Forscher mit seinen Stärken und Schwächen, seinen Möglichkeiten und Begrenztheiten. Bevor Sie mit dem Forschen im engeren Sinne loslegen können, müssen Sie sich einmal darüber klar werden, was Sie können, was Sie sich notfalls noch aneignen können und was sie auf keinen Fall können. Sie müssen sich natürlich auch fragen, was Sie überhaupt dürfen und was nicht. Wir haben ja schon festgestellt, dass die völlige Freiheit der Forschung eine Illusion ist. Zur Vorbereitung gehört freilich auch, sich Klarheit über die äußeren Rahmenbedingungen zu verschaffen: Haben Sie genügend Zeit und Geld, um Ihr Forschungsprojekt zu realisieren? Auch eine erste Sichtung der wissenschaftlichen Literatur wird nötig sein. Vor allem geht es in diesem Schritt auch darum, von den eigenen Ideen zu einem Thema zu gelangen und aus dem Thema eine konkrete Forschungsfrage herauszumeißeln, die mit empirischen Mitteln beantwortbar ist (s. a. Kap. I und II).

Ablaufmodell

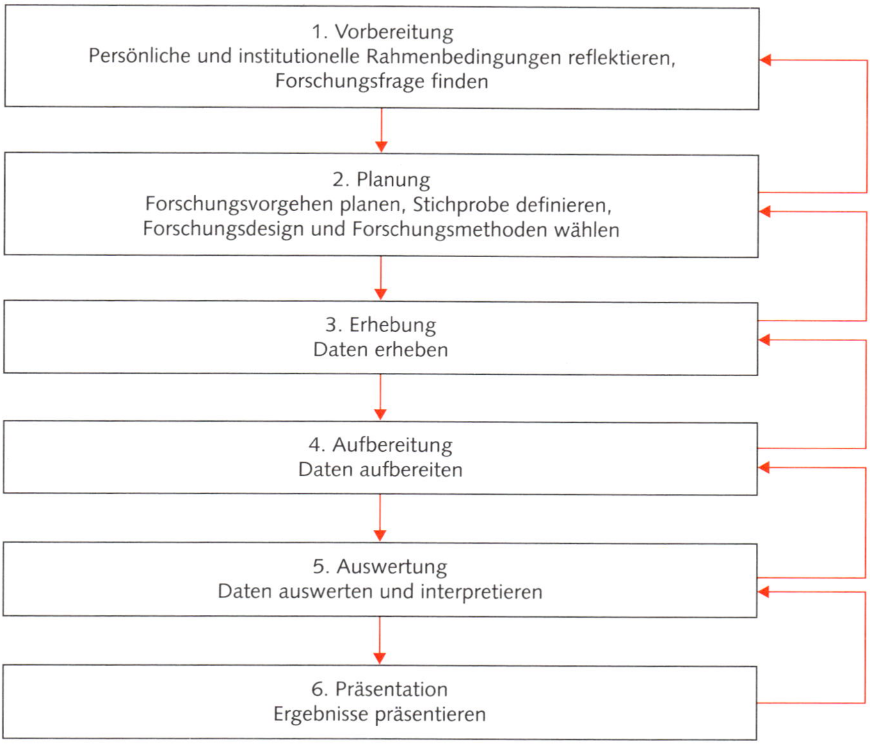

2. Planung: Bei der Planung geht es nun darum, Forschungsdesigns (s. Abschnitt III.4) und Forschungsmethoden (s. Kap. IV und V) zu wählen, die für den Gegenstand der Forschung und die Forschungsfrage adäquat, also angemessen und geeignet sind. An dieser Stelle steht für Sie die Entscheidung an, wie groß Ihre Stichprobe sein soll. Legen Sie auch fest, ob Sie ein Experiment durchführen oder Feldforschung betreiben. Überlegen Sie sich, welche Ziele Sie mit Ihrer Studie verfolgen. Machen Sie sich Gedanken, ob Sie mit quantitativen oder qualitativen Methoden arbeiten (s. Abschnitt III.6). In diesem Schritt geht es um die Konzeption und Begründung des konkreten Forschungsvorgehens. Das Ergebnis dieses Schritts ist dann ein konkreter Plan, der angibt, wie die Untersuchung ablaufen wird. Eine systematische Literaturrecherche wird Ihnen behilflich sein, den aktuellen Stand der

Forschung herauszufinden und mit Ihrem Projekt an bereits bestehende Untersuchungen anzudocken.

3. Erhebung: Bevor Sie mit der Aufbereitung und der Auswertung der Daten anfangen und daraus Ihre Schlüsse ziehen, müssen Sie diese erst einmal erheben. Zu diesem Zweck gibt es so genannte Erhebungsmethoden. Das sind all jene Methoden, die dem Zweck dienen, Daten über Ihren Forschungsgegenstand und zur Beantwortung Ihrer Forschungsfrage zu gewinnen. Wichtige Erhebungsmethoden sind Befragungen und Beobachtungen. Eine andere Möglichkeit besteht hier darin, nicht erst eigene Daten zu erheben, sondern bereits bestehende Daten zu benutzen. Das könnten z.B. Tagebücher, Romane, Autobiographien, Internetdokumente, quantitative oder qualitative Datensätze anderer Studien sein. Hier besteht dann der Schritt der Erhebung in einer Recherche nach bereits existierenden Daten. Mehr dazu in Kapitel IV dieses Bands.

4. Aufbereitung: In diesem Schritt geht es darum, die erhobenen Daten nun so aufzubereiten, dass sie methodisch weiterverarbeitet und interpretiert werden können. Wenn Sie während Ihrer Beobachtungen Notizen gemacht haben, bringen Sie nun Ordnung ins Chaos und systematisieren diese Notizen. Wenn Sie hingegen Interviews durchgeführt und diese audio- oder videoaufgezeichnet haben, schreiben Sie sie erst einmal nieder und produzieren so einen Text daraus. In diesem Schritt können und müssen Sie wohl auch entscheiden, ob Sie wirklich alle erhobenen Daten verwerten oder nur einen Teil davon. Denn oft wird mehr Material erhoben als man überhaupt verwenden kann. Überlegen Sie sich also, welche Teile Sie in die Auswertungen einbeziehen möchten und welche nicht. An dieser Stelle des Forschungsprozesses kann es auch nötig werden, die Daten für eine elektronische Weiterverarbeitung in entsprechende Computerprogramme einzutippen. Darauf kommen wir in Kapitel IV dieses Bands zurück.

5. Auswertung: Nach der Erhebung und Aufbereitung der Daten beginnen Sie mit deren Auswertung. Die Auswertung der Daten ist wahrscheinlich das Herzstück jedes empirischen Forschungsprojekts. Dadurch kommt es zu einer Interpretation der Daten. Die Interpretation ist eine Art von Aussage über die Daten, die über ihre unmittelbare Bedeutung hinausgeht. Dazu gibt es eigene Auswertungsmethoden. Jene Auswertungsmethoden, die Sie in der Planungsphase Ihres Forschungsprojekts als geeignet für Ihre Forschungsfrage ausgewählt haben, wenden Sie nun aufs erhobene und aufbereitete Datenmaterial an. Einen Überblick über die Vielzahl von sowohl quantitativen als auch qualitativen Auswertungsmethoden bekommen Sie im Kapitel V dieses Bands.

6. Präsentation: Der letzte Schritt beschreibt die Präsentation der Forschungsergebnisse. Wenn alles ausgewertet ist, bringen Sie Ihre Ergebnisse in eine für andere verständliche Form. Meistens sind das schriftliche Darstellungen, wie z.B. eine Bachelorarbeit, eine Diplomarbeit, eine Dissertation oder wissenschaftliche Artikel für eine Fachzeitschrift oder ein Buch. Es gibt viele Möglichkeiten die Ergebnisse in den jeweiligen Texten zu präsentieren, darunter abstrakte Beschreibungen, anekdotenhafte Vignetten, mathematische Formeln, Tabellen, Graphiken, Listen oder Bilder. Sie haben also viele Möglichkeiten, einen komplexen Sachverhalt auf den Punkt zu bringen. Heutzutage ist es sogar möglich, an eine Audio- oder Videopräsentation der Ergebnisse zu denken. Filme oder Podcasts mausern sich allmählich auch in den Wissenschaften zu anerkannten Medien. Überlegen Sie sich auch, Ihre Forschungsergebnisse auf wissenschaftlichen Tagungen vorzustellen. Mehr dazu in Abschnitt VI.1.

Ablaufmodelle sind enorm hilfreich. Sie stellen nämlich eine Reihe von Wegweisern zur Verfügung, die uns zeigen, wie wir in der empirischen Forschung von A nach B kommen. Trotzdem haben sie auch ihre Grenzen. So ein Ablaufmodell stellt nämlich nur einen Idealtypus von empirischer Forschung dar, und Idealtypen haben es so an sich, dass sie in Wirklichkeit nicht existieren. Auch empirische Forschung läuft in der Praxis nicht ganz so strukturiert ab, wie uns das Ablaufmodelle suggerieren. Wenn sich die gewählten Methoden zur Beantwortung Ihrer Fragestellung als untauglich erweisen sollten, werden Sie eben andere ausprobieren. Und

Literaturtipps

Hug, Theo (2001): Erhebung und Auswertung empirischer Daten: Eine Skizze für AnfängerInnen und leicht Fortgeschrittene. In: Hug, Theo (Hrsg.): Wie kommt Wissenschaft zu Wissen? Band 2: Einführung in die Forschungsmethodik und Forschungspraxis. Hohengehren: Schneider, S. 11–29.

König, Eckard & Bentler, Annette (2013): Konzepte und Arbeitsschritte im qualitativen Forschungsprozess – ein Leitfaden. In: Friebertshäuser, Barbara; Langer, Antje & Prengel, Annedore (Hrsg.): Handbuch qualitative Forschungsmethoden in der Erziehungswissenschaft. 4. Aufl. Weinheim / München: Juventa, S. 173–182.

wenn Sie eines Ihrer »Forschungsobjekte« plötzlich darauf hinweist, dass Sie in Ihrem Fragebogen etwas Wichtiges vergessen haben, ändern Sie ihn eben. Wissenschaftliche Forschung zeichnet sich dadurch aus, dass sie einem Plan folgt; gute wissenschaftliche Forschung dadurch, dass sie flexibel ist.

4 Design matters – Über Sinn und Zweck von Forschungsdesigns

Um sich im Dschungel empirischer Forschung besser orientieren zu können, unterscheidet man zwischen **Forschungsdesign** und **Forschungsmethode**. Diese Unterscheidung ist auch für die Planung Ihres Forschungsprojekts wichtig.

Definition

Forschungsdesigns und Forschungsmethoden

Mit **Forschungsdesign** bezeichnet man die äußere Form einer empirischen Studie. Gelegentlich wird auch von Untersuchungsplan, Forschungsarrangement, Forschungstypus, Forschungsstrategie oder Forschungskonzeption gesprochen. Gemeint ist damit jedenfalls der übergeordnete methodologische Plan, nach dem die Studie aufgebaut ist.
Mit **Forschungsmethoden** bezeichnet man konkrete Wege zur Erhebung, Aufbereitung und Auswertung von Daten (s. Abschnitt III.5). Die Methoden sind dem Design in der Planung logisch nachgeordnet und kommen innerhalb des Designs zum Einsatz.

Designs und Methoden dienen dazu Ihre Forschungsfrage in konkretes Forschungsvorhaben umzusetzen. Es gibt verschiedene Arten von Forschungsdesigns (Mayring 2001; 2002; 2007). Wenn Sie die wichtigsten Forschungsdesigns näher kennengelernt haben, können Sie entscheiden, welches Forschungsdesign für Ihre Forschungsfrage indiziert ist.

Experimente eignen sich zur Überprüfung von kausalen Zusammenhängen zwischen einer Ursache und einer Wirkung. Ein Beispiel für ein besonders bekannt gewordenes Experiment ist das Milgram-Experiment, bei dem der Einfluss von Autoritätspersonen auf die Gehorsamsbereitschaft durchschnittlicher Bürger untersucht wurde. Bei **Einzelfallanalysen** werden nicht mehrere, sondern nur eine

Überblick

Wichtige Forschungsdesigns

Experiment	Feldforschung	Aktions- / Praxisforschung
Survey	Panel	Einzelfallanalyse
Dokumentenanalyse	Evaluationsforschung	Meta-Analyse

einzige Person untersucht. Die Erstbeschreibungen von Krankheiten sind häufig Einzelfallanalysen. So hat der deutsche Psychiater Alois Alzheimer die Symptome und den Verlauf der nach ihm benannten Demenzerkrankung bei nur einer einzigen Patientin beschrieben. Beim **Survey** wird eine mehr oder weniger große Anzahl von Personen zu bestimmten Themen befragt. Dieses Design wird in der Meinungsforschung vor politischen Wahlen eingesetzt. Beim **Panel**, einer Sonderform des Surveys, handelt es sich um eine Längsschnittuntersuchung, bei der dieselbe Gruppe von Personen nach einem gewissen Zeitraum zum selben Thema nochmals befragt wird, um die Veränderung der untersuchten Merkmale über die Zeit verfolgen zu können. Bei einer **Feldstudie** begeben sich die Forscher in die natürliche Lebensumwelt ihrer Forschungsobjekte, um sie dort zu studieren. Berühmte Feldforscherinnen, die das Leben von Menschenaffen in freier Wildbahn beobachtet haben, sind Jane Goodall und Dian Fossey. Ausschnitte aus dem Leben Fosseys wurden sogar verfilmt unter dem Titel »Gorillas im Nebel«. Die **Aktions- oder Praxisforschung** zeichnet sich dadurch aus, dass der Forscher hier Teil des Untersuchungsgegenstands ist; er will nicht nur forschen, sondern auch Verbesserungen herbeiführen. Das wär der Fall, wenn ein wissenschaftlich geschulter Lehrer einen neuen Unterrichtsstil erprobt, um die Lernleistungen und das Wohlbefinden seiner Schüler zu verbessern und seine dabei erzielten Ergebnisse empirisch untersucht. Unter dem Begriff **Evaluationsforschung** fasst man Studien zusammen, die das Ziel verfolgen, die behauptete Wirksamkeit einer bestimmten Intervention zu überprüfen. Pharmafirmen müssen die Wirksamkeit neuer Präparate zuerst im Tierversuch und dann am Menschen überprüfen bevor eine Substanz als Medikament auf den Markt kommen darf. Bei der **Dokumentenanalyse** werden nicht erst Daten erhoben, indem man Menschen interviewt oder beobachtet, sondern man benutzt bereits vorhandene Daten. Solche Dokumente können z. B. die Romane eines Autors sein, von denen man versucht Rückschlüsse auf seine Biographie zu ziehen. Es ist strittig, ob die Dokumentenanalyse als eigenes Forschungsdesign gilt, oder ob sie eine spezielle Form der Datenerhebung ist. Wir haben uns entschlossen, die Dokumentenanalyse im Abschnitt III.5 ausführlicher als eine Art der Datenerhebung zu behandeln. Eine **Meta-Analyse** schließlich bezeichnet eine Übersichtsstudie über viele einzelne Studien. Da eine einzelne wissenschaftliche Untersuchung für sich allein genommen noch nicht besonders aussagekräftig ist, kann es von Zeit zu Zeit nötig werden, die unterschiedlichen Studien zu einer Forschungsfrage zusammenzufassen, um empirisch gewichtigere Aussagen treffen zu können.

Jedes dieser Forschungsdesigns hat seine Stärken und Schwächen. Prinzipiell unter- oder überlegen ist keines einem anderen. Ein Design kann lediglich für bestimmte Forschungsfragen besser und für andere schlechter geeignet sein. Das Design der Einzelfallanalyse bietet sich beispielsweise immer dann an, wenn ein bestimmter Fall eingehender und tiefgründiger untersucht werden soll als das bei Untersuchungen an größeren Stichproben möglich ist. Das Design der Feldstudie wiederum ist dann indiziert, wenn man befürchten muss, dass die Untersuchungsobjekte im Labor nicht ihr natürliches Verhalten an den Tag legen.

Das Design ist lediglich das bloße Skelett der Studie, das erst mit dem Fleisch konkreter Methoden bestückt werden muss. Demzufolge ist das Design den Methoden in der Planung logisch vorgeordnet. Zuerst müssen Sie also ein geeignetes Design für Ihre Fragestellung finden, dann die passende Methode wählen. Welches Design und welche Methoden man für sein Forschungsprojekt als geeignet und passend erachtet, hängt in erster Linie von der Forschungsfrage ab.

Innerhalb eines Forschungsdesigns können ganz unterschiedliche Forschungsmethoden zum Einsatz kommen; quantitative ebenso wie qualitative. Sicherlich gibt es zu den einzelnen Forschungsdesigns auch mehr oder weniger gut passende Methoden, allerdings ist das Verhältnis bestimmter Designs und Methoden nicht starr und unveränderlich. So wird bei Einzelfallanalysen in der Regel eher mit qualitativen Methoden gearbeitet und bei Experimenten eher mit quantitativen. Es gibt allerdings auch quantitative Einzelfallstudien und qualitative Experimente. Mehr als eine gewisse Affinität zwischen bestimmten Designs und bestimmten Methoden ist so gesehen nicht da. Seien Sie also ruhig kreativ. Innerhalb einer Einzelfallanalyse lassen sich durchaus qualitative Methoden, wie z.B. ein narratives Interview, verwenden. Man kann aber auch quantitative Methoden, wie z.B. einen Fragebogen, einsetzen. Oder auch beides. In Experimenten können Sie ebenso schriftliche Befragungen wie Verhaltensbeobachtungen durchführen. Datenmaterial aus Feldstudien können Sie sowohl statistisch verrechnen als auch qualitativ interpretieren. Die endgültige Entscheidung darüber, welche Methoden Sie innerhalb Ihres Forschungsdesigns zum Einsatz bringen, hängt letztlich davon ab, was genau Sie wissen möchten.

Auch die Forschungsdesigns selbst können Sie ruhig kombinieren! Ebenso wie bei den Ablaufmodellen empirischer Forschung handelt es sich auch bei Forschungsdesigns um Idealtypen. Da die oben erwähnten Forschungsdesigns in Wirklichkeit kaum in Reinkultur auftreten, lösen wir sie in drei Kontinuen auf. Diese Kontinuen orientieren sich an bestimmten Fragestellungen, die Sie bei der Planung Ihres Forschungsprojekts zu berücksichtigen haben. Es sind das die Fragen nach erstens der *Stichprobengröße*, zweitens dem *Ort* der Untersuchung und drittens der *Intention* des Forschers. Kontinuum eins erstreckt sich zwischen den Polen Einzelfall und Vollerhebung, Kontinuum zwei zwischen den Polen Labor und Feld, Kontinuum drei zwischen den Polen Beschreibung und Bewertung. In Summe können Sie die drei Kontinuen als eine Art Koordinatensystem verstehen, auf dem Sie Ihr Forschungsprojekt positionieren können.

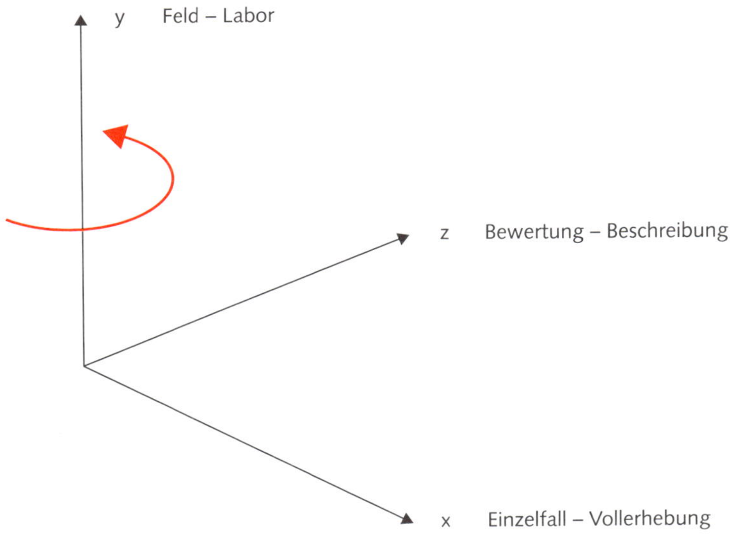

Zwischen Einzelfall und Vollerhebung – Zur Frage nach der Stichprobengröße

Eine erste grundsätzliche Frage, die Sie sich bei der Konzeption des Forschungsdesigns stellen müssen, ist die nach der Größe Ihrer **Stichprobe**. Wie viele Personen wollen Sie untersuchen? Hier gibt es ein Kontinuum zwischen Einzelfallanalysen auf der einen Seite und Vollerhebungen auf der anderen Seite.

Einzelfallanalyse: Bei der Einzelfallanalyse erforschen Sie – wie der Namen schon andeutet – nur einen einzigen Fall. Die Einzelfallanalyse ist immer dann indiziert, wenn Sie einen bestimmten Fall besonders eingehend und intensiv untersuchen wollen. Dabei kann es sich um besonders extreme, besonders typische, besonders durchschnittliche, besonders häufige oder besonders seltene Fälle handeln. Der Einzelfall muss nicht unbedingt ein einzelner Mensch, sondern kann auch ein soziales System sein, wie eine Familie, eine Institution oder eine gesellschaftliche Subgruppe. Entscheidend ist dabei nur, dass dieses als Einzelfall begriffen wird, quasi als organisches Ganzes, das mehr ist als die Summe seiner Teile.

Mithilfe von Einzelfallanalysen kann man tiefer in die Komplexität des Falles eintauchen. Man kann den einzelnen Fall in seiner Ganzheit und seinem Facettenreichtum genauer und tiefgreifender erforschen als das bei großen Stichproben überhaupt möglich wäre. Insofern überrascht es nicht, dass aus Einzelfallstudien immer wieder bedeutsame Beiträge zu den Human- und Sozialwissenschaften kommen. Denken Sie an die Patientenanalysen von Sigmund Freud, das Einzelfallexperiment mit dem kleinen Albert von Watson und Reyner, Piagets Beobachtungen an seinen eigenen Kindern, Ebbinghaus` Selbstversuche zum allmählichen Vergessen. In all diesen Fällen hat die Untersuchung an einzelnen Fällen bedeutende Erkenntnisse ans Licht gebracht, von denen sich viele auch im Rahmen von Überprüfungen an größeren Stichproben empirisch erhärten haben lassen.

Einzelfallanalysen lassen sich auch ergänzend heranziehen, um die Ergebnisse von Surveys zu vertiefen. Sie erfahren dann beispielweise, warum ein bestimmter Mensch zu einer bestimmten Einstellung neigt. Das hilft auch, statistische Ergebnisse besser zu verstehen. Die Einzelfallanalyse ist somit ein leistungsstarkes Instrument, egal ob als eigenständiges Forschungsdesign oder als Ergänzung anderer Designs.

Aggregierte Einzelfallanalysen: Fließend sind die Übergänge zwischen der Einzelfallanalyse und aggregierten Einzelfallanalysen. Wir haben es jetzt nicht mehr mit einem einzigen Fall zu tun, sondern mit einigen wenigen Fällen, die zusammengefasst und miteinander verglichen werden können. Der Vergleich von Gemeinsamkeiten und Unterschieden erlaubt dann auch vorsichtige und vorläufige Generalisierungen.

Survey: Ziel eines Surveys ist es, Aussagen über eine Grundgesamtheit von Personen zu machen, ohne alle diese Personen untersuchen zu müssen. Zu diesem Zweck wird aus der Grundgesamtheit aller Personen, über die eine Aussage gemacht werden soll (z. B. alle Deutschen, alle Frauen, alle Männer, alle Jugendlichen, alle Patienten mit einer Schizophrenie etc.), eine Stichprobe gezogen.

Eine **Stichprobe** ist eine begrenzte Anzahl von Personen aus der Grundgesamtheit. Damit die Ergebnisse der Stichprobe auf die Grundgesamtheit übertragen werden können, muss die Stichprobe **repräsentativ** sein. Eine Stichprobe gilt als repräsentativ, wenn sie die Grundgesamtheit hinsichtlich der wichtigsten Merkmale abbildet. Eine Stichprobe sollte also ein Miniaturbild der Grundgesamtheit sein. Erst dann können die Ergebnisse von der Stichprobe auf die Grundgesamtheit übertragen bzw. generalisiert werden. Solche repräsentativen Umfragen sind Ihnen wahrscheinlich alle aus der Meinungsforschung bekannt. Man kann damit das Ergebnis von Wahlen vorhersagen. Dabei werden natürlich nicht alle wahlberechtigten Personen telefonisch befragt, welcher Partei sie ihre Stimme schenken werden, sondern lediglich eine Stichprobe von ihnen. Diese Stichprobe soll aber hinsichtlich der wichtigsten soziodemographischen Merkmale, wie Alter, Geschlecht, Wohngegend, sozioökonomischer Status, die Grundgesamtheit abbilden bzw. repräsentieren. Das ist insofern wichtig, als ältere Menschen ganz andere Präferenzen an den Tag legen könnten als jüngere. Leute in ländlichen Gegenden wiederum könnten anders denken als Menschen, die in Ballungszentren leben. Manche Einstellungen hängen auch mit dem Grad der Schulbildung und der Höhe des Einkommens zusammen. Um differenzierte und aussagekräftige Daten zu sammeln, müssen Sie also auf die Repräsentativität ihrer Stichprobe achten (mehr dazu in den Abschnitten IV.2 und V.2).

Vollerhebung: Bei der Vollerhebung untersuchen Sie alle Personen einer bestimmten Grundgesamtheit. Vollerhebungen werden in der Regel eher selten durchgeführt. Wenn die Grundgesamtheit (z. B. die Gesamtbevölkerung eines Staates, alle Kinder, alle sechs Monate alten Säuglinge, alle Patienten mit einer bestimmten Hauterkrankung, alle Einwohner einer Großstadt) zu groß ist, verbietet sich die Vollerhebung aus ökonomischen Gründen. Selbst Regierungen machen sich nur die Mühe alle zehn Jahre eine Volkszählung durchzuführen. Und sogar wissenschaftliche Multi-Millionen-Euro-Projekte verfügen im Regelfall nicht über die finanziellen Mittel, soviele Daten zu erheben und auszuwerten. Ist allerdings die Gruppe, die Sie untersuchen möchten nicht allzu groß, dann ist eine Vollerhebung vielleicht sogar im Rahmen eines kleineren Forschungsprojekts möglich. Sie können wahrscheinlich durchaus eine Fragebogenvollerhebung anpeilen, wenn Sie Persönlichkeitseigenschaften und Einstellungen von Menschen mit geschlechtsuntypischer Berufswahl, wie z. B. weiblichen Bauarbeiterinnen in der Schweiz, erheben möchten. Möglich ist eine Vollerhebung vielleicht auch im Rahmen eines größeren Forschungsprojekts, bei dem Sie mitarbeiten und eine Teilauswertung durchführen.

Zwischen Labor und Feld – Zur Frage nach dem Ort der Forschung

Das zweite Kontinuum des Forschungsdesigns ist aufgespannt zwischen den Polen Labor und Feld. Gemeint ist damit nicht nur der Ort der Forschung im engeren Sinn, also ob sich der Forscher ins Feld zu seinen Untersuchungsobjekten begibt oder ob sich die Untersuchungsobjekte ins Labor zu ihrem Erforscher begeben. Gemeint ist auch das Ausmaß des Naturalismus bzw. der Grad der Kontrolliertheit der Kontextbedingungen. Das natürliche Lebensumfeld von Lebewesen wird durch eine Unzahl von Umgebungsbedingungen beeinflusst, die auch bei allergrößter Anstrengung weder kontrolliert noch vollständig einkalkuliert werden können. Dadurch wird es schwierig zu sagen, wodurch ein bestimmtes Verhalten verursacht wird. Das Labor hingegen bietet die Möglichkeit, den Einfluss ganz bestimmter Bedingungen auf die Untersuchungsobjekte zu studieren, indem Störfaktoren ausgeschaltet werden.

Experiment: In der **Laborforschung** werden künstliche Bedingungen geschaffen. Man kontrolliert störende Einflüsse aus dem Umfeld und kreiert dadurch Mikrowelten, die in der gewöhnlichen Alltagsrealität so nicht vorkommen. Die kontrollierteste und korrekteste Form der Laborstudie ist das *Experiment*. Obwohl mittlerweile viele Forschungsdesigns als Kinder der Wissenschaft gelten, bleibt das Experiment für viele Wissenschaftlerinnen ihr Kronprinz. Mit einem Experiment kann man Kausalzusammenhänge zwischen zwei Variablen empirisch überprüfen. Die eine Variable wird als **unabhängige Variable** bezeichnet und ist irgendeine Intervention des Versuchsleiters, von der vermutet wird, dass sie die andere Variable beeinflussen und verändern kann. Die andere Variable wird **abhängige Variable** genannt, weil ihre Veränderung von der unabhängigen Variable abhängt. Wenn es tatsächlich einen Ursache-Wirkungs-Zusammenhang zwischen den beiden untersuchten Variablen gibt, dann müsste eine Veränderung der unabhängigen Variable eine Veränderung der abhängigen Variable nach sich ziehen. Um zu testen, ob die Veränderung der abhängigen Variable wirklich eine Folge der unabhängigen Variable ist, arbeitet man in Experimenten meist mit einer Versuchsgruppe und eine Kontrollgruppe. Die **Versuchsgruppe** erhält die unabhängige Variable »verabreicht« und die **Kontrollgruppe** eben nicht. Um ausschließen zu können, dass die

Ergebnisse nicht das Resultat der Unterschiedlichkeit der Personen in den beiden Gruppen sind, werden die Versuchspersonen den beiden Gruppen entweder zufällig zugeordnet (**Randomisierung**) oder hinsichtlich bestimmter Merkmale wie z.B. Alter, Geschlecht, Persönlichkeit etc. gleich auf die beiden Gruppen verteilt (**Parallelisierung**). Durch die strenge Kontrolle möglicher Einflussfaktoren auf die Ergebnisse und die Standardisierung, sprich Vereinheitlichung der Untersuchungssituation, soll sichergestellt werden, dass das Experiment von anderen Forschern an anderen Orten der Welt wiederholt und überprüft werden kann. Man spricht hierbei von der **Replizierbarkeit** des Experiments. Wenn die Wirksamkeit eines neuen Psychotherapieverfahrens zur Behandlung von Depressionen getestet wird, geht man experimentell vor. Man bildet (in Zusammenarbeit mit einer Klinik, wo die neue Therapie erprobt wird) per Zufallsauswahl zwei Gruppen von depressiven Patienten und erhebt mit entsprechenden Forschungsmethoden den Schweregrad ihrer Krankheitssymptome (abhängige Variable). Dann wird bei der Versuchsgruppe die Psychotherapie (unabhängige Variable) durchgeführt. Die andere Gruppe erhält keinerlei Intervention und kommt auf eine Warteliste. Nach Beendigung der Therapie erhebt man den Schweregrad der Depressivität bei beiden Gruppen erneut und vergleicht die Ergebnisse. Wenn die Intervention, in dem Fall die neue Psychotherapie, tatsächlich kausal wirkt, dann müsste es in der Versuchsgruppe im Vergleich zur Kontrollgruppe zu einer Verbesserung der Symptomatik gekommen sein.

Feldforschung: Das Pendant zur Laborforschung ist die Feldforschung. Bei der Feldforschung werden die Untersuchungsobjekte nicht in ein Labor verpflanzt, sondern der Forscher begibt sich in die natürliche Lebensumwelt seiner Untersuchungsobjekte, um sie dort zu erforschen. Dazu gehören unter anderem Babybeobachtungen oder Familienbeobachtungen im häuslichen Umfeld oder Beobachtungen von Schulklassen während des Unterrichts. Auch weite Teile der ethnologischen Forschung kann man zur Feldforschung zählen. Bei ethnologischen Erkundungen begibt sich der Forscher in fremde Gefilde, um Angehörige anderer Kulturen in vivo zu studieren. Margret Mead hat beispielsweise in den 30er Jahren Forschungsreisen nach Neuguinea unternommen, wo sie feststellen konnte, dass die uns bekannten Geschlechtsrollen kulturell und nicht biologisch geprägt sind. Bekannte Feldstudien stammen auch von Roland Girtler, der unter anderem am Leben von Obdachlosen in Wien teilgenommen hat, um ihre Lebenswelt zu verstehen. Die Beobachtungen finden also immer in der natürlichen Umgebung der Betroffenen statt und können sich vorerst auf alle Verhaltensweisen richten.

Man bleibt also erstmal offen für überraschende Eindrücke und muss sich nicht schon vorab auf bestimmte Ausschnitte aus dem Verhaltensgesamt begrenzen. Das eröffnet mitunter auch die Chance, solche Aspekte zu studieren, denen eine experimentell orientierte Forschung aufgrund der strengen Kontrolle störender Variablen nur wenig bis gar keine Aufmerksamkeit zollt. Man kann sehen, was die Leute tun, wenn sie nicht direkt von einem Versuchsleiter beeinflusst werden. Und man kann sehen, wie die Leute in vielen verschiedenen Situationen und nicht nur einer einzigen Testsituation handeln. Man kommt so näher an die Realität der Betroffenen heran und kann Verzerrungen, die durch die fremde Umgebung des Labors zustande kommen, vermeiden.

Quasi-Experimente und Feldexperimente: Auch was den Ort der Forschung anbelangt, sind die Übergänge zwischen den Designs fließend. Es gibt also unterschiedliche Varianten und Mischformen von Experimenten und Feldstudien. So z. B. **Quasi-Experimente**, bei denen die Zuteilung der Versuchspersonen zu den Versuchsgruppen nicht randomisiert oder parallelisiert ist und man mit natürlichen Versuchsgruppen arbeitet. Oder **Feldexperimente**, die nicht in einem Labor, sondern der natürlichen Umgebung der Betroffenen stattfinden. Die Versuchspersonen wissen dabei in der Regel nicht, dass sie beobachtet werden, weshalb man davon ausgehen kann, dass sie ihr natürliches Verhalten an den Tag legen.

Zwischen Beschreibung und Bewertung – Zur Frage nach der Intention des Forschers

Wenn Sie forschen, müssen Sie sich überlegen, welche Ziele Sie mit Ihrer Forschung verfolgen. Wollen Sie einfach nur etwas wissen, eine Antwort auf Ihre Forschungsfrage haben? Wollen Sie mit Ihrer Forschung etwas verändern? In den Wissenschaften gibt es gewichtige Argumente für eine strikte Trennung von **Beschreibung** und **Bewertung**. Die Wissenschaft soll wertfrei sein, heißt es auf der einen Seite. Andererseits gibt es aber auch eindringliche Plädoyers dafür, dass wissenschaftliche Forschung nicht in universitären Elfenbeintürmen verkümmern darf, sondern eingesetzt werden soll zum Wohle der Menschheit. Beide Ansichten haben etwas für sich. Wir wollen hier allerdings keine Stellungnahme dazu abgeben, sondern Sie lediglich animieren, sich diesbezüglich Gedanken zu machen und Ihre Position zu finden. Wenn Sie ein Forschungsprojekt designen, müssen Sie sich überlegen, ob Sie den Gegenstand Ihrer Forschung rein beschreiben oder auch bewerten und vielleicht sogar verändern wollen. Das eine muss das andere gar nicht ausschließen, trotzdem gibt es Designs, die näher am Pol der Beschreibung und Wertfreiheit stehen, und solche, die sich näher am Pol der Bewertung und Intervention befinden.

Deskriptionsforschung: Viele wissenschaftliche Studien verfolgen das Ziel, Ihren Forschungsgegenstand möglichst genau zu beschreiben und zu analysieren, ohne dabei allerdings eine Bewertung vorzunehmen oder eine Veränderung desselben anzustreben. Der Einfachheit halber werden wir hierbei von Deskriptionsforschung sprechen. Wissenschaftler, die so vorgehen, verfolgen ein Ideal der Objektivität und Neutralität gegenüber ihren Untersuchungsobjekten. Sie wollen möglichst keinen Einfluss nehmen auf den Untersuchungsgegenstand. Sie betrachten sich als Außenstehende, die möglichst unvoreingenommen beobachten. Beliebte Methoden, um sich nicht emotional involvieren zu lassen, sind bei solchen Sozialforschern Einwegspiegel oder versteckte Kameras. Viele psychologische und erziehungswissenschaftliche Experimente folgen dieser Logik. Gesellschaftliche Probleme, wie z.B. Arbeitslosigkeit, Armut, Rassismus, Sexismus, würden in dieser Form von Forschung beschrieben und analysiert werden. Sie würden allerdings nicht bewertet, geschweige den als Probleme definiert werden, an deren Lösung die empirische Forschung mitwirken könnte.

Handlungs- bzw. Aktionsforschung, Praxisforschung: Ein gänzlich anderes Forschungsethos vertritt die so genannte Handlungs- bzw. Aktionsforschung (action research). Hierbei verbindet sich jedenfalls der Impetus zu forschen mit dem Anspruch zu intervenieren und Verbesserungen zu erwirken. Das Ziel der Handlungsforschung ist nicht allein der Erkenntnisgewinn, sondern die Lösung eines konkreten praktischen Problems. Handlungsforschung setzt also nicht so sehr an der Überprüfung einer Hypothese an, sondern an einem konkreten Problem, das es zu lösen gilt. Diese Wissenschaftlerinnen möchten positive Veränderungen in Gang setzen. Allein nur Bücher zu schreiben ist dieser Form der Forschung zu wenig. In einem Aktionsforschungsprojekt über die Auswirkungen von Langzeitarbeitslosigkeit würden Sie nicht nur versuchen, das Befinden solcher Menschen zu erforschen, sondern auch den Versuch unternehmen, etwas zur Verbesserung ihrer Situation zu unternehmen. Als Aktionsforscher könnten Sie mit Personengruppen arbeiten, die sich am Rande der Gesellschaft befinden. So z.B. mit jungen Müttern aus sozial benachteiligten Schichten, die massive Probleme mit ihren Kindern haben. Sie könnten bei diesen psychosoziale Arbeit leisten und sie ein wenig bei der Erziehung unterstützen. Aus den dabei gemachten Beobachtungen und Befragungen könnten Sie dann Theorien ableiten über mögliche Gründe für diese

Probleme und Strategien entwickeln, wie man zur Problemlösung und Problembeseitigung beitragen kann. Die Ergebnisse der Forschung sollen also bei der Aktionsforschung schon im Prozess der Forschung in die Praxis umgesetzt und so den Beforschten zu Gute kommen. Neuerdings ist aus der Tradition der action research die so genannte Praxisforschung hervorgegangen, die diese Ansprüche fortführt.

Mischformen: Auch hier lassen sich keine ganz sauberen Grenzen ziehen zwischen den Forschungsdesigns. Aktionsforscher wollen immer auch forschen und etwas herausfinden, dass jenseits der unmittelbaren Forschungssituation Geltung hat. Sie wollen also auch irgendwie objektiv sein und nicht nur subjektive Eindrücke zu Papier bringen, quasi Romane schreiben. Und deskriptiven Forschern ist es oft zu wenig, lediglich Bücher zu publizieren, die in den Kellerräumen von Universitätsbibliotheken verstauben; auch sie haben oft eine Mission und wollen gesellschaftliche Veränderungen bewirken. So gesehen kann man Handlungsforschungselemente auch in primär deskriptiv vorgehende Studien einfließen lassen. Eine Möglichkeit besteht z. B. darin, die Ergebnisse eines Forschungsprojekts nicht nur der Scientific community zu präsentieren, sondern auch Texte zu verfassen, die von Laien gelesen werden können. Auch ein leidenschaftliches Plädoyer, das Sie als ethische Forderung aus Ihren Forschungsergebnissen ziehen, könnte ein Element der Aktionsforschung im Rahmen deskriptiver Forschung sein. Wenn Sie z. B. die Biographie von Menschen in Ihrem Bundesland erforschen, die unter dem Existenzminimum leben müssen, könnten Sie die Öffentlichkeit und die Politik wachrütteln, indem Sie einen Artikel für eine lokale Tageszeitung verfassen. Sie könnten auf das Schicksal dieser Leute hinweisen und kritisieren, dass ein nicht geringer Teil unserer Gesellschaft in Armut leben muss.

Literaturtipps

Mayring, Philipp (2002): Einführung in die Qualitative Sozialforschung. Weinheim: Beltz.

Mayring, Philipp (2007): Designs in qualitativ orientierter Forschung. Journal für Psychologie 15, Ausgabe 2. http://www.journal-fuer-psychologie.de/index.php/jfp/article/view/127/111. Download am 16.12.2013.

5 Der methodische Dreischritt empirischer Forschung: Erhebung, Aufbereitung, Auswertung

Das Wort **Methode** leitet sich vom Altgriechischen »methodos« ab und bedeutet soviel wie »der Weg zu etwas hin, Nachgehen«. Forschungsmethoden beschreiben so gesehen eine Art von wissenschaftlichem Weg, den man beschreitet, um empirische Daten zu gewinnen und zu verarbeiten. **Daten** wiederum sind das empirische Rohmaterial, aus dem mithilfe von Forschungsmethoden Schlüsse gezogen und Theorien gewonnen werden. Das heißt, Methoden geben einen Weg vor, auf dem man von den ersten Rohdaten zum theoretischen Endergebnis kommt. Sie sorgen für die Stringenz einer wissenschaftlichen Untersuchung und machen den Prozess der Forschung auch für Außenstehende nachvollziehbar.

Wir möchten nun auf eine Unterscheidung zurückgreifen, die wir bereits in Abschnitt III.3. über das Ablaufmodell empirischer Forschung ins Spiel gebracht haben. Dort wurden im methodischen Vorgehen drei Aspekte voneinander unterschieden: Erstens die Erhebung, zweitens die Aufbereitung und drittens die Auswertung (Hug 2001; Mayring 2002). Das methodische Vorgehen in der empirischen Forschung entspricht so gesehen einem Dreischritt. Zuerst müssen die empirischen Daten einmal gewonnen bzw. erhoben werden. Zu diesem Zweck gibt es eigene **Erhebungsmethoden**, die der Sammlung von Datenmaterial dienen. Danach müssen die erhobenen Daten für weitere Analysen und Interpretationen aufbereitet werden. Hierzu gibt es so genannte **Aufbereitungsmethoden**. Zu guter Letzt werden die erhobenen und aufbereiteten Daten analysiert und interpretiert. Dafür gibt es spezielle **Auswertungsmethoden**.

Überblick

Erhebungsmethoden	Aufbereitungsmethoden	Auswertungsmethoden	
Recherche Dokumentenanalyse Beobachtung Befragung etc.	Transkription/ Fixierung Selegierung Strukturierung etc.	Inhaltsanalyse Grounded theory Psychoanalyse Typenbildung Diskursanalyse Konversationsanalyse Metaphernanalyse etc.	Häufigkeitsanalysen Korrelationsanalyse Signifikanztest Clusteranalyse Faktorenanalyse Pfadanalyse Varianzanalyse

Welche Forschungsmethoden Sie jeweils wählen, hängt – wie schon die Wahl des Forschungsdesigns – primär von Ihrer Forschungsfrage und Ihrem Forschungsgegenstand ab. Welche Methoden brauchen Sie, um Ihre Forschungsfrage beantworten zu können? Wichtig ist es, die Wahl der Methoden aus Ihrer Forschungsfrage heraus zu begründen: Warum sind die gewählten Methoden für die Beantwortung Ihrer Forschungsfrage geeignet? Wir werden diese drei Methodengruppen nun kurz besprechen. Eine Vertiefung finden Sie in den Kapiteln IV und V.

Erhebungsmethoden

Im Großen und Ganzen gibt es drei Gruppen von Erhebungsmethoden in der empirischen Sozialforschung. Erstens die Recherche, zweitens die Beobachtung und drittens die Befragung.

Recherche / Dokumentenanalyse: Die erste Möglichkeit besteht darin, bereits bestehende Daten zu verwenden. In dem Fall brauchen die Daten nicht erst eigens produziert zu werden. Man spricht hierbei entweder von einer Recherche nach bereits bestehenden Daten, gelegentlich auch vom Forschungsdesign der Dokumentenanalyse. In den Human- und Sozialwissenschaften versteht man unter Dokumenten alle von Menschenhand geschaffenen Gegenstände. Diese lassen sich als Quelle zur Erklärung menschlichen Erlebens und Verhaltens heranziehen. Dokumente in diesem Sinne können also Schriftstücke, Texte, Audioaufzeichnungen, Filme, Fotografien, Kunstgegenstände, Gemälde, Skulpturen, Bauten, Werkzeuge, Gebrauchsgegenstände usw. sein. Wir haben es also mit einer beeindruckenden Materialvielfalt zu tun, die für wissenschaftliche Zwecke genutzt werden kann. Bei einer Dokumentenanalyse entfällt der Schritt der Datenerhebung bis zu einem gewissen Grad bzw. erschöpft er sich in einem Zusammentragen von existierenden Daten. Gemeinsam ist diesen Zugängen, dass das Material nicht erst vom Forscher durch Beobachtung oder Befragung erschaffen werden muss, sondern schon vorliegt.

Die Dokumentenanalyse bzw. Recherche kommt häufig in der Geschichtswissenschaft, der Medienwissenschaft, der Entwicklungswissenschaft und der Literaturwissenschaft als eigenständiges Forschungsdesign vor. Wenn Sie z. B. etwas über die Lebenswelten von Jugendlichen erfahren möchten, können Sie die Tagebücher von Jugendlichen auswerten. Die Dokumentenanalyse kann aber auch als Ergänzung anderer Forschungsdesigns wertvolle Dienste leisten. In der biographischen Forschung können biographische Interviews mit Fotos oder Videos aus dem Leben der Befragten flankiert werden. Sie können aber auch bereits vorhandene Datensätze bestehender Studien verwenden und diese in neuem Licht mit anderen Auswertungsmethoden oder einem anderen theoretischen Kontext interpretieren. In so einem Fall spricht man auch von einer **Re-Analyse** bzw. **Sekundäranalyse** vorhandener Daten. Sie können dann die Ergebnisse anderer Wissenschaftler dadurch kritisieren, bestätigen oder ergänzen.

Beobachtung: Eine zweite Möglichkeit der Datenerhebung ist die Beobachtung. Bei der Beobachtung handelt es sich um eine Forschungsmethode zur Erhebung nicht-sprachlicher Daten. Wissenschaftliche Beobachtungen erfolgen im Unterschied zu Alltagsbeobachtungen durch systematischere, geplantere, zielgerichtetere und strukturiertere Wahrnehmung. Das gelingt, indem zwischen den Beobachter und das Beobachtete quasi eine Methode geschoben wird, die die zu beobachtenden Aspekte der Realität hervorhebt und objektiviert. Dazu werden vorab Kategorien festgelegt, die bestimmen, was beobachtet wird und was nicht. Alle relevanten Aspekte des Forschungsgegenstands sollen dabei möglichst genau und nachvollziehbar erfasst werden. Beobachtungen können sich auf alle Verhaltens- und Interaktionsweisen von Lebewesen, aber auch Zustände lebloser Materie, richten. Beobachtungen können sich sowohl auf künstlich hergestellte Situationen, wie z.B. Laborexperimente, als auch auf natürliche Situationen beziehen. Der Grad der Standardisierung einer Beobachtung ist unterschiedlich hoch. Mehr darüber in den Abschnitten IV.1. und IV.2.

Befragung: Die dritte wichtige Gruppe von Erhebungsmethoden sind Befragungen. Befragungen zielen darauf ab, Informationen zu erheben, die einer Beobachtung nicht so leicht zugänglich sind. Es kann sich um Meinungen, Einstellungen, Wissen, Gedanken und Gefühle handeln. Auch hier ist der Grad der Standardisierung unterschiedlich groß. Fragen und Antwortmöglichkeiten können in unterschiedlich starkem Ausmaß festgelegt werden. Befragungen können schriftlich oder mündlich erfolgen. Das heißt, Sie können ihren Probandinnen entweder einen Fragebogen vorlegen oder aber mit diesen ein Interview durchführen. Befragungen kommen übrigens, wie auch Beobachtungen sowohl in der qualitativen als auch der quantitativen Forschung häufig vor. Auf unterschiedliche Formen der Befragung kommen wir noch in Abschnitt IV.1. und IV.2. zu sprechen.

Aufbereitungsmethoden

Daten liegen nach der Datenerhebung nur selten in so einer Form vor, dass Sie sich gleich in die Auswertung bzw. Interpretation stürzen könnten. Deshalb folgt auf die Datenerhebung ein Schritt der Datenaufbereitung. Zu diesem Zweck gibt es eigene Datenaufbereitungsmethoden. Als Ergebnis dieses Schritts erhalten Sie einen Zwischenstand, von dem aus Sie die Auswertung in Angriff nehmen können. In der Aufbereitung der zuvor erhobenen Daten lassen sich drei Aspekte differenzieren: Erstens die Fixierung der Daten, zweitens die Selegierung der Daten und drittens die Strukturierung der Daten. Im Rahmen der Aufbereitung können die erhobenen Daten auch in spezielle Software eingespeist werden, die im nächsten Schritt die Auswertung der Daten erleichtert (s. dazu die Abschnitte IV.3, IV.4, V.3, VI.3).

Fixierung: Eine erste wichtige Strategie der Datenaufbereitung ist die Fixierung. Wenn Sie beobachten, bleiben nur ein paar visuelle Eindrücke im Gedächtnis zurück. Und Worte von Interviews sind ja nichts als Schall und Rauch. Deshalb müssen Sie Ihre Beobachtungen und Befragungen irgendwie dingfest machen. Bei Beobachtungen geschieht das meist mit Protokollen, Memos, Beobachtungsbögen oder Videoaufzeichnungen. Mündliche Befragungen werden für gewöhnlich audio- oder videoaufgezeichnet und dann transkribiert, also niedergeschrieben. Durch die Transkription entsteht aus einem Interview ein Text, der ausgewertet werden kann. Durch die Fixierung werden die mithilfe von Befragung oder Beobachtung erhobenen Daten für die darauffolgende Auswertung überhaupt erst urbar gemacht.

Selegierung: Ein zweites wichtiges Element im Rahmen der Datenaufbereitung ist die Selegierung. Hierbei geht es um die Auswahl der Daten, die in die Auswertung einbezogen werden. Oft werden nämlich mehr Daten erhoben als man überhaupt auswerten kann. Manchmal werden auch Daten miterhoben, die man gar nicht braucht. Jedenfalls haben Sie die Überlegung anzustellen, welche der Daten zur Beantwortung Ihrer Forschungsfrage notwendig sind und welche nicht. Selegieren Sie nun, was brauchbar ist und was nicht. Letzten Endes haben Sie eine begründete Auswahl aus den erhobenen Daten, die Sie in Ihre Auswertung einbeziehen.

Strukturierung: Bei der Strukturierung, der dritten Aufbereitungsmethodik, geht es vereinfacht gesagt darum, Ordnung ins Chaos zu bringen. Ein Zettelsalat von Memos, den Sie während Ihrer Feldbeobachtungen angefertigt haben, will geordnet werden. Die Zeilen von Interviewtranskriptionen müssen durchnummeriert werden. Das macht es dann leichter, aus dem Interview zu zitieren und sich darin zurechtzufinden bzw. Stellen, auf die man sich in der Auswertung bezogen hat wiederzufinden. Teilweise geht die Strukturierung der Daten schon fließend über in die Auswertung der Daten, wenn Sie bereits die Ergebnisse zusammenfassen, indem Sie Kategorien auf einem höheren Abstraktionsniveau bilden.

Auswertungsmethoden

Da sich die erhobenen und aufbereiteten Daten nicht von selbst interpretieren, muss man spezielle Auswertungsmethoden auf sie anwenden. Sowohl in der qualitativen Forschung als auch in der quantitativen Forschung gibt es mittlerweile einen ganzen Reigen von Auswertungsmethoden.

In der **qualitativen Forschung** sind das unter anderem die Grounded theory bzw. gegenstandsbezogene Theoriebildung, die qualitative Inhaltsanalyse, die psychoanalytische Textinterpretation, die qualitative Typenbildung, die Konversationsanalyse, die Diskursanalyse, die Metaphernanalyse (s. Abschnitt V.1.). In der **quantitativen Forschung** gibt es Häufigkeitsanalysen, Zusammenhangs- und Korrelationsanalysen, Signifikanztests, Cluster- und Faktorenanalysen, Varianzanalysen und Pfadanalysen (s. Abschnitt V.2.).

Alle diese Methoden zielen auf unterschiedliche Ergebnisse ab und welche Auswertungsmethode Sie auf Ihre erhobenen und aufbereiteten Daten anwenden, hängt wiederum davon ab, was Sie überhaupt wissen möchten.

Literaturtipps

Hug, Theo (2001): Erhebung und Auswertung empirischer Daten: Eine Skizze für AnfängerInnen und leicht Fortgeschrittene. In: Hug, Theo (Hrsg.): Wie kommt Wissenschaft zu Wissen? Band 2: Einführung in die Forschungsmethodik und Forschungspraxis. Hohengehren: Schneider, S. 11–29.

Mayring, Philipp (2002): Einführung in die Qualitative Sozialforschung. Weinheim: Beltz.

6 Qualitativ oder quantitativ? Die Gretchenfrage in der Wissenschaft

Dem Anspruch nach ruht die Wissenschaft auf dem Fundament von Logik und Rationalität. Nichtsdestotrotz gleicht gerade die Entscheidung für eine bestimmte wissenschaftliche Methode häufig einem Religionsbekenntnis. Vielleicht haben Sie ja auch schon die Erfahrung gemacht, dass manche Ihrer Professorinnen ein leidenschaftliches Plädoyer für quantitative Methoden abgeben und sich im selben Atemzug über qualitative Vorgehensweisen empören. Umgekehrt können Apologeten der qualitativen Methodik auch nur selten quantitativen Verfahren etwas abgewinnen. Kurzum, wir haben es mit einem Stellungskrieg zu tun, der von gegenseitigem Unverständnis gespeist wird.

Wir möchten die strenge Polarisierung zwischen qualitativ und quantitativ vermeiden und lieber einen pragmatischen Mittelweg einschlagen, denn bei nüchterner Betrachtung haben eigentlich alle Forschungsmethoden gewisse Stärken und gewisse Schwächen. Jede Methode – egal ob qualitativ oder quantitativ – ist für bestimmte Forschungsgegenstände und Forschungsfragen besser und für andere schlechter geeignet. Die Entscheidung für eine qualitative oder quantitative Methode machen Sie neben den Gepflogenheiten, die am Ihrem Institut herrschen (s. a. Abschnitt I.3), in erster Linie am besten von Ihrer Forschungsfrage abhängig. Wenn Sie beispielsweise wissen möchten, wie häufig eine bestimmte Erkrankung in der Bevölkerung auftritt, werden Sie eine quantitativ-epidemiologische Studie durchführen. Qualitative Methoden helfen Ihnen dabei herzlich wenig. Wenn Sie allerdings wissen möchten, wie eine chronische Erkrankung von den Betroffenen subjektiv erlebt wird und welchen Einfluss sie auf ihren Alltag hat, dann werden Sie mit qualitativen Methoden arbeiten.

Qualitative Forschung	Quantitative Forschung
Verstehen von Sinn	Quantifizierung von Sachverhalten
einzelne Fälle	große Stichproben, Repräsentativität
iterativer, zirkulärer Ablauf	linearer Ablauf
offenes, flexibles Vorgehen	standardisiertes Vorgehen
interessiert an subjektiven Sichtweisen	interessiert an objektiven Fakten
Feldforschung	Laborforschung
eher hypothesengenerierend	eher hypothesentestend

Was ist quantitative Forschung?

Die Idee einer quantitativen Betrachtung der Welt lässt sich bis in die antike Philosophie zurückverfolgen. Bereits im sechsten vorchristlichen Jahrhundert hat Pythagoras gemeint, das Wesen der Wirklichkeit würde aus Zahlen bestehen und sich in Zahlen ausdrücken. Auch Galileo Galilei (1564–1642) war der Auffassung, dass das Buch der Natur mit mathematischen Symbolen geschrieben sei. Er gab auch die bis heute für die quantitative Forschung gültige Maxime aus: Alles messen, was messbar ist, und messbar machen, was noch nicht messbar ist!

Definition

Quantitative Forschung

In der quantitativen Forschung geht es darum, empirische Sachverhalte als Zahlen darzustellen und diese mittels mathematischer bzw. statistischer Methoden zu verarbeiten. Im Mittelpunkt des Interesses stehen dabei quantitative Angaben wie Mittelwerte, Verteilungen, Prozentränge, Wahrscheinlichkeiten, Zusammenhangsmaße (s. a. Abschnitte IV.2. und V.2.; Hug 2001; Köhler 2004; Denz / Mayer 2001a; 2001b).

Um überhaupt quantitativ forschen zu können, muss sich die erforschte Materie numerisch erfassen lassen. Beim Messen werden empirische Relationen so in numerische Relationen umgewandelt, dass die Relationen zwischen den Zahlen die Relationen zwischen den empirischen Ausprägungen abbilden. Für unterschiedliche Möglichkeiten der Übertragung empirischer Sachverhalte in Zahlenverhältnisse siehe die Ausführungen über Skalenniveaus in Abschnitt IV.2.

Da die untersuchten Gegenstände und Personen für gewöhnlich nicht mit Zahlen auf dem Rücken durch die Gegend laufen, ist es oft nötig, Operationalisierungen und Quantifizierungen vorzunehmen (s. Abschnitt I.2.). Manchmal kann man direkt messen, indem man z. B. einfach nach dem Alter, dem Geschlecht oder der Schuhgröße fragt. Häufig sind allerdings große gedankliche Anstrengungen nötig, denn komplexe Theorien und Begriffe lassen sich nicht in eine einzige operationale Definition bannen und müssen in ihre Einzelbestandteile seziert werden. Intelligenz ist so ein äußerst vielschichtiges Phänomen. Dazu gehören unter anderem verbale Fähigkeiten, mathematische Fähigkeiten, Abstraktionsfähigkeit. Deshalb bestehen Intelligenztests auch aus einer ganzen Kolonne von Fragen, die sich dann wiederum einzelnen Skalen und Intelligenzdimensionen zuordnen lassen.

Auch in die Beurteilung der Schulleistung fließen viele einzelne Schularbeits-, Prüfungs-, und Mitarbeitsnoten ein. Gelegentlich ist die zu erfassende Größe einer direkten Messung gar nicht zugänglich, weshalb man indirekte Wege einschlägt. Man versucht dann einen **Indikator** zu finden. Ein Indikator ist eine erfassbare Größe, die das untersuchte Konstrukt zum Ausdruck bringt. Das Ausmaß der Religiosität eines Menschen z. B. lässt sich als Anzahl der jährlichen Kirchenbesuche operationalisieren. Die Stabilität des Familiensystems wurde in einer Studie über die Entwicklung von Persönlichkeitsstörungen als die Anzahl der Umzüge der Familie während der Kindheit der Probandinnen operationalisiert. Wenn sie quantitativ forschen möchten und keine entsprechenden Forschungsmethoden zur Beantwortung Ihrer Forschungsfrage vorhanden sind, werden Sie mitunter erfinderisch sein müssen in der Operationalisierung Ihres Forschungsgegenstands.

Quantitative Forschungsmethoden kommen meist im Rahmen von Experimenten und Surveys zum Einsatz. Hierbei ist jeder einzelne Schritt sorgfältig geplant. Ein Anspruch quantitativer Forschung ist es auch, allgemeingültige und repräsentative Ergebnisse zu erzielen. Um Aussagen über ganze Kollektive zu machen, untersucht man meist große Stichproben. Ein quantitativer Forscher meidet auch eher das Feld und arbeitet lieber im Labor, wo die Möglichkeit besteht, störende Einflüsse auszuschalten. Er frönt dem Ideal der Objektivität und wahrt emotionale Distanz zu den Versuchspersonen, um die Ergebnisse nicht zu beeinflussen. Der Forschungsgegenstand wird so sachlich und so neutral wie nur irgend möglich behandelt. Quantitative Forschung ist also im Vergleich zu qualitativer Forschung, auf die wir gleich zu sprechen kommen werden, planvoller und linearer im Ablauf, stärker den Forschungsgegenstand in theoretische Einzelbestandteile zergliedernd, mehr abstrahierend in der Theoriebildung und distanzierter im Verhältnis zu den Versuchsobjekten. Das Methodenspektrum der quantitativen Forschung umfasst formalisierte Beobachtungen, standardisierte Befragungen sowie alle Spielarten der Statistik (mehr dazu in Kapitel IV und V; Hug 2001; Denz / Mayer 2001a; 2001b; Köhler 2004).

Was ist qualitative Forschung?

Die historischen Vorläufer der qualitativen Sozialforschung lassen sich zurückverfolgen bis zum Werk von Aristoteles. Qualitative Forschung in ihrer modernen Form ist aus der geisteswissenschaftlichen Methodik hervorgegangen: Sie unterscheidet sich aber von der Hermeneutik, der Phänomenologie und der Dialektik durch größere Regelgeleitetheit und höhere Genauigkeit. Mittlerweile haben qualitative Forschungsmethode in allen Human- und Sozialwissenschaften weite Verbreitung gefunden. Qualitative Forschung ist sexy geworden.

Definition

Qualitative Forschung

In der qualitativen Forschung geht es um die Erkundung subjektiver Lebenswelten. Man versucht also die individuellen Weltsichten und Lebensweisen seiner Probanden zu erfassen. Erforscht werden unter anderem soziale Regeln, kulturelle Orientierungen und individuelle Sinnstrukturen. Häufig geht es nicht nur um die Entwicklung von Theorien, sondern auch um Anwendungen für die Praxis (Mayring 2002; Flick 2004; s. a. Abschnitte IV.1 und V.1).

Qualitative Forschung interessiert sich für die *Subjektivität des Beforschten.* Das bedeutet, es geht um die persönliche Erlebniswelt einzelner Menschen. Um diese Subjektivität überhaupt erforschen zu können, ist eine gewisse *Offenheit dem Beforschten gegenüber* unabdingbar. Die beforschten Personen sollen die Möglichkeit erhalten, sich möglichst natürlich zu verhalten und ihre Persönlichkeit möglichst ungehindert zu entfalten. Das wiederum erfordert eine gewisse *Orientierung am einzelnen Fall.* Das heißt, der einzelne ist nicht nur als Lieferant von Daten zur Berechnung eines Durchschnittswerts interessant, sondern in seiner Besonderheit und Einzigartigkeit. Forschung mit qualitativen Methoden strebt eine Tiefgründigkeit der Untersuchungen an, indem sie sich mehr Zeit nimmt für die Individualitat des einzelnen Menschen. Diese Orientierung an einzelnen Fällen geht aber trotzdem Hand in Hand mit *Generalisierungsversuchen.* Es geht also schon auch um Verallgemeinerungen, diese erfolgen allerdings behutsam und step by step. In der qualitativen Forschung gilt der Forscher nicht als neutraler und objektiver Beobachter, sondern als eine Person, die im Prozess der Forschung präsent ist und auch einen Einfluss auf die Beforschten ausübt. Aus dem Grund reflektiert die Forscherin auch ihren möglichen Einfluss aufs Forschungsobjekt und benutzt ihre eigenen subjektiven Reaktionen auf das Forschungsprojekt als eine zusätzliche Datenquelle, die zusätzlichen Aufschluss über das Beforschte geben können. Interpretationen mit qualitativen Forschungsmethoden richten sich übrigens meist auf Texte, also verschriftlichte Gespräche, Szenen und Beobachtungen. Deshalb lässt sich qualitative Forschung auch als eine Textwissenschaft begreifen (Mayring 2002; Flick 2004; Lamnek 2010).

Qualitative Forschungsmethoden kommen häufig im Rahmen von Einzelfallanalysen und der Aktionsforschung zum Einsatz. Typisch sind sie also für Forschungsdesigns mit einem mehr iterativen und zirkulären Ablauf, bei dem Vorannahmen immer wieder von Neuem hinterfragt und korrigiert werden. Trotzdem weisen natürlich auch qualitativ orientierte Studien einen klaren Ablaufplan auf. Im Unterschied zur quantitativen Forschung ist qualitative Forschung tendenziell offener und kontextorientierter gegenüber ihrem Forschungsgegenstand, flexibler im Ablauf, stärker auf einzelne Fälle und subjektive Sinnstrukturen ausgerichtet. Qualitative Forschung interessiert sich für die natürlichen Lebensumwelten der untersuchten Personen. Aus dem Grund werden die Leute meist unter naturalistischen Bedingungen im Feld untersucht und künstliche Laborsituationen eher gescheut. Qualitative Forschung will oft nicht nur beschreiben, sondern strebt auch Bewertungen an und will verändern. Das Methodenspektrum reicht von offenen Interviewformen und teilnehmenden Beobachtung bis hin zu verschiedenen Auswertungsverfahren (mehr dazu in Kapitel IV und V; Mayring 2002; Flick 2004; Flick et al. 2004; Lamnek 2010).

Qualitativ oder quantitativ? – Qualitativ und quantitativ!

Mittlerweile wird mehr und mehr klar, dass die strenge Trennung zwischen quantitativer Forschung auf der einen und qualitativer Forschung auf der anderen Seite ziemlich unsinnig ist. Obwohl es teilweise noch immer unüberwindlich erscheinende Gegensätze zwischen qualitativen und quantitativen Forscherinnen gibt, wächst doch die Anzahl der Leute, die sich bemühen, diese Kluft zu überbrücken. In der Praxis der empirischen Forschung wird der kombinierte Einsatz von qualitativen und quantitativen Methoden immer häufiger.

Definition

Mixed Methodologies

Die Kombination qualitativer und quantitativer Forschungsmethoden im Rahmen eines Forschungsdesigns oder Forschungsprojekts nennt man Mixed methodologies. Die Methoden werden dabei parallel oder sukzessive eingesetzt und die Resultate aufeinander bezogen. Die Ergebnisse der Methodentypen können sich dann gegenseitig validieren oder einander ergänzen.

So eine Kombination kann auch für Ihr Forschungsprojekt überaus fruchtbar sein. Als Resultat erhalten sie vertiefte Erkenntnisse, die eine Methode allein nicht liefern kann. Wenn Sie beispielsweise Interviews mit Bewohnern eines Altenheims über deren Lebenszufriedenheit führen und diesen dann zusätzlich einen quantitativen Fragebogen zur Lebenszufriedenheit vorlegen, lassen sich die Ergebnisse hier gegenseitig empirisch erhärten. Wenn Sie ein statistisches Survey durchführen und dann bei einigen ausgewählten Probanden zusätzlich Interviews durchführen, dann lassen sich die statistischen Ergebnisse durch die qualitativen Daten aus den Interviews ergänzen und vertiefen (Mayring 2001; Kelle / Erzberger 2004).

Qualitative und quantitative Forschung lassen sich auf verschiedenen Ebenen des Forschungsprozesses miteinander in Verbindung bringen. Auf der Ebene von Forschungsdesigns gibt es vier verschiedene Kombinationsmodelle qualitativer und quantitativer Methoden (Mayring 2001; s.a. Flick 2004; Kelle / Erzberger 2004):

Vorstudienmodell: Beim Vorstudienmodell wird zuerst eine qualitative Erhebung durchgeführt, um Hypothesen zu generieren, die in einem quantitativen Teil der Studie überprüft werden. Qualitative Methoden werden hier also eingesetzt, um Neuland zu erkunden, und quantitative Methoden, um es dann zu vermessen. Sie könnten z.B. Probeinterviews oder Gruppendiskussionen mit jugendlichen Drogenabhängigen führen und die hierbei gewonnenen Ergebnisse in die Konstruktion eines Interviewleitfadens oder Fragebogens einfließen lassen.

Verallgemeinerungsmodell: Das Verallgemeinerungsmodell startet ebenfalls mit einem qualitativen Analyseschritt. Der qualitative Teil beschränkt sich hier aber nicht auf die Hypothesengenerierung, sondern ist ein vollwertiger Teil der Studie. Die qualitative Studie wird komplett durchgeführt und ihre Ergebnisse werden dann mithilfe einer quantitativen Studie an einer größeren Stichprobe abgesichert und verallgemeinert. Um die Umsetzung eines Verallgemeinerungsmodells würde es sich handeln, wenn Sie z.B. den Prozess einer Psychotherapie empirisch-qualitativ an einem Einzelfall untersuchen und die Ergebnisse dann an einer größeren Stichprobe von vielen psychotherapeutischen Prozessen überprüfen.

Vertiefungsmodell: Genau umgekehrt verhält es sich beim Vertiefungsmodell. Hier beginnt man mit einer quantitativen Studie an einer größeren Stichprobe. Danach wird die qualitative Untersuchung an ausgewählten Fällen oder einer kleineren Teilstichprobe durchgeführt, um die quantitativen Ergebnisse zu vertiefen und zu interpretieren. Man versteht dann die gefundenen Korrelationen besser und kann die Ergebnisse mit Fallbeispielen illustrieren. Die Umsetzung eines Vertiefungsmodells wäre die Untersuchung einer großen Stichprobe von Lehrern mit Fragebögen, wobei dann eine kleinere Stichprobe daraus vertiefend mit Interviews befragt wird.

Triangulationsmodell: Das vierte und letzte Modell ist das Triangulationsmodell. Hierbei wird ein Forschungsgegenstand mit unterschiedlichen Methoden aus mehreren Blickwinkeln untersucht, um die Forschungsfrage möglichst differenziert zu beantworten. Die mit den einzelnen Methoden erzielten Resultate werden miteinander verglichen, um der Komplexität und Vielschichtigkeit der Materie Rechnung zu tragen. Das Triangulationsmodell sorgt auf diese Weise für ein vollständigeres und valideres Bild des Forschungsgegenstands. Auf das Konzept der Triangulation, das auch als ein Gütekriterium in der empirischen Forschung gilt, kommen wir noch in Abschnitt III.7. zu sprechen. Eine Einzelfallstudie über einen depressiven Menschen, bei der die Entstehung der Krankheit mit mehreren verschiedenen quantitativen und qualitativen Methoden untersucht wird, entspräche einem Triangulationsmodell.

Quantitative Forschung versucht, empirische Sachverhalte in Zahlen umzuwandeln und Berechnungen anzustellen. Qualitative Forschung versucht, subjektive Weltsichten zu erheben und zu verstehen. Obwohl es nach wie vor Verfechter eines Methodenpurismus gibt, wächst die Anzahl der Forscher, die eine Verbindung der beiden Methodentypen einfordern und auch praktizieren. Sie sind gut beraten, wenn Sie sich fundierte Grundkenntnisse sowohl in Statistik als auch qualitativer Sozialforschung aneignen, denn dann haben Sie die Möglichkeit, die Methoden zu verwenden, die für Ihren Forschungsgegenstand und Ihre Forschungsfrage am passendsten sind. Von der Art der angewandten Methode allein hängt es nämlich nicht ab, ob Forschung gehaltvolle Ergebnisse oder nur Banales hervorbringt, denn sowohl in der qualitativen als auch in der quantitativen Forschung gibt es gute und schlechte Studien.

Literaturtipps

Köhler, Thomas (2004): Statistik für Psychologen, Pädagogen und Mediziner. Ein Lehrbuch. Stuttgart: Kohlhammer.

Mayring, Philipp (2001): Kombination und Integration qualitativer und quantitativer Analyse. Forum Qualitative Sozialforschung 2 (1). http://www.qualitative-research.net/index.php/fqs/article/view/967/2111. Download am 16.12.2013.

Poscheschnik, Gerald (2012): Macht und Ohnmacht des Szientismus. Oder: Die Chance qualitativer Forschung. Psychotherapie und Sozialwissenschaft 14 (2), 13-36.

7 Es ist nicht alles Gold, was glänzt – Über Gütekriterien empirischer Forschung

Definition

Gütekriterien

Um die Qualität wissenschaftlicher Studien einschätzen zu können, gibt es Gütekriterien. Solche Gütekriterien definieren Mindestanforderungen, denen ein empirisches Forschungsprojekt zu genügen hat, wenn es als wirklich gute wissenschaftliche Forschung gelten möchte. Gütekriterien sind Prüfsteine empirischer Forschung, die Ihnen behilflich sind einzuschätzen, wo die Stärken und wo die Schwächen einer wissenschaftlichen Untersuchung liegen (Steinke 2004; Mayring 2002; Flick 2004a; 2004b; Flick et al. 2004; Poscheschnik 2005).

In der methodologischen Literatur wird eine Vielzahl unterschiedlicher Gütekriterien diskutiert. Es gibt Gütekriterien, die speziell für bestimmte Methoden entwickelt wurden. Man spricht dann von **methodenspezifischen Gütekriterien**. Manche davon beanspruchen primär Gültigkeit für quantitative Methoden, andere wiederum sind stärker auf qualitative Methoden zugeschnitten. Ein methodenspezifisches Gütekriterium für die qualitative Methode der teilnehmenden Beobachtung in der Feldforschung ist die *Glaubwürdigkeit* der Versuchspersonen. Es geht also um die Frage, ob diese offen und ehrlich sind oder ob sie eventuell versuchen, die Forscherin zu täuschen. Und ein methodenspezifisches Gütekriterium für quantitativ-psychologische Tests wäre die die *Auswertungsobjektivität.* Damit ist gemeint, dass die Auswertung eines Fragebogens so normiert sein muss, dass unterschiedliche Forscher zum selben Ergebnis kommen. Meist können Sie die methodenspezifischen Gütekriterien der Literatur über die jeweilige Methode entnehmen.

Neben diesen Gütekriterien existieren noch Gütekriterien, die nicht speziell für eine bestimmte Forschungsmethode adaptiert sind, sondern den Anspruch erheben, für alle Methoden und den gesamten Forschungsprozess zu gelten. Hierbei handelt es sich um allgemeinere Leitlinien, die Ihnen eine Orientierung bieten können, was bessere und was schlechtere Forschung ausmacht. In dem Fall spricht man von **allgemeinen Gütekriterien**.

Überblick

Allgemeine Gütekriterien empirischer Forschung

Objektivität	Transparenz
Reliabilität	Indikation / Adäquatheit
Validität	Reflexivität
Triangulation	Diskussion von Limitationen

Objektivität: Objektivität bedeutet in der empirischen Forschung das Bemühen, eine Studie so durchzuführen, dass die Ergebnisse möglichst wenig durch Vorurteile des Forschers verzerrt werden. Da eine völlige Entsubjektivierung – sprich Reinigung von subjektiven Meinungen, Wünschen, Gefühlen, Neigungen und Interessen – de facto unmöglich ist, bemüht man sich wenigstens um **intersubjektive Übereinstimmung**. Dazu werden Forschungsmethoden so konstruiert, dass sie unabhängig vom Einfluss der Forscherin angewandt werden können. In der quantitativ-psychologischen Testtheorie unterscheidet man drei Formen von Objektivität bzw. intersubjektiver Nachvollziehbarkeit: Die **Durchführungsobjektivität** meint eine möglichst große Standardisierung in der Durchführung der Methode, wobei die sozialen Kontakte zwischen der Forscherin und dem Beforschten minimiert werden. Gäbe die Forscherin nämlich das Ziel ihrer Untersuchung preis, könnte das die Reaktionen der Versuchspersonen in eine bestimmte Richtung lenken. Die **Auswertungsobjektivität** verlangt, dass eine Methode so konstruiert ist, dass unterschiedliche Forscher zum selben Ergebnis kommen. Die **Interpretationsobjektivität** schließlich fordert, dass die mithilfe der Methode gewonnenen Werte von unterschiedlichen Forscherinnen gleich interpretiert werden. Kurzum, das Gütekriterium der Objektivität will, dass die Ergebnisse einer Untersuchung nicht Ausdruck der persönlichen Vorlieben und Ansichten eines bestimmten Forschers sind, sondern von anderen Forschern ebenso gewonnen werden könnten.

Reliabilität (Zuverlässigkeit): Unter Reliabilität versteht man die Genauigkeit, mit der ein bestimmtes Merkmal durch eine Methode gemessen wird. Als reliabel gilt eine Methode dann, wenn sie Ergebnisse liefert, die relativ frei von Zufallseinflüssen sind. Das heißt, die Wiederholung einer Untersuchung mit einer reliablen Methode würde unter den gleichen Rahmenbedingungen auch dasselbe Ergebnis zeitigen. Dementsprechend überprüft man die Reliabilität, indem man dieselbe oder eine vergleichbare Methode wiederholt bei denselben Versuchspersonen anwendet und die Ergebnisse vergleicht. Je ähnlicher sich die Ergebnisse sind, umso höher ist die Reliabilität. Wenn Sie beispielsweise mit einer Person einen Persönlichkeitstest durchführen und dieser bei einer Wiederholung zwei Wochen später völlig andere Ergebnisse erbringt, ist der Test nicht reliabel. Was Sie gemessen hätten, wäre vielleicht die Tagesverfassung dieser Person gewesen, nicht aber ihre Persönlichkeit, die definiert ist als zeitstabile Muster des Erlebens und Verhaltens eines Menschen. So gesehen ist die Reliabilität ein Kriterium, das etwas über die Replizierbarkeit einer Untersuchung verrät.

Validität (Gültigkeit): Die Validität gibt an, inwiefern eine Methode auch wirklich das misst, was sie zu messen vorgibt. Eine valide Methode ist so konstruiert, dass sie alle relevanten Aspekte des zu untersuchenden Phänomens erfasst. Dabei soll sie ähnliche bis gleiche Ergebnisse wie andere Methoden erzielen, die ebenfalls ähnliche bis gleiche Merkmale erfassen (**konvergente Validität**). Das heißt, zwei unterschiedliche Intelligenztests sollten vergleichbare Ergebnisse zeitigen. Gleichzeitig sollen die Zusammenhänge mit Methoden, die andere Merkmale untersuchen, nur gering sein (**diskriminante Validität**). Die Übereinstimmung der Ergebnisse eines Intelligenztests mit einem Persönlichkeitstest sollte also eher gering sein. Die Beurteilung der Validität kann auch über den Vergleich mit einem Außenkriterium erfolgen (**Kriteriumsvalidität**). Man überprüft dann beispielsweise, ob die durch einen Test gemessene Intelligenz mit dem Außenkriterium Schulnoten oder Berufserfolg korreliert.

Transparenz: Dieses Gütekriterium gehört traditionell eher in den Bereich der Qualitativen Sozialforschung, schlägt aber in dieselbe Kerbe wie die Objektivität. Die Transparenz verlangt, dass man den gesamten Prozess der Forschung akkurat dokumentiert und auf diese Weise **intersubjektiv nachvollziehbar** macht. **Intersubjektive Nachvollziehbarkeit** meint, dass der Weg, den der Forscher von der Auswahl der Stichprobe und der Erhebung der Daten über die Aufbereitung bis hin zur Interpretation der Daten zurücklegt, möglichst genau dokumentiert wird. Ein Außenstehender, ein Dritter, muss prinzipiell in der Lage sein, alle Schritte des Forschungsprozesses nachzuverfolgen und zu verstehen; vorausgesetzt natürlich er ist Willens, sich die dafür notwendigen Fachkenntnisse und Methodenkenntnisse anzueignen. Die einzelnen Schritte des Forschungsprozesses müssen jedenfalls benannt und argumentiert werden. Dazu gehört die Begründung für die Auswahl der Stichprobe, die Dokumentation der Erhebung und Aufbereitung der Daten sowie die Durchführung der Auswertung (s.a. Abschnitt III.2). Besondere Bedeutung kommt hierbei der Verwendung von regelgeleiteten und kodifizierten Methoden zu, die die Interpretationen Schritt für Schritt aus dem Datenmaterial ableiten.

Indikation / Adäquatheit: Der Begriff der Indikation stammt aus der Medizin und thematisiert die Frage, ob eine bestimmte Behandlung für eine bestimmte Erkrankung angebracht ist. Aspirin ist beispielsweise gut gegen Kopfweh, hilft aber nur wenig, wenn man sich eine Oberschenkelknochenfraktur zugezogen hat. Ähnlich ist es in der Forschung. Das gewählte Forschungsdesign und die gewählten Forschungsmethoden haben zum Forschungsgegenstand und zur Forschungsfrage zu passen. Die Frage lautet also: Which method for which question? Um die Designs und Methoden auszuwählen, die zur Beantwortung Ihrer Forschungsfrage am geeignetsten sind, müssen Sie um die Stärken und Schwächen, die Möglichkeiten und Grenzen bestimmter Designs und Methoden Bescheid wissen. Nur dann können Sie aus dem Pool all jener Methoden, die potenziell zur Verfügung stehen, jene wählen, die geeignet sind, um Ihre Forschungsfragen zu beantworten. Um subjektiven Sinn zu erforschen, sind qualitative Methoden besser geeignet. Geht es allerdings um bestimmte operationalisierbare Merkmale, sind quantitative Methoden indiziert.

Reflexivität: Die Gefahr, dass die Subjektivität, insbesondere die persönlichen Vorlieben, Vorurteile und Intentionen des Forschers, die Forschungsergebnisse in die eine oder andere Richtung verzerren, ist groß. Dieses Problem tritt speziell dann auf, wenn man sich diese Subjektivität nicht bewusst macht und blind darauf vertraut, dass man allein schon objektiv genug ist, wenn man eine wissenschaftliche Methode verwendet. Dann steigt die Wahrscheinlichkeit, dass die Ergebnisse völlig unkontrolliert in gewisse Richtungen verzerrt werden, sprunghaft an. Deshalb ist es für eine gute empirische Forschung auch unabdingbar, die Reflexion der eigenen Subjektivität, der eigenen methodischen und paradigmatischen Präferenzen, in den Prozess der Forschung einzubeziehen. Folgende Fragen können dabei hilfreich sein: Welche Ergebnisse möchten Sie gerne erhalten und wie sehr wünschen Sie sich das? Welche Methoden mögen Sie gerne und welche mögen Sie gar nicht und warum ist das so? Welche theoretischen Modelle sprechen Sie an und welche stoßen Sie ab? Wann und wo reagieren Sie irritiert auf Ihren Forschungsgegenstand und fühlen sich unbehaglich? Es geht hierbei also zum einen um die Reflexion des eigenen theoretischen und methodologischen Standpunkts und zum anderen um die Reflexion der eigenen emotionalen und kognitiven Reaktionen auf den Untersuchungsgegenstand.

Triangulation: Der Begriff Triangulation stammt ursprünglich aus der Landvermessung und meint dort die exakte Bestimmung eines Ortes durch die Messung von zwei bekannten Punkten aus. In die Human- und Sozialwissenschaften importiert ist damit die Idee gemeint, sich ein und denselben Forschungsgegenstand von mehreren Seiten anzuschauen. Einerseits verfolgt die Triangulation den Zweck, die Ergebnisse gegenseitig abzusichern, andererseits dient sie dazu, durch die Ergänzung verschiedener Perspektiven eine vollständigere Sicht auf die Dinge zu erlangen. Vier Formen der Triangulation werden unterschieden (Denzin 1978): 1. **Daten-Triangulation:** Hierbei werden Daten miteinander kombiniert, die verschiedenen Quellen entspringen. Diese Daten werden zu verschiedenen Zeitpunkten, an verschiedenen Orten oder bei verschiedenen Personen erhoben. 2. **Investigator-Triangulation:** Damit ist der Einsatz unterschiedlicher Beobachter oder Interviewer gemeint. Das hat den Sinn, subjektive Einflüsse des Einzelnen auszugleichen. Das wäre der Fall, wenn man Interviewdaten in einer Gruppe auswerten würde, um die subjektiven Sichtweisen der Einzelnen entweder zu korrigieren oder zu ergänzen. 3. **Theorien-Triangulation:** Darunter versteht man die Untersuchung des Forschungsgegenstands von verschiedenen theoretischen Perspektiven und Hypothesen aus. Unterschiedliche theoretische Blickwinkel eröffnen oft völlig neue Verständnishorizonte. 4. **Methodologische Triangulation:** Hierbei handelt es sich wohl um die bedeutendste Form der Triangulation, bei der ein und derselbe Forschungsgegenstand mit unterschiedlichen Methoden untersucht wird. Die beiden Methodentypen können gegenseitig blinde Flecken der jeweils anderen Methoden kompensieren.

Diskussion von Limitationen: Es ist auch ein Qualitätsmerkmal empirischer Forschung, die Grenzen des eigenen Forschungsprojekts benennen und diskutieren zu können. In diesem Kontext ist es auch wichtig, zu erörtern, welchen Weg die zukünftige Forschung einschlagen muss, um diese Begrenzungen zu überwinden. Für gewöhnlich geschieht das im Diskussionsteil von wissenschaftlichen Veröffentlichungen. Sie können unter anderem im Zuge dessen die Frage aufwerfen, welche Aussagen auf der Grundlage Ihrer Stichprobe gemacht werden können und welche nicht. Ist die Stichprobe repräsentativ? Ist es zulässig die Ergebnisse zu generalisieren? Es ist auch ratsam, zu überlegen, wo die Stärken und Schwächen der angewandten Methoden liegen. Welche Aspekte der Wirklichkeit können mit den eingesetzten Forschungsmethoden untersucht werden und welche nicht? Lohnenswert ist auch die Diskussion von widersprüchlichen Daten, die nicht so recht zu den Endergebnissen zu passen scheinen. Warum fügen sich gewisse Daten Ihrer Studie nicht ins Gesamtbild der Ergebnisse? Eine weitere wichtige Frage im Zuge der Überlegung über die Begrenzungen einer Studie lautet, welche Argumente ganz allgemein gegen die Durchführung und die Ergebnisse ins Feld geführt werden könnten und wie sich diese entkräften lassen. In der Rhetorik nennt man diese Strategie Prokatalepsis. Darunter versteht man die Vorwegnahme und Widerlegung von kritischen Einwänden und Alternativdeutungen wissenschaftlicher »Kontrahenten«. Offen gebliebene Punkte, ungelöste Fragen und undauflösbare Widersprüche sollten allerdings einfach offen gelegt und nicht verheimlicht werden.

Literaturtipp

Mörtl, Kathrin; Lamott, Franziska (2010): Wie wird Veränderung in der Psychotherapieforschung gemessen? Ein Plädoyer für triangulierende Forschung. Psychotherapie und Sozialwissenschaft 12 (2), 95-102.

Steinke, Ines (2004): Gütekriterien qualitativer Forschung. In: Flick, Uwe; von Kardorff, Ernst & Steinke, Ines (Hrsg.): Qualitative Forschung. Ein Handbuch. Reinbek bei Hamburg: Rowohlt, S. 319–331.

IV Datenerhebung und Datenaufbereitung

G. Poscheschnik, B. Lederer, A. Perzy, T. Hug

Dieses Kapitel ist der Erhebung und Aufbereitung von Daten gewidmet. Im ersten Abschnitt erhalten Sie einen Überblick über die wichtigsten Erhebungsmethoden in der qualitativen Forschung. Dieser startet mit einer Vorstellung der bekanntesten Interviewformen. Anschließend werden die qualitativen Erhebungsmethoden der teilnehmenden Beobachtung und der Gruppendiskussion erläutert. Im zweiten Abschnitt werden Ihnen ausgehend von einer kurzen Wiederholung der wichtigsten Merkmale quantitativer Forschung die wichtigsten beiden Erhebungsmethoden quantitativer Sozialwissenschaft detaillierter vorgestellt: die Beobachtung und die Befragung. Im dritten Abschnitt erfahren Sie, wie man erhobene Daten aufbereitet, um sie anschließend auswerten zu können. Sie lernen, wieso die Aufbereitung von Daten wichtig ist und was Sie dabei beachten müssen. Das Kapitel schließt mit einem eigenen Abschnitt über wichtige medienbezogene Aspekte und deren Bedeutung im Forschungszusammenhang.

1 Qualitative Erhebungsmethoden

In der qualitativen Forschung können unterschiedliche Erhebungsmethoden zum Einsatz kommen. Die drei wichtigsten Arten der Datenerhebung in der qualitativen Forschung sind das Interview, die Gruppendiskussion und die teilnehmende Beobachtung.

Das qualitative Interview

Definition

Interview

Ein Interview ist eine besondere Form des Gesprächs, das von der Forscherin mit einer zu beforschenden Person geführt wird. Interviews dienen der wissenschaftlichen Datenerhebung. Im Gegensatz zu einem Alltagsgespräch, bei dem man nur zu leicht vom hundertsten ins tausendste kommt, sind Interviews systematischer und kreisen stärker um ein bestimmtes, von der Forschungsfrage definiertes Thema.

Qualitative Interviews lassen sich hinsichtlich der **Strukturiertheit bzw. Unstrukturiertheit** der Fragen und der Offenheit bzw. Geschlossenheit der Antwortmöglichkeiten untergliedern. Bei vollkommen strukturierten Interviews sind alle Fragen genau vorgegeben. Abweichungen sind nicht vorgesehen. Das Gegenstück dazu ist ein völlig offenes, unstrukturiertes Gespräch, das keinen bestimmten Fokus verfolgt und sich ohne bestimmtes Ziel von einem Thema zum nächsten schlängelt.

In der qualitativen Forschung schlägt man meist einen Mittelweg ein. Hier sind halb- bzw. teilstrukturierte Interviews typisch, bei denen ein **Interviewleitfaden** entwickelt wird, der dem Gespräch als roter Faden dient. Dieser Interviewleitfaden enthält jene Fragen, die nötig sind, um all die Themen zur Sprache zu bringen, die für die Forschungsfrage von Relevanz sind. Meist behält man sich bei qualitativen Leitfadeninterviews die Möglichkeit vor, nachzufragen, wenn die Interviewerin das Gefühl hat, dass die Interviewte noch nicht genug Informationen zu einer Frage preisgegeben hat. Es ist also zwar ein Katalog von Fragen vorgegeben, dieser kann aber bei Bedarf auch verlassen werden, um beispielsweise ein besonders interessantes Thema zu vertiefen.

Während sich der Grad der Strukturiertheit auf die Freiheit des Interviewers bezieht, richtet sich das Ausmaß der **Offenheit** bzw. **Geschlossenheit** eines Interviews auf die Freiheit des Interviewten. Bei einem völlig geschlossenen Interview sind alle Antwortmöglichkeiten vorgegeben. Eine solche Form des Interviews wird in der qualitativen Forschung eigentlich nicht verwendet. Hier sind nämlich eher offene Interviews angezeigt, bei denen den Interviewten die Möglichkeit eröffnet wird, ihre Subjektivität zu entfalten und die gestellten Fragen möglichst frei und ungehindert zu beantworten.

Die wichtigsten Interviewtypen in der qualitativen Forschung sind das narrative Interview, das episodische Interview, das problemzentrierte Interview, das fokussierte Interview, das Tiefeninterview, das halbstandardisierte Interview und das Experteninterview (s.a. Flick 2004; Lamnek 2010; Mayring 2002). Diese sind freilich nur als Prototypen zu verstehen, die sich in Reinkultur fast nirgends finden. Sie können modifiziert oder miteinander kombiniert werden, um sich bestmöglich an die jeweilige Forschungsfrage anzuschmiegen. Wenn Fragetypen aus diesen und jenen Interviewformen miteinander verbunden werden, spricht man gelegentlich auch von einem Konstrukt-Interview.

Überblick

Die wichtigsten Interviewformen in der qualitativen Forschung

Narratives Interview: Offene, unstrukturierte Befragung für die Erhebung von biographischen Erzählungen.
Episodisches Interview: Offene, teilstrukturierte Befragung für die Erhebung von biographischen Erzählungen und von Regelwissen.
Problemzentriertes Interview: Offene, teilstrukturierte Befragung für die Erhebung subjektiver Einstellungen in Bezug auf ein gesellschaftliches Problem.
Fokussiertes Interview: Offene, mehr strukturierte Befragung für die Erhebung subjektiver Sichtweisen in Bezug auf einen bestimmten Stimulus.
Halbstandardisiertes Interview: Offene, teilstrukturierte Befragung für die Erhebung subjektiver Theorien über den Forschungsgegenstand.
Experteninterview: Befragung von Personen, die sich durch eine besondere Expertise über den Forschungsgegenstand auszeichnen.
Tiefeninterview: Offene, nur wenig strukturierte Befragung zur Aufdeckung unbewusster Strukturen (s. star.huterundroth.at).

Narratives Interview: Beim narrativen Interview handelt es sich um einen nur sehr wenig strukturierten und offenen Interviewtypus (Schütze 1983). Der Interviewpartner wird dabei nicht mit bestimmten standardisierten Fragen konfrontiert, sondern animiert, möglichst frei zu erzählen. Entweder wird der Interviewte aufgefordert über sein gesamtes Leben zu erzählen oder eine Geschichte zu einem bestimmten Thema aus seinem Leben zu erzählen. Die Eingangsfrage ist dabei möglichst breit formuliert und könnte beispielsweise lauten: »Erzählen Sie mir bitte alles über die Geschichte Ihres Lebens. Beginnen Sie am besten mit der Geburt und der Zeit als Sie ein ganz kleines Kind waren und erzählen Sie dann alles was sich von da an im Laufe Ihres Lebens so ereignet hat. Sie können sich ruhig Zeit nehmen, auch für Details. Mich interessiert alles, was Ihnen wichtig ist«. Die Interviewerin soll den Fluss der Erzählung nicht durch Zwischenfragen beeinträchtigen und lediglich am Laufen halten, indem sie wiederholt Interesse bekundet. Am Ende des Interviews können jene Bereiche, die in der Haupterzählung nur gestreift wurden, durch vertiefende Fragen exploriert werden. So eine Frage könnte lauten: »Sie haben erwähnt, dass Sie in Ihrer Jugend Mitglied einer Gang waren. Können Sie mir mehr davon erzählen?«. Das narrative Interview könnte man auch biographisches Interview nennen, weil es auf die Erhebung autobiographischer Informationen abzielt.

Problemzentriertes Interview: Eine weitere Interviewform ist das problemzentrierte Interview (Witzel 2000). Das problemzentrierte Interview ist etwas stärker strukturiert als das narrative Interview. Bei dieser Interviewform dreht sich der Leitfaden um biographische Fragen zu einer relevanten gesellschaftlichen Problemstellung, ansonsten lässt man den Interviewten aber möglichst ungehindert zu Wort kommen. Um den Leitfaden zu konstruieren, ist es nötig, sich bereits vorab mit der Thematik auseinandergesetzt zu haben. Man beschäftigt sich mit der wissenschaftlichen Literatur und leitet daraus seine Fragen ab. Das Ergebnis ist ein Interviewleitfaden, der die Aufmerksamkeit der Probandinnen auf bestimmte Thematiken lenkt, über die sie dann offen erzählen können. Im Rahmen von problemzentrierten Interviews kommen allgemeine Fragen zum Gesprächseinstieg sowie diverse Sondierungen zum Einsatz. Ein Gesprächseinstieg in einer Untersuchung über Studienwahlmotive könnte lauten: »Sie haben sich fürs Studium der Medizin entschieden. Wie sind Sie darauf gekommen? Erzählen Sie doch einfach mal!« Sondierungen erfolgen durch gezieltes Nachfragen, wie z. B. »Wie genau war denn das damals?« Flankiert wird das problemzentrierte Interview häufig von einem Kurzfragebogen, mit dem alle wichtigen soziodemographischen Daten erhoben werden. Dadurch erspart man sich das Abfragen dieses Bereichs im Interview und kann den Leitfaden reduzieren. In einem Postscriptum soll der Interviewer im Anschluss ans Interview alle wichtigen Eindrücke über die Person des

Interviewten und die Interviewsituation festhalten, um Kontextinformationen zu konservieren, die für die spätere Auswertung relevant werden könnten.

Fokussiertes Interview: In eine ähnliche Richtung geht das fokussierte Interview, das ursprünglich für die Medienforschung entwickelt wurde (Merton / Kendall 1945). Nach der Präsentation eines bestimmten Reizes, beispielsweise eines Films oder einer Radiosendung, wird mithilfe eines Interviewleitfadens dessen Wirkung auf die Probanden erfasst. Um den vorgegeben Reiz an sich mit dessen Wirkung aufs Publikum vergleichen zu können, wird dieser zuvor einer Inhaltsanalyse unterzogen. Der Leitfaden sollte alle für die Forschungsfrage wichtigen Aspekte thematisieren. Er enthält unspezifischere Fragen, die sich ganz allgemein auf die Wirkung des Stimulus beziehen (z.B. Was ist Ihnen an dem Film, den Sie eben gesehen haben, besonders aufgefallen?). Zudem gibt es noch spezifischere Fragen, die sich auf bestimmte Elemente des Stimulus beziehen (z.B. Was empfanden Sie bei den Szenen des Films, in denen Neo realisiert, dass die Wirklichkeit nicht so ist, wie sie ihm erschien?). Da beim fokussierten Interview eine gewisse Tiefgründigkeit erwünscht ist, wie der Proband das Reizmaterial erlebt hat, sind vertiefende Nachfragen möglich.

Halbstandardisiertes Interview: Das so genannte halbstandardisierte Interview ist eine weitere Form des Leitfadeninterviews und dient speziell der Rekonstruktion subjektiver Theorien (Scheele / Groeben 1988). Unter subjektiven Theorien versteht man die persönlichen Annahmen und den Wissensbestand eines Interviewten über einen bestimmten Gegenstand. Diese Annahmen sind entweder direkt verfügbar und können auf entsprechende Fragen geäußert werden, oder aber sie sind mehr implizit, können aber durch spezielle Frage- und Auswertungstechniken ans Licht gehoben werden. Ergänzt wird das eigentliche Interview durch einen zweiten Termin, in dem die Aussagen des ersten Interviews gemeinsam mit dem Interviewten strukturiert und geordnet werden. Im Zuge dieser so genannten »Struktur-Lege-Technik«, bei der die einzelnen Aussagen auf Kärtchen festgehalten und mit dem Interviewten in eine logische Ordnung gebracht werden, kommt es zu einer kommunikativen Validierung der Ergebnisse. Damit ist gemeint, dass hierbei die Zustimmung des Interviewten zu den Ergebnissen eingeholt wird. Er hat die Möglichkeit, die Aussagen nun umzuformulieren oder auch herauszunehmen. Im Rahmen des halbstandardisierten Interviews kommen offene Fragen, theoriegeleitete Fragen und Konfrontationsfragen zum Einsatz. Eine offene Frage zielt auf das direkt verfügbare Wissen der Interviewten über den Gegenstand der Untersuchung ab (z.B.: Warum erkranken Ihrer Meinung nach Menschen überhaupt an

Multipler Sklerose?). Die theorie- oder hypothesengeleitete Frage erhebt die Einstellung zu bestimmten Überlegungen, die der wissenschaftlichen Literatur entnommen wurden (z. B.: Glauben Sie, dass Multiple Sklerose durch den Einfluss von Umweltgiften entstehen kann oder halten Sie diese Idee für eher abwegig?). Sinn und Zweck von Konfrontationsfragen ist es, die subjektiven Theorien des Interviewten mit alternativen Annahmen kritisch zu hinterfragen (z. B.: Sie haben gesagt, mit MS ist ein normales Leben unmöglich. Es gibt allerdings auch Berichte von Patienten, die zwischen den Krankheitsschüben ein sehr glückliches und zufriedenes Leben führen. Was meinen Sie dazu?).

Episodisches Interview: Das episodische Interview geht davon aus, dass der Wissensbestand einer Person zu einem bestimmten Thema in zwei Formen vorliegen kann (Flick 1996). Zum einen sind die Erfahrungen der Subjekte in narrativ-episodischer Form gespeichert; das sind Erinnerungen an konkrete Situationen, die erzählt werden können. Zum anderen kann Wissen auch in semantischer Form vorliegen; damit sind abstrakte und verallgemeinerte Annahmen gemeint. Um diese Wissensformen bei der Befragten anzuzapfen, werden diese immer wieder zum Erzählen von bestimmten Situationen aufgefordert (z. B.: Wenn Sie sich einmal zurückerinnern, was war Ihre erste Begegnung mit dem Fernsehen? Können Sie mir die entsprechende Situation erzählen?). Daneben wird aber auch nach allgemeineren, abstrakteren Zusammenhängen gefragt, um den semantisch organisierten Wissensfundus zur Sprache zu bringen (z. B.: Was verbinden Sie mit dem Wort »Fernsehen«? Welche Bedeutung hat das für Sie?).

Experteninterview: Das Experteninterview definiert sich in erster Linie durch den Status, der der Interviewten zugeschrieben wird. Beim Experteninterview wird eine Person befragt, die über eine Expertise auf einem bestimmten Gebiet verfügt. Sie wählen also Probandinnen, von denen Sie annehmen dürfen, dass diese über ein besonderes Wissensreservoir über das Gebiet Ihres Forschungsinteresses verfügen. Das Interesse des Forschers besteht nur am Experten bzw. der Expertise der Person, nicht aber an der Person selbst. Wenn Sie die Managementkultur einer großen Firma untersuchen wollen, dann wären Manager die Experten (z. B.: Was hat ein Manager zu tun, wenn Probleme mit Mitarbeitern im Betrieb auftauchen?). Wenn Sie die Andersheit männlicher Kindergartenpädagogen im Vergleich zu weiblichen Kindergartenpädagoginnen untersuchen wollen, könnten Sie z. B. deren weibliche Kolleginnen interviewen und diese als »Expertinnen« betrachten (z. B.: Was denken Sie, wo liegen die wichtigsten Unterschiede zwischen weiblichen Pädagoginnen und ihren männlichen Kollegen im Umgang mit kleinen Kindern?).

Interview ≠ Interview – Über Interviewführung und die Qualität qualitativer Daten

Jenseits der Interviewtypologie und der Technik der Leitfadenentwicklung liegt die hohe Kunst der **Interviewführung**. Diese ist mindestens ebenso wichtig für die Qualität der Resultate wie die Wahl der Erhebungsmethode an sich. Denn Interview ist nicht gleich Interview. Wenn Sie Suggestivfragen stellen und Ihren Interviewpartnern jedes Wort in den Mund legen, ist das zwar eine tolle Bestätigung Ihrer Vorannahmen, der wissenschaftliche Wert solcher Erhebungen geht aber gegen null. Und wenn Sie jede Antwort, die nur im Geringsten vom Thema abweicht, abwürgen, wird sich Ihr Interviewpartner alles andere als respektiert fühlen und auch nicht offen erzählen. Fehlt es Ihnen umgekehrt aber an der Fähigkeit, das Interview zu steuern, kann es leicht sein, dass Ihr Gesprächspartner vom hundertsten ins tausendste kommt und Sie alles Mögliche erfahren, nur eben das nicht, was Sie wissen wollen. Insofern ist es wichtig, bei der Interviewführung eine Reihe von Punkten einzuhalten, deren Befolgung erst die Qualität qualitativer Daten garantiert. Die Interviewführung erfordert ebenso wie die Datenauswertung eine gewisse Übung. Das Fingerspitzengefühl kommt erst mit der Zeit. Trotzdem gibt es eine Reihe von Daumenregeln, deren Beachtung empfehlenswert ist.

Überblick

Sieben goldene Regeln der Interviewtechnik

1. *Verständlichkeit beachten:* Es geht nicht nur darum, dass Sie die Interviewten verstehen, sondern auch darum, dass die Interviewten Sie verstehen. Das heißt, Ihre Fragen müssen so formuliert sein, dass die Probandinnen verstehen, was gemeint ist und worauf die Frage abzielt. Sie sollten Fachausdrücke eher vermeiden, es sei denn es handelt sich bei den Interviewten um Leute vom Fach. Die eigene Sprache muss an die Sprache der Interviewten angepasst werden.
2. *Technik beherrschen:* Machen Sie sich mit der Technik vertraut bevor Sie mit dem Interview beginnen. Studieren Sie die Bedienungsanleitung des Aufzeichnungsgeräts und überprüfen Sie, ob alles funktioniert. Denn erstens wirkt es peinlich, wenn sie vor dem Start verzweifelt und ahnungslos auf den Knöpfen herumdrücken, und zweitens sollten Sie sich sicher sein können, dass nach dem Interview alles im Kasten ist und Sie nicht nur weißes Rauschen aufgezeichnet haben.

→

← Überblick

3. *Ungestörtheit schaffen:* Achten Sie auf eine entspannte und ungestörte Atmosphäre bei der Durchführung des Interviews. Ein Gasthaus mit lauter Musik beispielsweise wird die Aufnahme stören. Räume, in denen ständig Leute ein- und ausgehen, werden den Interviewfluss immer wieder unterbrechen. Störungen sind kontraproduktiv für ein gutes Interview und sollten ausgeschaltet werden.
4. *Vertrauen aufbauen:* Wichtig bei Interviews ist es, eine Vertrauensbasis aufzubauen, damit der Interviewte auch wirklich erzählt, was ihn bewegt. Dazu müssen Sie ernstliches Interesse am Befragten und seinen Antworten vermitteln. Der Befragte darf sich weder ausgehorcht noch kritisiert fühlen. Bemühen Sie sich, die Erzählungen Ihres Interviewpartners zu akzeptieren, selbst dann, wenn sie Ihrem eigenen Weltbild zuwiderlaufen.
5. *Gespräch steuern:* Als Interviewer müssen Sie das Gespräch auf jene Bereiche lenken, die für Ihre Fragestellung relevant sind, ohne allerdings den Interviewten die Antworten in den Mund zu legen, die Sie gerne hören würden. Vermeiden Sie also Suggestivfragen. Wenn jemand abschweift, führen Sie ihn behutsam zum Thema zurück.
6. *Geduld haben:* Haben Sie ein wenig Geduld im Abwarten von Antworten. Ein Interview ist kein Alltagsgespräch. Wenn Pausen entstehen, bemühen Sie sich, diese ein wenig auszuhalten und nicht gleich mit der nächsten Frage vorzupreschen oder das Schweigen mit persönlichen Anekdoten zu überbrücken. Bleiben Sie zurückhaltend und lassen Sie der Interviewten Zeit zum Antworten. Wenn Ihnen jemand allerdings generell eine Antwort verweigert, respektieren Sie das; ein Interview ist kein Verhör.
7. *Flexibel bleiben:* Bleiben Sie flexibel in der Interviewführung. Wenn etwas Ihre Aufmerksamkeit oder Ihr Interesse weckt, lassen Sie sich die Möglichkeit offen, nachzufragen, auch wenn das Thema oder die Frage im Interviewleitfaden noch nicht berücksichtigt wurde. Sonst laufen Sie Gefahr, Opfer Ihrer eigenen Leitfadenbürokratie zu werden und wichtige Aspekte zu übersehen.

Eine »Werkzeugkiste Interviewleitfaden« mit weiteren wichtigen Grundprinzipien und einer Zusammenfassung der wichtigsten Frageformen finden Sie als Webtext auf star.huterundroth.at

Gruppendiskussionen und Fokusgruppen

Definition

Die **Gruppendiskussion** bzw. **Fokusgruppe** ist ein Gespräch von mehreren Personen über ein bestimmtes Thema, das von einem Forscher moderiert wird (Flick 2004; Lamnek 2010; Mayring 2002). Auch hier kann man – ähnlich wie bei Interviews – stärker strukturiert oder mehr offen vorgehen. Gruppendiskussionen sind immer dann geeignet, wenn man nicht nur an der Meinung und dem subjektiven Erleben eines Einzelnen interessiert ist, sondern etwas über den sozialen Aushandlungscharakter von Meinungen erfahren möchte. Gruppendiskussionen sind ideal, um das Wechselspiel unterschiedlicher Meinungen zu untersuchen. Zudem eignen sie sich zur Exploration eines bisher nur wenig untersuchten Forschungsgegenstands.

Viele subjektive Sinnstrukturen sind so stark in soziale Kontexte eingebettet, dass sie überhaupt erst in Gruppendiskussionen zum Vorschein kommen. Einzelinterviews über antisemitische Vorurteile werden wahrscheinlich nur wenig ergiebig sein, lässt man jedoch eine Gruppe von Menschen diskutieren, kann es leicht vorkommen, dass sich das Gespräch hochschaukelt und Attitüden offenbar werden, die vom Einzelnen noch leicht hinter einer Fassade von Rationalität und Besonnenheit verborgen werden konnten. Gruppendiskussionen erschaffen ein alltagsnahes Diskussionsklima, das es Ihnen erlaubt, zu beobachten, wie Meinungen gebildet, verändert, unterdrückt und durchgesetzt werden. Die Gruppendiskussion ist vor allem geeignet, um kollektive Einstellungen, öffentliche Meinungen, Ideologien und Vorurteile zu explorieren. Nicht die Person an sich ist hierbei die Datenquelle, sondern die Diskussion über ein bestimmtes Thema.

Gruppendiskussionen und Fokusgruppen erweisen sich in der empirischen Forschung aber auch dann als nützlich, wenn es darum geht, sich im Forschungsfeld zu orientieren und erste Hypothesen zu gewinnen. Mithilfe von Gruppendiskussionen lassen sich nämlich Meinungen und Ansichten zu einem bestimmten Forschungsgegenstand sammeln. Diese können dann auch für die Entwicklung von Interviewleitfäden und Fragebögen herangezogen werden.

Bei solchen Gruppendiskussionen kann man je nach Zielsetzung mit natürlichen Gruppen, die auch außerhalb der Forschungssituation existieren (z. B. eine Familie oder ein Team), und künstlichen Gruppen, die eigens für die Gruppendiskussion zusammengestellt werden (z. B. mehrere Fließbandarbeiterinnen aus unterschiedlichen Betrieben), arbeiten. Auch die Frage, ob man eine homogene Gruppe von

Menschen, die sich anhand bestimmter Merkmale ähneln (z. B. Studienabbrecher der Studienrichtung Physik), oder eine heterogene Gruppe, bei der sich die Teilnehmerinnen hinsichtlich der für die Forschungsfrage relevanten Merkmale unterscheiden (z. B. Studierende aus unterschiedlichen Fachrichtungen in unterschiedlichen Semestern), wählt, ist zu bedenken.

Der Gruppenleiter kann auch je nach Zielsetzung unterschiedlich stark eingreifen. Er kann entweder viele Fragen vorgeben und die Diskussion stark moderieren oder der Gruppendynamik ihren Lauf lassen ohne zu intervenieren. Den Auftakt zur Gruppendiskussion bildet in den meisten Fällen die Präsentation eines (oft provokanten) Reizes. Das kann ein kurzer Film, eine provokante These oder ein kleiner Text sein. In einer Studie über rechtsextremistische Tendenzen bei Schülern wurde diesen im Vorfeld der Gruppendiskussion ein kurzer Filmzusammenschnitt mit Interviewausschnitten von rechtsorientierten Musikgruppen vorgespielt. Der Reiz soll die Diskussion jedenfalls in Gang setzen. Der Gruppenleiterin obliegt dann die Aufgabe, die Diskussion in Gang zu halten. Das kann sie tun, indem sie formal eingreift und beispielsweise eine Rednerliste führt. Sie kann aber auch thematisch intervenieren, indem sie zusätzliche Fragen stellt und dafür sorgt, dass die Diskussion nicht ausschweift und beim Thema bleibt. Und sie kann auch dynamisch steuern, indem sie die Gruppendynamik ein wenig lenkt, z. B. Polarisierungen anspricht und auflöst oder provokante Fragen einwirft, um Polarisierungen zu erzeugen, oder schweigende Teilnehmer auffordert, ihre Meinung kundzutun.

Teilnehmende Beobachtung

Definition

Die **teilnehmende Beobachtung** ist eine für die qualitative Forschung typische Form der Beobachtung (Flick 2004; Mayring 2002). Hierbei nimmt die Forscherin – wie der Name schon andeutet – bis zu einem gewissen Grad selbst am Alltag der beforschten Subjekte teil, um deren Handlungen wahrnehmen zu können. Die teilnehmende Beobachtung richtet ihren Fokus nicht nur auf verbalsprachliche Daten, sondern auch auf die Verhaltensweisen und Handlungen der Menschen. Durch die Beobachtung im natürlichen Umfeld will der Forscher verstehen, welche Bedeutung Alltagssituationen für die Beteiligten haben.

Die Forscherin ist bei der teilnehmenden Beobachtung also keine außenstehende Beobachterin, sondern steht in direkter persönlicher Beziehung zu den Forschungspersonen. Sie nimmt teil am Leben der Beforschten und sammelt währenddessen ihre Daten. Diese Nähe zum Forschungsgegenstand hilft dabei, gehaltvolle und tiefgründige Daten zu erhalten. Denn die Beobachtung von Handlungsabläufen allein sagt noch nichts über die subjektive und kollektive Bedeutung für deren Akteure aus. Um die Innenperspektive der Beteiligten rekonstruieren zu können, muss man sich einerseits zwar den Status als Fremder bewahren, andererseits aber gleichzeitig die kritische Außenperspektive aufgeben und selbst die Innenperspektive übernehmen (going native).

Die teilnehmende Beobachtung zählt zum Standardrepertoire qualitativer Erhebungsmethoden und wird im Rahmen der Feldforschung (s. Kap. III.4) angewandt. Viele bedeutende Ethnologen haben ausgedehnte Forschungsreisen unternommen, um bestimmte Kulturen in vivo zu studieren. Dabei haben sie oft lange Zeiträume im natürlichen Lebensumfeld dieser Ethnien verbracht, mit diesen Menschen gelebt und wurden zum Teil sogar von diesen in die Gemeinschaft integriert und in die Familien »adoptiert«. Die teilnehmende Beobachtung kommt aber auch häufig zur Erforschung von Subkulturen und Randgruppen innerhalb der eigenen Gesellschaft zum Einsatz. Sie können z. B. delinquente Jugendliche, vornehme Leute oder Theologiestudenten mithilfe teilnehmender Beobachtungen untersuchen. Die teilnehmende Beobachtung ist insbesondere dann indiziert, wenn die Studie eher explorativ ausgerichtet ist, der Forschungsgegenstand in soziale Kontexte eingebettet ist oder aus sozialen Kontexten besteht und von außen nur schwer beobachtbar ist.

Nachdem Sie Ihre Fragestellung und diverse Beobachtungsdimensionen festgelegt haben, müssen Sie Zugang zum Feld finden, was je nach untersuchter Subkultur unterschiedlich schwierig ist. Hilfreich können hierbei Schlüsselpersonen sein, die Sie in die jeweilige Kultur einführen bzw. dort vorstellig machen. Mit dem Eintauchen in die fremde Umgebung ist häufig ein gewisser kultureller Schock für die Beobachterin verbunden. Vertrautheiten, Routinen, Werte und Selbstverständlichkeiten der eigenen Kultur verlieren ihre Normalität und zerbröseln einfach in der Konfrontation mit den fremden Werten, Gepflogenheiten, Normen und Idealen. Gerade zu Beginn kann es schwierig sein, die Andersheit der anderen zu ertragen. Die Irritation darüber ist aber eine wichtige Erkenntnisquelle, die nicht nur etwas über die unhinterfragten Annahmen der anderen Kultur, sondern auch die der eigenen Kultur verrät.

Man kann zwischen systematischeren und unsystematischeren Formen der Beobachtung unterscheiden. Im ersteren Fall richten Sie Ihren Aufmerksamkeitsfokus nicht schon vorab auf bestimmte Verhaltensweisen, sondern machen alle möglichen Handlungen zum Gegenstand ihrer Beobachtung. Die Beobachtung erfolgt in dem Fall sehr offen. Richten Sie allerdings Ihre Aufmerksamkeit auf ganz bestimmte, vorab festgelegte Verhaltensweisen und erfassen nur diese, spricht man von systematischer oder strukturierter Beobachtung. Qualitative Forschung hat eine Affinität zu offenen, teilnehmenden Beobachtungen im Feld. Das heißt, es gibt wohl einen Beobachtungsleitfaden, der in groben Zügen vorgibt, worauf sich der Fokus der Beobachtung richten soll. Einen exakten Beobachtungsbogen, der operationalisierte Beobachtungseinheiten definiert, gibt es allerdings nicht.

Literaturtipps

Flick, Uwe (2007): Qualitative Sozialforschung. Eine Einführung. 5. Aufl. Reinbek bei Hamburg: Rowohlt.

Helfferich, Cornelia. (2011): Die Qualität qualitativer Daten. Manual für die Durchführung qualitativer Interviews. 4. Aufl. Wiesbaden: VS Verlag für Sozialwissenschaften.

Lamnek, Siegfried (2010): Qualitative Sozialforschung. 5. Aufl. Weinheim: Beltz.

Mayring, Philipp (2002): Einführung in die Qualitative Sozialforschung. Weinheim: Beltz.

Pzryborski, Aglaja & Wohlrab-Sahr, Monika (2013): Qualitative Sozialforschung: Ein Arbeitsbuch. München / Wien: Oldenbourg.

2 Quantitative Erhebungsmethoden

Womöglich bekommen manche von Ihnen bereits ein mulmiges Gefühl, wenn sie das Wort »quantitativ« nur hören, klingt es doch allzu sehr nach Mathematik und formallogischem Denken, was bekanntlich nicht nach jedermanns / -fraus Geschmack ist. Wie Sie nachfolgend sehen werden, erfordert aber selbst die statistische Auswertung quantitativer Forschungsergebnisse keine höhere Mathematik. Und die Durchführung einer quantitativ orientierten Datenerhebung hat zwar nach bestimmten Gesetzmäßigkeiten zu erfolgen, bedarf aber ebenfalls keiner höheren Logik. Eine erste und zugegeben knappe Einführung in die Materie soll Sie hier mit den allerwichtigsten Ansätzen, Begriffen und statistischen Größen vertraut machen, um Ihnen zu einem späteren Zeitpunkt ein selbständiges Vertiefen der einzelnen Vorgehensweisen zu erleichtern.

Vorab aber eine ganz kurze Zusammenfassung für den Fall, dass Sie dieses Buch nicht von Anfang an gelesen haben: Eine **Forschungsmethode** ist das planmäßige und systematische Vorgehen, das zur Gewinnung wissenschaftlicher Erkenntnisse erforderlich ist. *Methodisch* meint also, auf eine planmäßige, zielgerichtete, systematische und überlegte Art und Weise vorzugehen (im Gegensatz etwa zu einem rein intuitiven Vorgehen oder gemäß dem Prinzip »Versuch und Irrtum«). Zum methodischen Arbeiten gehört natürlich auch die *Auswertung* der erhobenen Daten auf eine Art und Weise, die hinsichtlich der Fragestellung Ihrer Forschung aussagekräftige und nachvollziehbare Ergebnisse liefert.

Bei der **quantitativen empirischen Sozialforschung** geht es darum, Phänomene in Form von Modellen, Zusammenhängen und insbesondere *zahlenmäßigen* Ausprägungen auf möglichst objektivierte Weise zu beschreiben, grundlegende Gesetzmäßigkeiten und Zusammenhänge zu entdecken und überprüfbar zu machen. Quantitative Methoden in der empirischen Sozialforschung umfassen alle Praktiken zur *numerischen*, d. h. *zahlenmäßigen*, also bspw. auf Prozentangaben fußenden Darstellung *empirischer* (auf *Beobachtungen der Realität* gründender) Sachverhalte. Es geht somit nicht um die planmäßige und strukturierte Darstellung von einzelnen Untersuchungseinheiten (wie bei der qualitativen Forschung), sondern stets um *größere Fallzahlen*, die dann mit geeigneten statistischen Methoden ausgewertet werden, um letztlich zu nachvollziehbaren und überprüfbaren Schlussfolgerungen zu gelangen. Der quantitative Ansatz beinhaltet sowohl die Stichprobenauswahl, die Datenerhebung (»*Messung*«) selbst als auch die Auswertung (»*Analyse*«) des Datenmaterials.

Hier noch einmal kurz die wichtigsten Merkmale sowie Unterschiede zwischen quantitativer und qualitativer Sozialforschung im Überblick (s. a. S. 86):

Im Gegensatz zu einem rein qualitativen Vorgehen haben wir es bei der quantitativen Forschung immer mit größeren Fallzahlen zu tun, die einen Anspruch auf Repräsentativität erheben. D. h.: Die Auswahl (Stichprobe) der von Ihnen befragten oder beobachteten Personen (bzw. beobachteten Phänomene) sollte so gewählt sein, dass diese Auswahl (z. B.: 75 Gymnasiasten zwischen 15 und 18 Jahren, die an einem entsprechenden Versuch teilnehmen) bezüglich eines interessierenden Merkmals (z. B.: Verhalten in Stresssituationen) *im Wesentlichen* Rückschlüsse auf die Gesamtheit einer Untersuchung (z. B.: *alle* Gymnasiasten eines Landes) zulassen. Die Beobachtungsstichprobe ist also dann *repräsentativ* für eine größere Untersuchungseinheit (die sog. »Population«), wenn sie diese hinsichtlich der untersuchten Merkmale und Eigenschaften *widerspiegelt*, weshalb sich die Ergebnisse einer Untersuchung *verallgemeinern* (»generalisieren«) lassen. Mehr zum Kriterium der Repräsentativität finden Sie weiter unten, wenn es um die Auswertung statistischer Daten geht.

Merkmale **quantitativer** Forschung	Merkmale **qualitativer** Forschung hingegen
• **systematische, standardisierte Messung von empirischen** (auf realen Fakten gründenden) **Sachverhalten** • Verfahren zum **Testen von Hypothesen** • meistens Untersuchung **großer Fallzahlen / großer Stichproben** • **Objektive Messung** und **Quantifizierung** von Sachverhalten • Messung **zählbarer** Eigenschaften • Auswertung durch **statistische Instrumente**, Analyse statistischer Zusammenhänge	• dienen oft der **Entwicklung neuer Hypothesen** (oft auf relativ neuen Forschungsgebieten) • Relativ **offenes und flexibles Vorgehen** (oft ist nur ein grober thematischer Leitfaden gegeben) • **kleine Zahl von Untersuchungspersonen**, dafür **tiefer gehende Betrachtungen** und ***Einzelfallanalysen*** • meistens **kein Anspruch auf Repräsentativität** • *keine* statistische Auswertung • auf das **Verstehen von Sinn** (etwa von persönlichen Handlungsmotiven, Absichten) bezogen • ***subjektive*** *Faktoren* stehen im Vordergrund, die nicht gemessen, sondern ***interpretiert*** werden

Die quantitative Beobachtung

Bei der **quantitativen Beobachtung** handelt es sich um eine vielschichtige Forschungsmethode, die sich sehr stark von einer Alltagsbeobachtung unterscheidet. Ausgehend von einigen wichtigen Vorüberlegungen werden zunächst die unterschiedlichen möglichen Arten einer Beobachtung vorgestellt, bevor Sie mit den wichtigsten Schritten und Begriffen für die Durchführung einer wissenschaftlichen Beobachtung vertraut gemacht werden.

Sie planen eine wissenschaftliche Untersuchung in Form einer Beobachtung. Womöglich fragen Sie sich dabei zunächst: Was ist an so etwas selbstverständlichem wie einer Beobachtung eigentlich das Besondere? Anders gefragt: Wieso bzw. wann handelt es sich dabei um eine wissenschaftliche Methode? Als Menschen beobachten wir schließlich ständig die uns umgebende Welt, die darin stattfindenden Prozesse und die Menschen in ihr. Was also unterscheidet eine Beobachtung mit wissenschaftlichem Anspruch von solch alltäglichen Beobachtungen und was kennzeichnet speziell eine *quantitative* Beobachtung? Eine erste Definition hilft sicher weiter:

Definition

Wissenschaftliche Beobachtung

Bei einer wissenschaftlichen Beobachtung handelt es sich um ein systematisches Verfahren, das auf die zielorientierte Erfassung sinnlich wahrnehmbarer Tatbestände gerichtet ist, wobei der Beobachter sich passiv gegenüber dem Beobachtungsgegenstand verhält und gleichzeitig versucht, seine Beobachtung zu systematisieren und die einzelnen Beobachtungen zu kontrollieren. Wie alle anderen wissenschaftlichen Methoden auch, ist Beobachtung also systematisch und zielorientiert (im Gegensatz etwa zu einem Vorgehen nach der Methode »Versuch und Irrtum«) und sie ist selbstverständlich empirischer Natur, die Beobachtung wird also in überprüfbarer Weise (und nicht etwa in der Phantasie oder nach dem »Hörensagen«) vorgenommen.

Zu Beginn jeder wissenschaftlichen Beobachtung steht somit das Gleiche, wie zu Beginn jeder quantitativen wissenschaftlichen Untersuchung, nämlich die Formulierung von Hypothesen (Hypothesen sind Vermutungen über die Beschaffenheit der sozialen Welt in Form von Sätzen über Ursachen und ihre Wirkungen mit klar definierten Begriffen). Diese Aussagen über Ursachen und Wirkungen (sog. »Wenn-Dann-Sätze«) gilt es dann methodisch zu überprüfen (s. »Was ist Wissenschaft?«, star.huterundroth.at).

Was müssen Sie vor einer Beobachtung bedenken und entscheiden?

Bevor Sie Ihre Beobachtung beginnen, sind eine Reihe von Vorüberlegungen erforderlich. Diese betreffen den Gesamtplan Ihres methodischen Vorgehens, also die gesamte Abfolge aller Schritte von der Hypothesenformulierung und den Begriffsdefinitionen, über die Festlegung der Inhalte und Reihenfolge der einzelnen Arbeitsschritte, bis zur letztlichen Auswertung und Veröffentlichung der Ergebnisse.

Sie müssen also zunächst Ihr »Forschungsdesign« planen und entwerfen: Damit wird der gesamte Vorgang der empirischen Überprüfung theoretischer Hypothesen an der Praxis bezeichnet, also die Gesamtheit aller einzelnen, systematisch durchgeführten und jeweils nachvollziehbaren Schritte Ihres Forschungsablaufs (s. Kap. III).

Los geht's!

Vor Beginn der Beobachtung steht somit zunächst einmal die Formulierung eines Forschungs- bzw. Erkenntnisinteresses in Form einer Hypothese. Deren Grundlage können etwa Einzelbeobachtungen sein, die noch nicht weitergehend wissenschaftlich untersucht wurden. Auch das Studium der Fachliteratur kann Sie auf interessante Fragestellungen stoßen. Ist Ihr forschungsleitendes Interesse einmal abgesteckt, haben Sie die folgenden Punkte abzuarbeiten:

1. Einen Beobachtungsplan erstellen

Eine wissenschaftliche Beobachtung ist grundsätzlich eine strukturierte, planmäßige Beobachtung und kein reines »Drauflosbeobachten«. Ihr liegen ein vorab erstelltes **Beobachtungsschema** zugrunde, das Informationen darüber enthält, »was, wann, von wem und wie« beobachtet werden soll. Es existieren also noch *vor* Beginn der Durchführung der Beobachtung bereits präzise Angaben darüber, was, wie lange und auf welche Art und Weise beobachtet werden soll. Dazu wird ebenfalls vorab ein möglichst konkreter Beobachtungsplan erstellt. Natürlich sind diese Beobachtungspläne nicht »in Stein gemeißelt«. Sie können – und sollen! – stets den gegebenen Umständen und Schwierigkeiten angepasst werden. (Stellt sich bspw. während einer Beobachtung von Reaktionen von Menschen auf bestimmte Hinweisschilder heraus, dass diese Schilder gar nicht richtig wahrgenommen werden können, ist natürlich eine Änderung des Beobachtungsprocederes nötig). Wichtig ist aber, dass der Beobachtung ein planmäßiges Schema zugrunde liegt, welches Sie aber natürlich erst einmal auf Basis von (Vor)Erfahrungen entwickeln (»*designen*«) müssen.

Beim Beobachtungsplan handelt es sich also um ein Schema, in welchem alle relevanten **Beobachtungskriterien** angeführt sind oder an vorgegebener Stelle leicht angegeben werden können (Uhrzeit, Ort, Anzahl beobachteter Personen und – wenn nötig und möglich – Angaben zu einzelnen Merkmalen wie Geschlecht, Alter etc.), Anzahl der »Treffer« an vorher festgelegten **Beobachtungsvariablen** und **Indikatoren** (s. u.) für ein bestimmtes zu beobachtendes Verhalten oder Ereignis, zudem weitere Besonderheiten, besondere Vorkommnisse usw.. Diese Art von Beobachtungsprotokoll muss somit alle relevanten Komponenten der Beobachtung beinhalten. Es lenkt die Wahrnehmung des Forschers sprachlich und inhaltlich und erleichtert entsprechende Aufzeichnungen, die letztlich der Ergebnisauswertung zugrunde liegen. (Wer sich schon einmal mitten in einem *Beobachtungsfeld* befand und darin eine große Zahl gleichzeitig auftretender *Beobachtungsereignisse* wahrzunehmen hatte und diese zudem auch noch möglichst zeitnah schriftlich festzuhalten gefordert war, der weiß um den Wert möglichst vollständiger und einfach zu handhabender Beobachtungspläne!)

2. Mögliche Formen der Beobachtung

Bei einer wissenschaftlichen Beobachtung gibt es verschiedene Durchführungsvarianten, die sich hinsichtlich der Rolle der Beobachterin und nach dem Grad der Einflussnahme auf das zu beobachtende Geschehen unterscheiden lassen. Bezüglich des Beobachters stellt sich Ihnen also die Frage, welchen Beobachterstatus der Beobachter einnimmt und inwieweit er an der sozialen Situation, die beobachtet wird bzw. in der die Beobachtung stattfindet, teilnimmt bzw. eingreift. Grundsätzlich lassen sich die teilnehmende und die nicht-teilnehmende Beobachtung unterscheiden.

Nicht-teilnehmende Beobachtung: Bei dieser tritt der Beobachter nicht in den Verlauf der Handlungen ein und hat deshalb auch keinen direkten Kontakt mit den Personen und / oder Prozessen, die beobachtet werden sollen (man spricht auch von »Forschungsobjekt«). Die Beobachterin befindet sich also in persönlicher und räumlicher Distanz zum Beobachtungsfeld (das ist der Bereich, in dem sich das Beobachtungsgeschehen abspielt), wodurch persönliche Unvoreingenommenheit und Neutralität durch die Forscherin gewährleistet ist.

Die teilnehmende Beobachtung lässt sich wiederum in zwei Versionen unterscheiden:

Teilnehmend-offene Beobachtung: Der Beobachter nimmt hier am zu beobachtenden Geschehen *aktiv* teil. Sie befinden sich als Beobachterin also mitten im selben sozialen, räumlichen und zeitlichen Umweltbereich, wie auch die Beobachtungspersonen. Diesen wiederum ist die Rolle des Beobachters *bekannt.* Sie wissen also, dass sie beobachtet werden (wenngleich nicht unbedingt weshalb und woraufhin!). Stellen Sie sich bspw. vor, Sie nehmen im Rahmen einer Feldforschung selbst an einer Weiterbildungsmaßnahme teil. Sie unterziehen sich denselben Übungen und Gesprächen wie die übrigen Kursteilnehmer auch. Diese und die Dozentinnen wissen aber, dass Ihre Teilnahme nicht eigener Weiterbildung, sondern vielmehr einem wissenschaftlichen Interesse dient. Bei diesem Beobachterstatus ist zu berücksichtigen, dass es zu dem Phänomen der »*Reaktivität*« kommen kann. D.h.: Das Wissen, beobachtet zu werden, ändert womöglich das Verhalten der beobachteten Personen (oder kann es ändern), was dann die ganze Beobachtung zu verfälschen droht. Oder haben Sie Ihr Verhalten noch nie geändert, nachdem Sie bemerkt haben, gerade fotografiert oder gefilmt zu werden?

Teilnehmend-verdeckte Beobachtung: Wiederum ist hierbei die Beobachterin Teil des zu beobachtenden Geschehens im definierten Beobachtungsfeld, diesmal aber, *ohne* dass die beteiligten Personen davon informiert sind, dass sie beobachtet werden (geschweige denn, wozu und woraufhin). Selbstverständlich wirft ein solches Vorgehen sehr schnell ethische Fragen auf, wenn Menschen womöglich in absichtlich herbeigeführten Situationen als – noch dazu unfreiwillige! – »Versuchskaninchen« herhalten müssen (klassisch sind etwa Beobachtungen aus dem Bereich der Sozialpsychologie, in welchen die Reaktion von Passanten auf Übergriffe im öffentlichen Raum untersucht wurden, wobei sich die unfreiwilligen Versuchsteilnehmer zu authentischen (Stress-)Reaktionen gezwungen sahen). Prinzipiell gilt auch bei teilnehmend-verdeckten Beobachtungen das forschungsethische Prinzip der »informierten Einwilligung«!

Auch die nicht-teilnehmende Beobachtung lässt sich in zweierlei Variationen durchführen:
Nichtteilnehmend-offene Beobachtung: Der Beobachter beobachtet von *außerhalb* des Beobachtungsfeldes und ist somit *nicht* Teil des Geschehens. Jedoch wissen die Beobachteten, dass sie beobachtet werden und »Gegenstand« einer Untersuchung sind. Sie nehmen zum Beispiel als Beobachterin an einem innovativen Unterrichtsgeschehen teil. Schüler und Lehrkraft wissen, dass Sie etwas über Vor- und Nachteile dieser Unterrichtsvariante in Erfahrung bringen wollen. Auch hier treffen wir wieder auf das Problem der *Reaktivität.*

Ein berühmtes Beispiel aus der Forschungsgeschichte für diese Reaktivität ist etwa der sog. »Hawthorne-Effekt«. Er ist nach einer gleichnamigen Fabrik in den USA benannt, in der in den 20er Jahren des letzten Jahrhunderts Beobachtungen zur Motivation und Produktivität der Arbeitskräfte und deren jeweilige Einflussfaktoren stattfanden. Dabei zeigte sich, dass allein schon das Wissen der Arbeiter, beobachtet zu werden, die Motivation und Leistungsbereitschaft erhöhten, was die ursprüngliche Absicht der Untersuchung natürlich unterlief (nämlich den Zusammenhang zwischen den Umgebungsbedingungen des Arbeitsplatzes wie etwa den Lichtverhältnissen sowie zwischen den sozialen Beziehungen in der Arbeit und der dadurch jeweils bedingten Arbeitsproduktivität herauszufinden).

Nichtteilnehmend-verdeckte Beobachtung: Die Forscherin beobachtet in diesem Fall das Beobachtungsfeld von außen, wobei die Beobachteten aber nichts von ihrem »Glück« wissen, woraus natürlich wiederum das Problem fehlender Einwilligung und Information erwächst. Ein typisches Beispiel wäre etwa, vom Fenster aus ein bestimmtes Geschehen auf einem Platz unter Ihnen zu beobachten, ohne dabei wahrgenommen zu werden.

Neben den genannten Unterscheidungen gibt es natürlich jede Menge mögliche Mischformen. Diese beinhalten auch den Sonderfall, dass Ihr Beobachterstatus sich zeitlich wandelt. So könnten Sie etwa kurzfristig an einer sozialen Handlung teilnehmen, um diese zunächst einmal anzustoßen, danach ziehen Sie sich dann aber zurück und das Geschehen wird mit einer Kamera festgehalten. (Ist diese versteckt – was ein schwerwiegendes forschungsethisches Problem darstellt – handelt es sich um eine verdeckte Beobachtung, andernfalls um eine offene). Letztlich hängt Ihre Wahl der Beobachtungsart von Ihrem Erkenntnisinteresse und der Frage ab, wie Sie die besten Ergebnisse erzielen: In der Regel ist bei einer quantitativen Beobachtung im Interesse möglichst geringer Reaktivität und möglichst hoher Objektivität ein nicht-teilnehmendes und verdecktes Vorgehen anzustreben. Jedoch kann es manchmal auch nötig und geboten sein, sich einzubringen, um aus nächster Nähe zu beobachten oder um ein bestimmtes Prozessgeschehen zu starten.

3. Wahl und Eingrenzung des Beobachtungsfeldes

Das Beobachtungsfeld umfasst zumeist mehr als nur den definierten räumlichen Bereich, in welchem sich ein zu beobachtendes Geschehen ereignet. Vielmehr gibt das Beobachtungsfeld über das *wo* hinaus auch Auskunft darüber, *wer*, *wann* und unter welchen *Rahmenbedingungen* beobachtet wird. Beobachtungseinheiten bezeichnen somit denjenigen Teilbereich eines sozialen Geschehens, der konkreter Gegenstand der Beobachtung sein soll. Sie geben Antwort auf die Frage: Wer und was (z. B. Gespräche und Abläufe) werden wann beobachtet? Alle diese verschiedenen Beobachterrollen finden in (oder nahe an) einem Beobachtungsfeld statt, dass Sie im Beobachtungsplan klar definieren sollten. Beobachten Sie z. B. das Spielverhalten von Kleinkindern und sondieren hierfür einen Kinderhort, ist Ihr Beobachtungsfeld der besseren Erfassung wegen der Spielbereich des Hortes und nicht dessen Gesamtfläche.

4. Bestimmung der Beobachtungseinheiten, Variablen und Indikatoren

Der formale und planmäßige Charakter einer quantitativen wissenschaftlichen Beobachtung wird v. a. darin deutlich, dass Sie benennen müssen, was neben Ihrem Beobachtungsfeld zudem Ihre Beobachtungseinheiten sowie Ihre zugehörigen Variablen, Kategorien und Indikatoren sind.

Die **Beobachtungseinheiten** sind die konkret zu beobachtenden bzw. beobachtbaren Personen(gruppen) oder Gegenstände oder Prozesshaftigkeiten einer Beobachtung. In obigem Beispiel der Beobachtung des Spielverhaltens im Kinderhort sind es also ggf. sowohl die Kinder als auch die von Ihnen jeweils verwendeten Spielzeuge als auch unterscheidbare Spielphasen.

Die Qualität Ihrer Beobachtung steht und fällt nun mit der Qualität Ihrer gewählten **Beobachtungsvariablen** und der sie auszeichnenden **Indikatoren** (»Anzeiger«). Dazu ein Beispiel: Angenommen, Sie planen eine passive, nicht-teilnehmende Beobachtung zum Phänomen »Ehrlichkeit« von Studierenden. Sie formulieren die Hypothese: »Eine qualifizierte Mehrheit der Studierenden der Universität XYZ ist ehrlich« und bestimmen den abstrakten Begriff Ehrlichkeit dahingehend, dass das Aufheben einer (von Ihnen absichtlich) auf den Boden gelegten Geldbörse und das Zurückbringen derselben (entweder zum Fundamt, zum Pförtner der Uni, zur Polizei oder auch mittels Beförderung in den nächsten Briefkasten) als »ehrliches Verhalten« zu verstehen ist. Sie legen sich sodann »auf die Lauer« und beobachten Ihr Beobachtungsfeld (z. B. dem Uni-Campus) und die darin stattfindenden Beobachtungseinheiten (die passierenden Studenten). Sie tun dies im Interesse höherer Verallgemeinerbarkeit (»*Repräsentativität*«) der Stichprobe an verschiedenen Tagen, zu verschiedenen Uhrzeiten und an verschiedenen Orten (z. B. Caféteria, Eingangsbereiche von Bibliotheken verschiedener Fachbereiche) und halten die Ergebnisse auf einem Beobachtungsbogen (im allereinfachsten Fall eine simple Strichliste) fest.

Ein methodisch scheinbar narrensichereres Vorgehen? Von wegen! Was ist etwa in all den Fällen, in denen die Brieftasche mitsamt Ausweisen, Papieren etc. zwar in den Briefkasten wandert, das darin befindliche Geld aber zuvor entnommen wurde? Wie verhält es sich in den Fällen, in denen sich Versuchspersonen beobachtet wähnen (was evtl. durch ein verunsichertes und verlegenes Schauen auf vorbeikommende Gruppen von Studentinnen bemerkbar ist)? Und was schließlich passiert in all den Fällen, wo die Geldbörse zwar eingesteckt wird (was einen entsprechenden Vermerk als »unehrlich« zeitigt), aber dann Tage später (wenn die Beobachtung längst abgeschlossen ist) vielleicht doch noch und sogar persönlich abgeliefert wird? Sie merken schon: Ganz offensichtlich waren die Beobachtungsvariable (»Ehrlichkeit«) und die sie anzeigenden Indikatoren (Abgabe bei Polizei, Pförtner, Briefkasten etc.) keinesfalls lückenlos und widerspruchsfrei! Auch das Beobachtungsfeld war nicht sauber definiert (zählen lediglich Studierende, die sich »allein auf weiter Flur« befinden und sich unbeobachtet wähnen, oder doch auch Studierende, die in aller Öffentlichkeit einen Geldbeutel einstecken, oder beide?).

Damit Sie sich solcher methodischen Lücken und Ungereimtheiten noch rechtzeitig (d.h.: noch bevor Sie Ihre Beobachtung mit mehr oder weniger großem Aufwand durchführen) gewahr werden, ist es hilfreich (bzw.: unverzichtbar!), vorab einen **Probedurchgang** Ihres Forschungsdesigns mit zunächst einmal relativ wenigen Beobachtungseinheiten durchzuführen (der Fachausdruck hierfür ist »**Pre-Test**«). Ungereimtheiten können so noch rechtzeitig erkannt und Ihr Ablaufplan entsprechend revidiert werden.

Ein zweites Beispiel soll Ihnen die Wichtigkeit brauchbarer Variablen / Indikatoren verdeutlichen: Sie unternehmen eine Beobachtung zum Thema »geschlechtsspezifisches Einkaufsverhalten«. Als teilnehmender, passiver Beobachter registrieren Sie an repräsentativen Orten (z.B. im Ausgangsbereich von Einkaufszentren als ihrem Beobachtungsfeld) nun das Einkaufsverhalten von Männern und Frauen. Ihre Hypothese lautet bspw.: »Männer kaufen gleich viel ein wie Frauen« und haben so Ihren ersten Fehler schon begangen, denn das »gleich viel« (bzw. »mehr« und »weniger«) ist ja nicht spezifiziert (geht es um gleich viel Geld oder um gleich viel Güter – und was ist eigentlich mit Dienstleistungen?). Als Indikator für die Einkaufsmenge legen Sie (auf nicht sehr originelle Weise) die Anzahl der Einkaufstaschen bei Verlassen des Einkaufsbereiches fest. Der entscheidende Denkfehler dabei – Sie ahnen es sicher selbst schon – ist nun die Gleichsetzung von Tütenzahl und Einkaufswert, könnte sich doch vielleicht herausstellen, dass Männer mitunter zwar *mehr* (an Geldwert) einkaufen, aber in Form wenigerer Einheiten (z.B. teure Unterhaltungselektronik), wohingegen Frauen zwar mehrere unterschiedliche Sachen erwerben, die wertmäßig aber jeweils einen geringeren Wert bilden – oder natürlich auch umgekehrt.

5. Auswertung und Publikation

Nehmen wir an, Sie haben schließlich auf methodisch saubere Weise Ihre Beobachtung durchgeführt und die Beobachtungsereignisse (also die Beobachtungseinheiten und ihr Verhalten) penibel in einem Beobachtungsprotokoll festgehalten (keine Angst: methodisches »Lehrgeld« ist von Anfängerinnen dabei fast immer zu zahlen – es ist eben noch kein Meister vom Himmel der empirischen Sozialforschung gefallen!): dann verfügen Sie letztlich über eine Vielzahl empirischer Daten in Form bestimmter Auswertungskategorien (etwa: »trifft zu« / »trifft nicht zu«; »hebt Gegenstand auf / hebt Gegenstand nicht auf«; »zeigt aggressive Verhaltensauffälligkeiten / zeigt keine aggressiven Verhaltensauffälligkeiten; »bleibt stehen / geht weiter«; »Ja / Nein« usw.usf.). Wie Sie diese angefallenen Daten statistisch auswerten und auch darstellen können, erfahren Sie weiter unten. Den Schlusspunkt Ihrer quantitativen Beobachtung – ebenso wie jeder anderen Forschungsbemühung – bildet schließlich die Veröffentlichung Ihrer Ergebnisse und die ausführliche und nachvollziehbare Darlegung Ihres schrittweisen methodischen Vorgehens in Form eines Forschungsberichts.

Zusammenfassung

Eine wissenschaftliche **Beobachtung** bedarf zunächst eines Forschungsdesigns, in dem sämtliche Arbeitsschritte und deren Reihenfolge festgelegt sind, mit denen letztlich die erkenntnisleitende Hypothese bestätigt oder abgelehnt werden kann. Der zugehörige Beobachtungsplan liefert die Antwort auf die Frage, »was, wann, von wem und wie« beobachtet wird und enthält zudem die Beobachtungsvariablen (das, was konkret beobachtet wird) und deren Indikatoren (Anzeiger). Der Beobachtungsplan legt auch fest, welcher Beobachtungsstatus dem Beobachter zukommt und legt damit die Form der Beobachtung fest. Unterschieden werden können dabei die teilnehmende und die nicht-teilnehmende Beobachtung (je nach Beteiligung bzw. Nicht-Beteiligung an einem sozialen Geschehen), die beide wiederum auf offene und auf verdeckte Weise (d. h. mit erkennbarem oder nicht-erkennbarem Beobachter) durchgeführt werden können. Nach der Bestimmung und Eingrenzung des Beobachtungsfeldes und einem Probedurchgang (»Pre-Test«) werden die Beobachtungseinheiten und -ereignisse in einem Beobachtungsprotokoll festgehalten, dessen angefallene Daten letztlich auf quantitative Weise ausgewertet und dargestellt werden.

Die quantitative Befragung

Diese kurze Einführung in die Methode der quantitativen Befragung soll Sie mit den wichtigsten Aspekten und Begriffen dieser Methode bekannt machen und Ihnen die Vor- und Nachteile einer mündlichen und einer schriftlichen Befragung benennen helfen. Sie lernen einige Spezialformen kennen und sollen insbesondere an die »Kunst« der Fragebogengestaltung herangeführt werden.

Vorüberlegungen

Wenn Sie an Informationen über andere Menschen »aus erster Hand« interessiert sind (z. B. was deren Einstellungen oder Erfahrungen angeht) ist eine Befragung in der Regel das naheliegendste methodische Mittel. Es handelt sich deshalb auch um diejenige Methode, die in den empirischen Sozialwissenschaften am häufigsten angewandt wird. Es vergeht wahrscheinlich kein Tag, an dem wir nicht auf irgendeine Art und Weise andere Menschen zu irgendeinem Thema befragen (und wenn es nur die aktuelle Uhrzeit oder Sportergebnisse betrifft). Eine Befragung, die hingegen wissenschaftlichen Ansprüchen genügt, unterscheidet sich aber, wie Sie sich schon denken können, in vielerlei Hinsicht von Alltagsbefragungen.

Als Methode der empirischen Datengewinnung ist die Befragung (zu der auch das »Interview« als Sonderform zählt, siehe unten) zielgerichtet und hochgradig strukturiert. Neben der planmäßigen Vorbereitung einer Befragung ist v.a. die methodische Kontrolle jeder einzelnen Phase der Befragung ein wichtiges Kennzeichen wissenschaftlich-methodischen Vorgehens.

Überblick

Die einzelnen Phasen einer quantitativen Befragung sind:
- Hypothesenformulierung
- Planung des Forschungsdesigns inklusive Fragebogendesign
- Durchführung der Befragung
- Auswertung der Ergebnisse
- Datenpräsentation.

Die Antwortmöglichkeiten bei einer quantitativen Befragung sind weitgehend vorgegeben (ganz im Gegensatz zur qualitativen Befragung, bei der auch in loser und unstrukturierter Form erzählt werden kann und darf). Vor allem bei schriftlichen Befragungen sind die Fragen »*geschlossen*« formuliert, d.h.: alle Antwortmöglichkeiten sind vorgegeben. Zusammenfassend lässt sich eine empirische Befragung somit definieren als ein planmäßiges Vorgehen mit wissenschaftlicher Zielsetzung, bei der eine, i.d.R. aber eine größere Anzahl an Personen (wie in der quantitativen Forschung üblich) durch ein Reihe gezielter Fragen zu mündlichen oder schriftlichen Informationen veranlasst werden. Diese Informationen (Antworten) umfassen etwa erlebte oder erinnerte Erlebnisse, Meinungen oder Bewertungen.

Analog zur quantitativen Beobachtung sind auch bei der Befragung zunächst einige Vorüberlegungen anzustellen und wichtige Entscheidungen zu fällen. Diese betreffen wiederum das »*Forschungsdesign*«, also den Gesamtplan aller in einer bestimmten Reihenfolge zu durchlaufenden Arbeitsschritte, von der Hypothesenformulierung bis zur Ergebnispräsentation. Wie bei anderen quantitativ-empirischen Methoden auch, müssen Sie zuallererst natürlich einmal Ihr Forschungsinteresse bestimmen: Was wollen Sie durch eine Befragung eigentlich in Erfahrung bringen? Was interessiert Sie und warum? Den Ausgangspunkt Ihres weiteren Vorgehens bildet also die von Ihnen zu formulierende Forschungshypothese, die es durch die von Ihnen durchgeführte Befragung auf nachvollziehbare Weise entweder zu belegen oder aber zu widerlegen gilt. Zunächst aber müssen sich sich für eine der unterschiedlichen Befragungsarten entscheiden.

Wählen Sie die Art Ihrer Befragung!

Je nach Forschungsfrage und der zu befragenden Anzahl von Menschen und vor allem je nach vorhandenen Ressourcen (Zeit, Geld, Personal), haben Sie sich erst einmal für eine der unterschiedlichen Formen der Befragung zu entscheiden, und zwar grundsätzlich zwischen:

- **mündlicher Befragung** in Form des Interviews sowie einer
- **schriftlichen Befragung** mithilfe von Fragebögen.

Das Telefoninterview und die Online-Befragung stellen Sonderformen dar, wobei die Befragung per Internet eher dem schriftlichen Fragebogen entspricht, wohingegen das Telefoninterview zur mündlichen Befragung zählt (auch wenn die Anwahl der Nummern dabei oft nach dem Zufallsprinzip per Computer erfolgt, wie es etwa in der Marktforschung heute üblich ist. Finden hingegen Fragestellung und Auswertung der Antworten vollelektronisch statt, lässt sich die Methode auch als eigene Befragungstechnik zwischen schriftlich und mündlich charakterisieren).

Sowohl schriftliche als auch mündliche Befragungen lassen sich hinsichtlich zweier wichtiger Kriterien unterscheiden:

1. »Freiheitsgrad« des Befragten: Ist dieser in seinen Antwortmöglichkeiten frei (bzw. in welchem Ausmaß), kann also im Extremfall erzählen solange und soviel er will, oder sind hingegen ganz klare Antworten vorgegeben, etwa »ja«/»nein«/»egal«? Ersteres ist bei (manchen) qualitativen Befragungen der Fall, letzteres bei quantitativen Befragungen, dazwischen gibt es Übergangsformen.
2. »Freiheitsgrad« der Fragenden: Kann diese ihre Fragen weitgehend spontan stellen (wie im sog. »*narrativen Interview*« als Methode der qualitativen Befragung) oder sind die Fragen bereits vorgegeben und können höchstens noch erläutert werden, wie für quantitative Befragungen typisch?
   Speziell bei mündlichen Befragungen gibt es zudem noch ein drittes Kriterium:
3. Verhalten des Interviewers: Ist dieser in seinem Frageverhalten »hart« und nachfragend, gar nachbohrend, oder eher »weich« und zuhörend?

In grundsätzlicher Hinsicht gilt also: quantitative Befragungen verfügen über einen geringen Freiheitsgrad sowohl der Fragerin als auch des Befragten, der Interviewstil (bei mündlichen Befragungen) ist direkt und neutral. Sie sind, im Gegensatz zu qualitativen Befragungen (oder gar Alltagsbefragungen) in sehr hohem Maße strukturiert.

Stärken und Schwächen der Befragungsarten

Welche Befragungsart zum Einsatz gelangt, hängt wie gesagt von der jeweiligen Themenstellung und den Rahmenbedingungen der Forschung ab (v.a. Zeit und Geld, Zahl und Art der Interviewpartner, aber auch Grad der erforderlichen Anonymität etc.). Das Anfertigen eines Fragebogens, seine Verteilung / Versendung, das Warten auf den (hoffentlich hohen!) Rücklauf sowie die statistische Auswertung der Ergebnisse ist sicherlich aufwendiger und erfordert mehr Vorkenntnisse, als mündliche Interviews (die, wie Sie gleich sehen werden, aber auch etwas ganz anderes bedeuten als bloßes Fragenstellen!). Dafür liefert die schriftliche Befragung in der Regel aber auch quantitativ aussagekräftigere Daten, schon allein wegen der i.d.R. größeren Zahl der Befragten und der meist eindeutigeren Antwortvorgaben.

Die Vorteile einer **schriftlichen Befragung**, vor allem einer Online-Befragung, sind natürlich deren relativ geringe Kosten, weil Sie mit ein und derselben Vorlage, die dann vervielfältigt wird, viele Menschen auf einmal kontaktieren können. Auch ist der Organisationsaufwand i.d.R. geringer. Sie lässt sich mit wenigen Befragern (oder gar nur einem Frager) durchführen, weil die Befragten ja selbständig ausfüllen und niemand persönlich anwesend sein muss, um die Antworten zu registrieren. Ein womöglich störender und verzerrender Einfluss des Befragers entfällt somit. Nur so ist auch absolute Anonymität gewährleistet, denn auch bei einem Verzicht auf Namen und Adresse können sich Befragte bei einer »face-to-face-Befragung« schließlich nie wirklich sicher sein, ob sie nicht vielleicht doch »vom Sehen her« identifizierbar sind. (Sie kennen das vielleicht selbst aus vielen Beispielen von heiklen persönlichen Fragen, wo es auch einem persönlich unbekanntem Befrager gegenüber als unangenehm oder peinlich empfunden wird, wahrheitsgemäß zu antworten, weshalb eben mit »Notlügen«, Abschweifungen oder Halbwahrheiten etc. operiert wird).

Wie Sie sich bestimmt denken können, besteht der große Nachteil einer **schriftlichen Befragung** aber darin, dass Sie als Befragende den Antwortprozess nicht kontrollieren können. Sie wissen also nicht: Hat die befragte Person den Fragebogen wirklich selbständig ausgefüllt oder vielleicht zusammen mit anderen, die hierbei »beratend« tätig waren (ein gerade bei politischen Befragungen schwerwiegendes Problem!). Bei eventuellen Unklarheiten oder Missverständnissen, die womöglich trotz »Pre-Test« noch vorhanden sind, können Sie hier keinerlei Auskünfte geben und vor allem haben sie keinen Einblick, ob die befragte Person auch wirklich ernsthaft und konsequent ihren Fragebogen durchgeackert hat. Vielleicht wurden die Fragen ja vielmehr unter Zeitdruck und / oder abgelenkt durch etwas anderes bearbeitet. Oder vielleicht auch nur »just for fun« und ohne womöglich auch nur einen Blick auf die Fragen geworfen zu haben. Eventuell wurde nur deshalb (und vordergründig) kooperiert, um an eine bestimmte ausgelobte Belohnung für die Teilnahme an der Befragung zu gelangen, oder um der Pflicht zur Teilnahme nachzukommen. (Lehrerinnen wissen ein Lied davon zu singen, welche teils haarsträubenden Antworten auf ernst gemeinte Fragen gegeben werden, wenn die Teilnahme an einer anonymen Befragung verpflichtend ist. Häufig geschieht dies, um zu provozieren oder aus einer Trotzreaktion heraus.)

Die **mündliche Befragung** hat dort ihre Stärken, wo die Zahl der zu Befragenden überschaubar bleibt und eine persönliche Befragung somit überhaupt erst möglich ist. Außerdem ist sie von Vorteil gegenüber einer Fragebogen-Befragung, wenn vereinzeltes Nachfragen und Erläuterungen sinnvoll oder unverzichtbar scheinen (was allerdings Fragen nach der Qualität des Fragebogens aufwirft, siehe unten). Das Problem welches sich Ihnen bei der mündlichen Befragung im Rahmen einer empirisch-quantitativen Methode stellt, ist das der gegenseitigen Beeinflussung. Befragender und Befragte befinden sich immer in einer bestimmten sozialen Situation (z. B., indem sie sich gegenüber sitzen), in der sie sich wechselseitig beeinflussen (können). Das (kann) sich dann negativ auf das Kriterium der Objektivität und der möglichst hohen Strukturiertheit der Fragen und Antworten auswirken. Stellen Sie sich z. B. vor, ein Befragter stellt eine Verständnisfrage oder eine Rückfrage: Die Gefahr ist dann groß, dass Sie die Antwort (mit)beeinflussen oder sich vom vorgegebenen Schema des Fragebogens entfernen.[1]

1 Wenig strukturierte Interviews, wie etwa offene Gruppendiskussionen, narrative Interviews (Sie geben ein Stichwort oder eine »Impulsfrage vor und lassen den Befragten dann weitgehend frei reden) oder auch Leitfadeninterviews (die Antwortmöglichkeiten sind frei, der Interviewer orientiert sich lediglich an einem thematischen Leitfragen) sind deshalb auch klassischer Gegenstand qualitativer Befragungen.

Mündliche Befragung

Sie haben sich nach Abwägung der jeweiligen Stärken und Schwächen der Befragungsarten für eine mündliche Befragung entschieden. Eine mündliche quantitative Befragung ist ein stark strukturiertes Interview anhand eines abzuarbeitenden *standardisierten* Fragebogens. Standardisiert meint, dass alle Befragten die jeweils gleichen Fragen in jeweils gleicher Formulierung und jeweils gleicher Reihenfolge von einem Interviewer gestellt bekommen. Das heißt in der Praxis, dass Sie als Befragerin anhand eines vorab erstellten Interviewschemas in Form eines schriftlichen Fragebogens vorgehen. Sie haben sich dabei exakt an die *Vorgaben* zu halten und müssen zudem strikt *neutral* bleiben.

Bevor Sie ein stark strukturiertes Interview durchführen, sollten Sie aber vorher ein *gering bzw. teil-strukturiertes Interview* führen, das Ihnen im Sinne eines Probedurchlaufs (des sog. »**Pre-Tests**«) zunächst einmal diejenigen Fragen herausfiltern hilft, auf die in der Praxis der Interviewsituation auch wirklich sinnvolle Antworten gegeben werden (können). Oft genug stellt sich nämlich erst mitten im Interviewverlauf und damit zu spät heraus, dass bestimmte Fragen missverständlich formuliert, mehrdeutig oder sonstwie nicht oder kaum sinnvoll beantwortbar sind. Da sich ein solcher Fehler im Interview selbst kaum noch beheben lässt, kann Ihnen ein Vorab-Interview dabei helfen, eine strukturierten Interviewerfragebogen zu entwerfen. Dabei müssen Sie präzise und sorgfältig vorgehen, weil der Fragebogen später die Befragungssituation stark einschränkt und reglementiert (siehe unten). Ein Improvisieren im Sinne eines kurzfristigen Austauschs von Fragen oder einer freien Interpretation missverständlicher Fragen verbietet sich im standardisierten Interview.

Auch bei der quantitativen mündlichen Befragung können Sie zwischen verschiedenen Formen wählen. Zu unterscheiden sind:

Einzelinterview: Dabei handelt es sich um die am häufigsten verwendetet Form der Befragung. Sie wird anhand des bereits erläuterten stark strukturierten Fragebogens durchgeführt, der von Befragenden schrittweise vorgelesen wird.

Panelbefragung: Dabei handelt es sich um eine Befragung (die auch – und meistens – in schriftlicher Form durchgeführt werden kann), die eine Auswahl von Menschen zu einem ganz bestimmten Thema in regelmäßiger Reihenfolge über einen bestimmten (oft auch längeren) Zeitraum hinweg befragt. Man spricht deshalb auch von einer »Längsschnittbefragung« oder »Längsschnittstudie«. Sie ist besonders gut geeignet, wenn Sie z. B. Veränderungen bestimmter Einstellungen und Meinungen in Erfahrung bringen wollen (so könnte ein Lehrer bspw. seine Schüler über mehrere Jahre hinweg einmal jährlich zu ihren Freizeitinteressen oder zu ihrer Mediennutzung befragen).

Expertenbefragung: Bei diesem Verfahren (das ebenso schriftlich durchgeführt werden kann) werden gezielt erwiesene Expertinnen eines Fachgebietes zu einem bestimmten Sachverhalt befragt.

Delphi-Methode: Einer Gruppe von zu Befragenden werden die Ergebnisse und Kernaussagen einer vorangegangenen Befragungsrunde vorgelegt. Jeder, der an solchen wiederholten schriftlichen Befragungen teilnimmt, muss die eigenen Antworten mit denen anderer vergleichen. (In diesem Fall sind in aller Regel Rückfragen und Erläuterungen angebracht, weshalb sich die Delphi-Befragung eher für eine nicht- oder teil-strukturierte Befragung eignet, also einem eher qualitativen Vorgehen entspricht.

Telefoninterview: Das Telefoninterview stellt einen Sonderfall der mündlichen Befragung dar (während die Online-Befragung wie gesagt zur schriftlichen Befragung zählt). Wie Sie wahrscheinlich selber schon erlebt haben (oder erleben mussten), greifen vor allem Markt- und Meinungsforschungsinstitute auf dieses Erhebungsinstrument zurück. Um das Kriterium der *Repräsentativität* zu erfüllen, werden zu befragende Personen meist nach dem Zufallsprinzip (i.d.R. durch ein Computersystem) angerufen. Interessieren hingegen nur bestimmte Zielgruppen, wird auf Sozialdaten zurückgegriffen, die sich aus unterschiedlichsten Quellen speisen (Einwohnermeldeämter, Adressregister) und etwas über die soziale Situation oder die Interessen von Personen aussagen. (Nicht selten werden solche personenbezogenen Daten auch illegal von kommerziellen Adressenhändlern besorgt). Die Probleme einer Telefonbefragung können Sie sich sicher denken: Abgesehen davon, dass die Teilnahme meistens nicht freiwillig erfolgt (und deshalb oft auf eine Weise geantwortet wird, die eher einem »Abwimmeln« des Anrufers gleichkommt, weil man zum Auflegen dann doch zu feige oder zu höflich ist), können die Befragenden auch nicht überprüfen, *wer* am Telefon sitzt; den Befragten können keine schriftlichen »Denkhilfen« (Fragebogen) angeboten werden, entsprechend müssen die Fragen sehr einfach gehalten sein und sind deshalb mitunter nicht sehr aussagekräftig. Schließlich muss im Sinne der quantitativen Forschung das ganze Interview stark strukturiert sein und erlaubt deshalb den Befragten wenig Freiraum für Antworten, was als demotivierend empfunden werden kann.

Schriftliche Befragung mit Fragebogen

Eine **schriftliche Befragung** bedeutet, dass die Befragten einen **schriftlichen Fragebogen** ausfüllen sollen. Dabei können Sie als Befragende beim Ausfüllen anwesend sein, oder aber Ihre Funktion »beschränkt« sich darin, den Fragebogen anzufertigen (zu »designen«) und zu verteilen. Die Rücksendung des ausgefüllten Fragebogens erfolgt dann entweder per Post oder – in zunehmendem Maße – per Email im Falle einer Online-Befragung.

Die Hauptschwierigkeit bei der Durchführung schriftlicher Befragungen wurde vorher schon genannt: Wer garantiert Ihnen eigentlich, dass die befragte Personengruppe die Fragebögen tatsächlich 1.: wahrheitsgemäß ausfüllt und (ggf.) 2.: auch noch zurückschickt? Letzteres, das Zurückschicken des ausgefüllten Fragebogens, sollte deshalb so »niedrigschwellig« wie irgend möglich erfolgen. D. h.: Ein ausgefüllter und frankierter Rückumschlag ist auf alle Fälle beigelegt (zumindest dann, wenn die Befragten kein großes Eigeninteresse an einer bestimmten Befragung haben). Einfacher gestaltet sich das natürlich im Falle einer Online-Befragung; gleichzeitig besteht die Kunst hier aber zunächst schon mal darin, die kontaktierte Person überhaupt dazu zu bewegen, die Mail zu öffnen und nicht gleich als Spam zu löschen. Wie Sie bestimmt aus eigener (oft genug leidvoller) Erfahrung wissen, versuchen viele Marktforschungsinstitute, aber auch wissenschaftliche Institutionen mit allerlei Anreizsystemen (Teilnahme an Preisausschreiben etc.), Sie zur Mitarbeit zu motivieren. Dass dergleichen Strategien meist nur bei bestimmten Zielgruppen anschlagen und deshalb auf Kosten der Repräsentativität gehen, zudem auch keinerlei Garantie bieten, dass tatsächlich wahrheitsgemäße Antworten geliefert werden (die Teilnahme an der Verlosung ist schließlich unabhängig von der Qualität der Antworten), ist klar. Tatsächlich gibt es für eine hohe Rücklaufwahrscheinlichkeit leider kein Patentrezept: Zu sehr hängt diese an der Art der Befragung und am dahinter stehenden Erkenntnisinteresse.

Den höchsten Erfolg haben Sie diesbezüglich erfahrungsgemäß bei der Befragung geschlossener, gleichartiger Gruppen, die zudem einen Sinn in der durchgeführten Studie erkennen können, vielleicht deshalb, weil sie selber Betroffene sind: Eine anonyme Befragung von alleinerziehenden Müttern (denen die Fragebögen bspw. in einer Beratungsstelle ausgehändigt wurden) zu deren sozialer Situation (sowie Möglichkeiten ihrer Verbesserung) hat bestimmt einen weitaus höheren Rücklauf als eine in der Hauspost befindliche Befragung zu persönlichen Reisegewohnheiten, für deren Beantwortung eine Teilnahme an einer Verlosung winkt (über deren Modalitäten ich zu allem Überfluss meist nichts weiß).

Die »Kunstfertigkeit« der Fragebogengestaltung

Wenn es um die Gestaltung eines Fragebogens geht, ist die Bezeichnung »Kunst« durchaus angebracht, auch darf beim **Fragebogendesign** von einer »Wissenschaft für sich« gesprochen werden. Schließlich hat ein brauchbarer Fragebogen gleich einer ganzen Reihe von Ansprüchen zu genügen:

- Er muss die Fragen klar und unmissverständlich formulieren.
- Seine Handhabung sollte leicht fallen (es bedarf also keiner »Betriebsanleitung«, um ihn bearbeiten zu können).
- Die Anleitung zum Ausfüllen muss exakt sein.
- Die Struktur der Fragen sollte einer inneren Logik folgen
- Die Antwortvorgaben sollten sowohl dem Inhalt angemessen als auch einer späteren Auswertung dienlich sein.

Der letzte Punkt meint Folgendes: Es gibt genügend Beispiele für interessante Fragestellungen, die sich einer statistischen Auswertung aber entziehen: Wenn Sie etwa bestimmte Einstellungen von Menschen an jeweils verschiedenen Orten und zu verschiedenen Zeiten in Erfahrungen bringen wollen, ist dies sicher eine lobenswert differenzierte Vorgehensweise, die Auswertung der Ergebnisse erfordert aber eine entsprechend komplexe mehrdimensionale Darstellungsweise. Umgekehrt ist eine Darstellung der Art »X% sagen Ja, Y% sagen Nein« statistisch einfach darzustellen, bezogen auf viele Fragen aber nur wenig aussagekräftig und »unterkomplex«.

Bei manchen Fragestellungen werden die Antwortmöglichkeiten »ja«, »nein«, »egal« dem Forschungsinteresse nicht entsprechen bzw. ihm nicht gerecht werden. Bei der Frage: »Sind Sie zufrieden mit dem Lehrangebot Ihrer Fakultät?« wäre ein sogenanntes »Polaritätsprofil« sicher aussagekräftiger als eine rein geschlossene Antwort im Sinne von ja / nein: Die Antwort wäre dann vielmehr in einer Skala mit den Polen »Sehr« und »Überhaupt nicht« anzusiedeln und beinhaltet dazwischen etwa auch die Antwortmöglichkeiten »Ein wenig«, »Sowohl als auch« und »Kaum«. Andererseits ist ein solches Antwortschema natürlich ein wenig aufwendiger auszuwerten als das bei einer bloßen Auszählung von Ja's und Nein's der Fall wäre.

Nicht nur die Antwortvorgaben, sondern auch – und vor allem! – die Art und Weise, *wie* Sie Ihre Fragen formulieren, entscheidet in ganz erheblichem Maße darüber, ob ein Fragebogen überhaupt ausgefüllt wird und zudem auch wahrheitsgemäß (das gilt natürlich auch für mündliche Befragungen).

So macht es etwa einen gravierenden Unterschied, ob Sie die Frage stellen: »Gehen Sie manchmal fremd?« oder ob Sie denselben Sachverhalt wie folgt formulieren: »Würden Sie jemanden moralisch verurteilen, der manchmal fremd geht?«

Zwar ist damit nicht das Gleiche gefragt, dennoch lassen sich Rückschlüsse auf ein tatsächliches Verhalten ziehen. Genau darin besteht aber nun besagte Kunstfertigkeit des Fragebogendesigns: Fragen (gerade heikle Fragen, die etwas über die Persönlichkeit aussagen) so zu formulieren, dass sich niemand in die Enge getrieben fühlt und dabei dennoch aussagekräftige Ergebnisse erzielt werden!

Noch ein Beispiel: Wenn Sie fragen würden: »Sind Sie ein Ausländerfeind?« werden Sie mit Sicherheit ganz andere Ergebnisse erzielen als mit der Frage »Wäre es Ihnen Recht, wenn Ausländer in Ihrer Nachbarschaft leben oder wäre es Ihnen lieber, wenn das nicht der Fall wäre?« Wer sich für letztere Antwortvorgabe entscheidet, ist sicher noch nicht zwangsläufig und automatisch ein Ausländerfeind. Dennoch läst eine solche Frage womöglich substantiellere Rückschlüsse zu als die direkte Frage, die womöglich viele nicht mit »ja« beantworten wollen, weil sie sich selber nicht so einschätzen, obwohl ihr Denken von entsprechenden Stereotypen und Vorurteilen bestimmt ist.

Es gibt noch eine ganze Reihe weiterer Tipps und Tricks für die Gestaltung möglichst »wasserdichter« Fragebögen: z. B. gilt es zu berücksichtigen, dass Befragte gegen Ende des Antwortprozesses sowohl ihre Aufmerksamkeit als auch ihr Interesse zu verlieren drohen. Deshalb sollten gegen Ende des Fragbogens die Fragen kürzer gefasst sein. Nachfolgend finden Sie einige wichtige Grundsätze für die Gestaltung von Fragebögen zusammengefasst. Es versteht sich von selbst, dass die konkrete Fragestellung und das Interesse Ihrer Befragung über die Gewichtung der einzelnen Punkte entscheidet.

Wichtig

Regeln für das Design Ihres Fragebogens

- Fragen müssen immer so einfach, eindeutig und verständlich und zudem so kurz wie möglich formuliert sein. Komplexe Sätze, doppelte Verneinungen, Fremd- und Fachwörter sind zu unterlassen. Entsprechend sollten sich die Fragen auch eher an der Umgangssprache orientieren (sofern es sich um keine Expertenbefragung handelt).
- Die Fragen müssen so konkret wie möglich sein, Unklarheiten bzw. Mehrdeutigkeiten sind zu vermeiden. (Die Frage: »Sind Sie mit den gesellschaftlichen Verhältnissen der Gegenwart zufrieden?« ist natürlich viel zu unspezifisch. Auch eine Frage der Art: »Sind Sie für oder gegen die Hochschulreformen in Europa?« ist zu mehrdeutig).
- Die Fragen sollten so neutral wie möglich formuliert sein, weshalb die Antwortvorgaben qualitativ entsprechend ausgewogen sein müssen. (Dies ist →

← Wichtig

z. B. nicht der Fall, wenn auf die Frage: »Sind Sie mit dem Studium zufrieden?« einerseits mit »Ja«, andererseits mit »Keinesfalls« antworten können).

- Suggestivfragen sind zu unterlassen, ebenso rhetorische Fragen. (»Sind Sie *auch* der Meinung ...?«, »Sind Sie wie die meisten Studierenden *auch* der Ansicht, dass ...?«).
- Die Anzahl der Antwortvorgaben muss überschaubar und doch aussagekräftig sein. (Bei einem Polaritätsprofil mit den beiden »Außenposten«: »bin absolut dafür / bin absolut dagegen« bedarf es zwingend innerer Abstufungen. Andererseits muss die Anzahl an Antwortkategorien aber überschaubar bleiben, das sonst die Auswertung wenig Substanz liefert). Speziell bei Polaritätsprofilen sollten links und rechts von der mittleren Position gleich viel Antwortmöglichkeiten vorhanden sein, da sonst erfahrungsgemäß die Seite mit der Überzahl an Kategorien bevorzugt wird.
- Die Fragen dürfen nicht überfordern. Das gilt zum einen für Expertenwissen, das Nicht-Experten abverlangt wird (»Was halten Sie von der aktuellen Gesetzesnovelle der EU-Kommission?«), zum anderen für überfordernde Schätzungen (»Wie viele Stunden verbringen Sie im Semester an der Uni?«).
- Der Fragebogen muss die Messeinheiten und Relationen beinhalten, auf die sich die Frage bezieht. (Die Frage »Wie viel lesen Sie in der Woche durchschnittlich?« muss sinnvollerweise eine Minuten oder Stundenskala enthalten). Zudem ist es angebracht, Skalen sinnvoll zu untergliedern. (Die Frage nach der Lesedauer kann etwa in der Form »unter einer Stunde, 1-2 Stunden,..., mehr als 8 Stunden« o. ä. kategorisiert werden. Ein *Pre-Test* kann dabei Auskunft über die sinnvolle Anzahl und den Umfang der einzelnen Kategorien liefern).
- Die Reihenfolge der Fragen muss bedacht werden: Weder darf diese zu lang sein (weil dann die Gefahr der Demotivation besteht), noch sollte die Reihenfolge eine versteckte Wertung zum Ausdruck bringen.

Nicht zu vergessen sind Ihrem Fragebogen natürlich Angaben zur Person hinsichtlich der Sie interessierenden Eigenschaften (diese Angaben werden meist zu Beginn des Fragebogens erhoben). Dabei müssen Sie natürlich darauf achten, dass solche Angaben evtl. nicht auf Kosten der Anonymität gehen. Durchaus üblich sind etwa Angaben zum Geschlecht und Alter, evtl. auch zur Ausbildung oder zur Herkunftsregion.
Bei der Anfertigung eines Fragebogens gilt eben wie überhaupt: Nur Übung macht den Meister!

Aufbereitung quantitativer mündlicher Befragungen

Nach Beendigung Ihrer schriftlichen oder mündlichen Befragung verfügen Sie (hoffentlich!) über jede Menge ausgefüllter Fragebögen bzw. Befragungsprotokolle, die es nun nach den Regeln der quantitativen Sozialforschung auszuwerten gilt. In Abschnitt V.2 finden Sie eine Einführung in die üblichen Ansätze einer statistischen Auswertung quantitativer empirischer Daten. An dieser Stelle geht es deshalb nur kurz um einige Besonderheiten im speziellen Zusammenhang der Auswertung von Befragungen.

Grundsätzlich gilt, dass Sie jedes Interview in irgendeiner Weise »festhalten«, also verschriftlichen müssen. Bei einer schriftlichen Befragung haben Sie die Antworten ohnehin schon vorliegen. Bei einer mündlichen Befragung müssen Sie die zuvor per Video oder Tonträger mitgeschnittenen Interviews **transkribieren**, d.h.: wörtlich protokollieren (Sie haben übrigens – leider – Recht, wenn Sie sich gerade denken sollten: »Ohne Zehn-Finger-System ist sowas ja mitunter eine Menge Arbeit!«). Dabei lassen sich verschiedene Formen der Verschriftlichung unterscheiden (s.a. Abschnitt IV.3):

Wörtliche Transkription: Die erhobenen Antworten werden vollständig in Schriftform übertragen

Kommentierte Transkription: Auch nicht-mündliche Bestandteile eines Interviews (Pausen, Lachen, Grübeln, Betonungen etc.) werden (meistens in Klammern) angeführt. (Sie kennen das sicherlich aus Zeitungen und Zeitschriften und wissen deshalb, das eine Antwort mit der Einfügung [»überlegt lange, dann grinsend:«] die Interpretation und die Aussagekraft einer Aussage deutlich erhöhen kann).

Zusammenfassendes Protokoll: Wenn lediglich inhaltliche Teilaspekte interessieren, kann ein Interview auch systematisch (mit Blick auf die interessierenden Aspekte) zusammengefasst werden. Dabei ist zu berücksichtigen, dass unterschiedliche Aspekte / Themen auch nach der Zusammenfassung gleichgewichtig angeführt werden, da andernfalls der Inhalt verzerrt würde.

Selektives Protokoll: Auch hier geht es darum, anhand vorher festgelegter Auswahlkriterien nur ganz bestimmte Textstellen anzuführen, die für eine bestimmte Fragestellung von Bedeutung sind (z.B. in der Form, dass nur die Textstelle einer ausführlichen Transkription berücksichtigt werden, in denen bestimmte Schlüsselbegriffe [sog. »Ankerbegriffe«] und auf sie verweisende Begriffe berücksichtigt werden).

Überblick

Die einzelnen Arbeitsschritte einer Befragung

Wie Sie sehen konnten, handelt es sich bei der Methode der Befragung angesichts der unterschiedlichen Befragungstypen und Auswertungsmöglichkeiten um eine komplexe Angelegenheit. Abschließend deshalb hier nochmal eine kompakte Zusammenfassung der typischen Vorgehensweise bei einer Befragung in Form von 10 Stichpunkten (die Reihenfolge gibt lediglich eine grobe Struktur an, im Einzelnen überlappen sich die Punkte durchaus):

1. Sammlung von Unterlagen zum Forschungsthema, Einlesen in die Untersuchungsmaterie, Vorüberlegungen, Formulierung der Arbeitshypothese
2. Zielgruppendefinition (abhängig von der Forschungsfrage), Entscheidung für die Erhebungsmethodik (mündlich / schriftlich? Telefon, Internet, Brief?) sowie erste Kontaktanbahnung mit möglichen Interviewpartnern / zu Befragenden.
3. Entwicklung des Erhebungsinstrumentes (Design des Fragebogens bzw. des Interviewleitfadens).
4. Zusammenstellung der Stichprobe(n) / Stichprobenauswahl (ist die Stichprobenziehung repräsentativ?)
5. Einrichtung einer Datenbank / eines Erhebungsprotokolls
6. Auswahl und Schulung der Interviewerinnen / der Mithelferinnen.
7. Durchführung der Befragung, wenn möglich nach einem vorangehenden Probedurchlauf mit geringer Stichprobe. (Findet die Befragung »vor Ort«, also im »sozialen Feld« statt, spricht man auch von der »Feldphase«).
8. Überprüfung und Auszählung der Antworten.
9. Statistische Auswertung und Analyse des Datenmaterials (siehe nachfolgend).
10. Anfertigung des Forschungsberichts. In diesem wird das gesamte methodische Vorgehen vorgestellt und ggf. auch kritisch diskutiert. Er beinhaltet also die Forschungshypothese, die Begründung und Darstellung des Erhebungsinstrumentes (z.B. die Art des Fragebogens), das methodische Vorgehen und die Durchführung im Einzelnen (»wer hat wann und wo wen über was befragt«?) sowie letztlich die Darstellung, Auswertung und (selbstkritische!) Interpretation der Daten.

Jede Menge Arbeit? Stimmt! Und doch werden Sie sehen, dass eine methodisch sauber durchgeführte Befragung auch sehr viel Spaß machen kann. Nur Mut!

Vor der Durchführung einer quantitativen Befragung müssen Sie sich zunächst entscheiden, ob Sie eine schriftliche oder eine mündliche Befragung (oder auch beides) durchführen wollen. Beide Verfahren haben Vor- und Nachteile, die Sie mit Blick auf Ihre Forschungsfrage(n) abwägen müssen. Sowohl bei Fragebogenbefragungen als auch bei Interviews gibt es wiederum spezielle Durchführungsmöglichkeiten, die mit je eigenen Anforderungen einhergehen. In allen Fällen der Befragung steht und fällt die Qualität der Ergebnisse mit dem Design des zugehörigen Fragebogens, bei dem eine Reihe wichtiger Grundsätze zu berücksichtigen sind. Letztlich gilt es dann, die erhobenen Antworten in auswertbare Kategorien zu überführen und diese dann nach quantitativen Kriterien auszuwerten.

Literaturtipps

Atteslander, Peter (2010): Methoden der empirischen Sozialforschung. 13. Aufl. Berlin u. a.: Schmidt.

Diekmann, Andreas (2007): Empirische Sozialforschung: Grundlagen, Methoden, Anwendungen. 18., vollständig überarbeitete und erweiterte Neuausgabe. Reinbek: Rowohlt.

Kromrey, Helmut (2009): Empirische Sozialforschung. Modelle und Methoden der standardisierten Datenerhebung und Datenauswertung. 12. Auflage. Stuttgart: Lucius & Lucius.

Mayer, Horst Otto (2012): Interview und schriftliche Befragung. Grundlagen und Methoden empirischer Sozialforschung. 6. Aufl. München / Wien: Oldenbourg.

Raithel, Jürgen (2008): Quantitative Forschung: Ein Praxiskurs. Wiesbaden: VS.

3 Aufbereitungsmethoden

Die **Aufbereitung** erhobener Daten ist ein – vor allem zu Beginn – oft unterschätzter und vernachlässigter Schritt in der empirischen Forschung. Es handelt sich hierbei um eine eigene Phase bei der Durchführung eines Forschungsprojektes. Sie liegt zwischen Erhebungs- und Auswertungsphase. Ihr kommt eine besondere Bedeutung bei der vorbereitenden Zusammenstellung und Auswahl der bereits erhobenen Daten für die weitere Datenanalyse und Datenauswertung zu.

Die erhobenen Daten stellen das aufzubereitende Material dar. Sie können in unterschiedlichen Formen vorliegen, z. B. als Statistiken, Texte, Abbildungen, Filme und Tonaufnahmen. Aufgabe jeder wissenschaftlichen Arbeit ist es, Daten zu beschreiben, darzustellen und zu analysieren. Das Aufbereiten der erhobenen Daten, also des vorliegenden Datenmaterials, soll dies unterstützen.

Aufbereiten meint dabei das Behandeln von erhobenen Daten mit dem Ziel, diese so auszuwählen und zu arrangieren, dass sie den Untersuchungszielen entsprechend, mit dem geringsten Aufwand und dem größtmöglichen Ertrag an Erkenntnissen ausgewertet und dargestellt werden können. Dazu gehört die Prüfung der vorliegenden Daten auf Sinnhaftigkeit und Plausibilität. Sind die Daten vollständig und die Daten(träger) richtig gekennzeichnet? Gibt es Unklarheiten, Auffälligkeiten und Widersprüche? Sind alle Daten, die es braucht, erhoben worden? Fehlen wichtige Informationen zur Beschreibung der Daten?

Für die Aufbereitung *quantitativer* Daten gibt es eine Reihe an standardisierten numerischen und graphischen Aufbereitungsmethoden, die zur Deskriptivstatistik (beschreibende Statistik) gehören und die die notwendige Voraussetzung für die Inferenzstatistik (prüfende Statistik) bilden. Für *qualitative* Daten gibt es eigene Möglichkeiten, wie z. B. Texte nach inhaltlichen Gesichtspunkten auszuwählen, Oberbegriffe für inhaltlich zusammenhängende Begriffe zu finden, Kategorien für die inhaltliche Zuordnung von Textstellen zu bilden, Zusammenfassungen von Texten zu erstellen und Schlagwörter zu definieren. Die Aufbereitung qualitativer Daten ist aufgrund der vielen notwendigen inhalts- und sprachbezogenen Denkarbeit besonders zeitintensiv.

Zum Beschreiben, Analysieren und Erörtern eines Sachverhalts verwendet die Wissenschaft in beiden Anwendungsbereichen grundsätzlich die *wissenschaftliche Sprache*. Das ist die Schriftsprache unter Hinzunahme wissenschaftlicher Fachsprachen und unter Anwendung auf Logik basierender Prinzipien. Behauptungen müssen demnach begründet und belegt werden. Beschreiben, Analysieren, Begründen, Belegen und Erörtern lässt sich sprachlich nur hintereinander, d. h. linear. Beim Beschreiben von visuellen oder auditiven Eindrücken (wie z. B. eine Graphik, eine Abbildung, ein Bild, eine Geste bzw. Bewegung, ein Lied) lässt sich meist nur ein Detail nach dem anderen schriftlich festhalten. Das Versprachlichen und in Folge Verschriftlichen erzeugt also eine lineare Abfolge des erhobenen Datenmaterials.

Transkription von Interviews

Interviews sind eine Form der Befragung, die häufig in der qualitativen Forschung zum Einsatz kommen. Sie finden in der Regel mündlich statt und werden mit einem Aufnahmegerät (Tonträger oder Bild- und Tonträger, also einem Audio-

oder Videogerät) festgehalten. Um Interviews auswerten zu können, müssen sie in einer *verschriftlichten* Form vorliegen. Das bedeutet, die für die Auswertung erheblichen *Interviewpassagen* zu bestimmen und *nach bestimmten Regeln* abzutippen. Es bedeutet also nicht, den Text von vornherein eins zu eins zu übertragen. Außer man entschließt sich aus inhaltlichen Gründen dafür, das gesamte Interview einzutippen.

Der Begriff der **Transkription** leitet sich vom Lateinischen *trans-scribere* ab, was überschreiben bzw. übertragen, umschreiben, auch abschreiben und kopieren bedeutet. Das Übertragen von mündlichen Interviewstellen (den ausgewählten »Interviewdaten«) von einem entsprechenden Tonträger in eine Textdatei, also das Verschriftlichen von im Interview getätigten Aussagen, meist noch durch Abtippen mit der Hand, nennt man Transkription. Es kann aber auch sein, dass kein audiovisuelles Material vorliegt, sondern Texte und Notizen, die in der vorliegenden Form noch nicht auswertbar sind. Diese werden dann ebenfalls erst durch Umschreiben (Transkription) nutzbar.

Transkriptionen sollten auch äußere, auf das Interview bezogene und für das Forschungsprojekt relevante Gegebenheiten bzw. Daten festhalten. Wann und wo das Interview stattgefunden hat, wie lange es gedauert hat, die äußeren Umstände, die statistischen und anonymisierten Daten zu den befragten Personen, die Kodierungserläuterungen, u. a. m.

Gründe, sich Gedanken über inhaltlich treffende Passagen zu machen und diese zu bestimmen, sind neben den inhaltlichen Gründen vor allem die zeitlichen und finanziellen Ressourcen, die es ökonomisch einzusetzen gilt. Ist das Budget vorhanden und ebenso genügend Zeit, kann man entsprechend mehr oder alle Interviewpassagen (ausgewählter oder aller Interviews) in eine Textdatei übertragen.

Zweckmäßig ist es, für jedes Interview eine eigene Datei anzulegen. Wichtig ist neben einem einheitlichen und in Form von Transkriptionsregeln (auch Transkribierregeln genannt) vorangestellten Modus die *Zeilennummerierung* des eingegebenen Textes (des Interviews). Mit der Zeilennummerierung am linken Rand des Textes kann jede Bezugnahme auf eine Interviewpassage präzise und nachprüfbar anhand der Originalaussage belegt werden.

Transkriptionsregeln gewährleisten eine verbindliche Bearbeitungsweise und eine einheitliche Auswertung von einer gegebenen oder noch zu bestimmenden Auswahl an Interviews. Sie werden aufgrund der inhaltlichen Absichten festgelegt. D. h. Transkriptionsregeln werden auf die jeweiligen Untersuchungsziele bezogen formuliert. Sie können von Forschungsprojekt zu Forschungsprojekt durchaus unterschiedlich sein.

Wenn z. B. in einem Fall Dialektforschung betrieben wird, so ist es nur folgerichtig, dass beim Verschriftlichen versucht wird, den Dialekt als sprachlichen Ausdruck zu erfassen und im Schriftbild zu erhalten. »Isch sell wiarklich a sou?« oder gar »Ma dai, isch sell a sou?« liest sich anders als »Ist das auch wirklich so?« Ebenso die Antwort »Sell jo« und die Übertragung »Ja logisch« oder »Ja, das ist so«.

Stehen die inhaltlichen Aussagen im Vordergrund, wie in der sich nach der Schriftsprache ausrichtenden Variante im vorigen Beispiel, und nicht der Dialekt als solcher, dann wird man zwar wörtlich zu transkribieren trachten, aber dies in Schriftsprache übersetzter und grammatikalisch entsprechender Form. »S'woa leicht unt kana hot gmeckat« wird zu »Es war leicht und keiner hat gemeckert.«

Man muss überlegen, ob beim Transkribieren der Lokalkolorit (die dialektische Einfärbung) erhalten bleiben soll und wenn ja wie stark, oder alle Aussagen in sachliche und der Schriftsprache entsprechende Formulierungen übertragen werden sollen. Im letzteren Fall ist die Fokussierung auf den Inhalt der Aussage stärker gegeben, da die Ablenkung durch den Dialekt wegfällt. Der Inhalt der Aussagen lässt sich so leichter erfassen und in der weiteren Bearbeitung handhaben.

Es gilt auch zu klären, inwieweit nicht-sprachliche Äußerungen (Mimik, Gestik, Pausen, etc.) verschriftlicht werden sollen. Grundsätzlich ist jede Verringerung des Aufwands anzustreben. Wenn die vielen »hm..« und »äh..« nicht wichtig sind, lassen Sie sie weg. Wenn der Tonfall in der Stimme, das Zögern, der Zweifel nicht wichtig sind, ebenfalls. Transkribieren Sie nur das, was Sie für Ihr Untersuchungsziel brauchen. Am Anfang aber etwas mehr oder besser noch das eine oder andere Interview ganz, um die Wirkung des Textes zu spüren und nicht Gefahr zu laufen, zu wenig zu transkribieren.

Das Ziel der Transkription ist es, v. a. mündlich überlieferte Informationen (aus Interviews, Erzählungen, etc.) lesbar zu machen. Transkriptionsregeln helfen dabei. Die verschiedenen, dem jeweiligen Forschungszweck angepassten Transkriptionsregeln haben trotzdem einige Regeln bzw. Punkte gemeinsam. Meist werden die Interviewpartner anonymisiert, um deren persönliche Identität zu schützen und dem Datenschutz gerecht zu werden.

Die interviewende Person bekommt ein Kürzel wie z. B. »I« für Interviewer und die interviewte bzw. befragte Person ein Kürzel wie z. B. »B« für befragte Person oder »E« oder »Ex« für befragte Expertin, u. ä. m. Diese Buchstabenkürzel werden zusätzlich nummeriert, also z. B. B1 oder »E1« für die erste befragte Person bzw. Expertin. Dies bezeichnet man als das *Kodieren der Interviewpartner* (die interviewenden Personen einbezogen).

Eine Möglichkeit, Pausen im Gesprächsverlauf aufzuzeigen, also z. B. die Pausen, die die befragte Person beim Beantworten einer Frage macht, sind Punkte ohne Klammern, wobei ein Punkt einer Pause von ca. einer Sekunde entsprechen kann. Ein Beispiel: »Es war leicht und keiner hat.. gemeckert.« Da könnten die ca. 2 Sekunden ein Zögern und ein Suchen nach dem passenden Ausdruck bedeuten. Das muss aber nicht so gewesen sein. Vielleicht ist die befragte Person sonst wie abgelenkt worden. Deshalb ist es wichtig, in einem Interview auch die Umgebung im Auge zu behalten und etwaige Veränderungen (Störungen) in Klammern zu notieren. Gleiches gilt für nonverbale Laute bzw. Äußerungen und für von den Interviewten produzierte Geräusche, z. B. Niesen (niest).

Egal, welche Transkriptionsregeln Sie erstellen und verwenden, Sie sollen Ihren Absichten gerecht werden. Es gibt keine verbindlichen anzuwendenden Regeln dafür. Am einfachsten und sinnvollsten ist es, wenn Sie nach gründlicher Vorüberlegung eine Tabelle mit den Transkriptionsregeln erstellen und nach einer oder zwei Transkriptionen überarbeiten und Ihren Bedürfnissen anpassen. Außerdem sorgen Sie damit auch für Transparenz der Aufzeichnungen und eine schnellere und optimale Orientierung bei ihrer Nutzung.

Beispiel

Transkriptionszeichen

Zeichen	Bedeutung
I	Interviewer oder Interviewerin
B	Interviewter oder Interviewte (befragte Person)
?	unverständliche Passage
...	Pause (ein paar Sekunden)
()	Kommentare (zu Situation, nicht-sprachlichen Handlungen, Störungen, Tonfall, usw.)

Protokollierung, Feldnotizen, Tagebücher

Gemeinsam ist den drei Methoden, in Forschungsprozessen Erlebtes, Geschehenes und Gedachtes systematisch festhalten zu wollen. Es handelt sich hierbei um verschiedene Varianten, relevante Daten im Forschungsprozess zu erheben. Sie spiegeln jeweils eine bestimmte Form der Auseinandersetzung mit dem Forschungsfeld wider.

Ihr Ziel ist nicht nur bloße Datenerhebung, sondern eine Art von Eintauchen in das Forschungsgebiet mit dem Bestreben, dieses tiefer und gründlicher zu erfassen. Ein wesentlicher Teil des Erkenntnisprozesses ergibt sich dabei aus der direkten Beobachtung von Ereignissen, selbst miterlebten Situationen und eigenen, auch inneren Erfahrungen, Emotionen und Gedanken.

Eine Möglichkeit, diese Erfahrungen festzuhalten, ist das genaue und detaillierte **Protokollieren** augenscheinlich relevanter *und* noch nicht als relevant einstufbarer Ereignisse. Die Bedeutung eines umfassenden Protokolls liegt u. a. darin, wesentliche Ergebnisse auch erst im Nachhinein, bei der Durchsicht und gedanklichen Konzentration auf die Aufzeichnungen, zu erkennen.

Bei Befragungen ohne Aufnahmegerät lassen sich die entsprechenden Antworten stichwortartig, so nah am Wortlaut wie möglich, festhalten und unter der betreffenden Frage sammeln und ggf. auch zusammenfassen. So können sie systematisch verglichen und ausgewertet werden. Von Protokollierung spricht man auch, wenn man die Daten auf einem Ton- oder Ton- und Bildträger aufnimmt. Diese Daten müssen allerdings, wie schon zuvor bei der Transkription erläutert, zur weiteren Bearbeitbarkeit verschriftlicht werden.

Eine andere Möglichkeit zum Festhalten von Daten in der Feldforschung ist das Anlegen von Forschungsnotizen, den so genannten **Feldnotizen**. Wie bei den beiden anderen Vorgangsweisen auch, handelt es sich hier ebenfalls um eine erste Art von Kodierung, bei der aus im Feld wahrgenommenen Ereignissen und Begebenheiten und auch selbst erlebten Geschehnissen durch Aufschreiben Daten geschaffen werden. Mit dem Feld ist die alltägliche Umgebung der beforschten Personen gemeint, die Feldforschung findet demgemäß im Alltag der beforschten Personen statt, mittels Beobachtung oder Befragung.

Der Prozess des Niederschreibens beinhaltet dabei bereits eine Auswahl der erlebten Wirklichkeit durch die forschende Person, die zwar geplant ist, aber auch im Nachhinein reflektiert und auf ihre Auswirkungen hin untersucht werden kann. Die Rolle der Forschung treibenden Person wird in der Feldforschung dabei kritisch mit einbezogen. Anders als bei der bloßen Protokollierung nimmt die Feldforschung die von der forschenden Person selbst erlebten Momente bewusst mit in den Erkenntnisprozess auf. Das Ergebnis der Feldforschung sind dann neben den Notizen auch die eigenen Erlebnisse und Rekonstruktionen dieser Erlebnisse, die gerade im Nachhinein weiter ergänzt, differenziert und verändert werden.

Die Feldnotizen können in unterschiedlicher Form angelegt werden. Entscheidend sind Sinn und Zweck der Notiz, die sich nach dem Erkenntnisinteresse der forschenden Person richten. Danach orientiert sich auch die Ausführung. Das kann von wörtlichen und nicht wörtlichen Notizen bis zu umfassenderen und sehr detaillierten Beschreibungen reichen.

Eine weitere Möglichkeit zum Festhalten von Forschungsdaten, oder genauer, zur Erzeugung von Forschungsdaten, stellt das Führen eines Forschungstagebuches dar. Stärker noch als die Feldnotizen betont das **Forschungstagebuch** die persönliche Seite der Erfahrungen im Forschungsprozess. Die Reflexion der eigenen, persönlichen Erfahrungen bezweckt nicht nur Erkenntnisse bezüglich des Forschungsgegenstandes, sondern auch auf die eigene Person bezogene Erkenntnisse.

Das heißt, die eigene Person wird nicht nur in Bezug auf das Forschungsvorhaben reflektiert. Sie wird auch im Hinblick auf persönliche Zielsetzungen überdacht. Tritt das forschungsbezogene Interesse überhaupt etwas in den Hintergrund, trifft deshalb manchmal der Begriff Tagebuch oder Lerntagebuch besser.

Spezifizierung von Datensätzen

Grundsätzlich handelt es sich bei Daten um aufgezeichnete Informationen, die gesammelt werden, um eine Forschungsfrage zu klären. Diese Informationen können Beobachtungen, Gedanken, Reaktionen, Messungen u. ä. m. betreffen.

Aufgrund der Menge an Daten ist es wichtig, die für die Untersuchung wesentlichen Datensätze zu bestimmen. Ein Datensatz bezieht sich dabei auf eine Gruppe von Daten, die auf ein bestimmtes Auswertungsziel hin (Beobachtungsziel) und für eine Beobachtungseinheit aus allen erhobenen Daten zusammengestellt wird. Eine **Datenselektion** findet in diesem Arbeitsschritt zumindest zweifach statt. Es sind die Beobachtungseinheiten (z. B. alle über 30-Jährigen) und Beobachtungsziele (z. B. ihr Bildungshintergrund) festzulegen.

Daten können aus vorliegenden Quellen wie z. B. anderen Studien oder einem statistischen Zentralamt verwendet werden. Oder sie sind erst im Rahmen einer Forschungstätigkeit neu zu erheben. Die Datenerhebung erfolgt dabei systematisch, d. h. ausgehend von einem konkreten Forschungsplan mit einer zentralen Forschungsfrage.

Vom Messen spricht man in diesem Zusammenhang, wenn standardisierte Messwerkzeuge verwendet werden, die einen *quantitativen* (numerischen) Vergleich mit anderen Daten ermöglichen. Diese müssen auch sprachlich und schriftlich erläutert werden. Daten können auch *qualitativ* erhoben werden. Dabei wird zwischen der Erhebungsart und Dokumentation der Daten unterschieden. Qualitative Daten lassen sich vor allem schriftlich, visuell und akustisch erheben und ebenso oder in Kombinationen davon darstellen.

Zu ihrer Bearbeitung sind in der qualitativen Forschung deshalb neben der inhaltlich bestimmten Auswahl der Daten besonders deren Verschriftlichung (Transkription) wichtig, da gerade audio-visuelle Daten für eine sprachliche Weiterverarbeitung erst über ihre Verschriftlichung in wissenschaftlich bearbeitbarer Form vorliegen. Unabhängig von den Aufzeichnungsmodi (-arten) und ob quantitativ oder qualitativ, gilt es aus den vorhandenen Daten diejenigen zu bestimmen, die für eine weitere Bearbeitung in Frage kommen.

Prüfung auf Messfehler und technische Aufbereitung

Bei quantitativen und qualitativen Forschungsverfahren ist die Aufbereitung der Daten, das Definieren von Datensätzen und deren Auswahl, also die Selektion von Datensätzen zur weiteren Auswertung, ein wesentlicher Faktor.

Dazu gehört deshalb insbesondere die Prüfung der Daten auf etwaige Messfehler, auf Vollständigkeit und auf Schlüssigkeit.

Bei **Messfehlern** spricht man in der Statistik von *systematischen* und *zufälligen* Messfehlern. Bei ersteren tritt bei Messwiederholungen immer der gleiche Messfehler auf, bei letzteren ändern sich das Ausmaß und die Richtung des Messfehlers. Messfehler können aufgrund eines fehlerhaften Messinstruments oder anderen äußeren Einflüssen auftreten oder wegen eines Fehlers beim Ablesen der Werte. Messfehler werden auch **Messabweichungen** genannt. Das Ergebnis sind *ungenaue* Messwerte.

Es gibt aber einen Messfehler, der auftritt und auch einen ungenauen Messwert zur Folge hat, obwohl die Messinstrumente in Ordnung sind, keine Einwirkungen von außen den Messvorgang beeinträchtigen und richtig gemessen wird. Wie das? Ganz einfach. Werden die Messungen nur an einer Zufallsstichprobe durchgeführt und nicht an der Grundgesamtheit, dann kommen deren Messwerte in einem abschätzbaren Bereich um den sogenannten *echten* oder *wahren* Wert aus der Grundgesamtheit zu liegen. Die Messwerte lassen sich dann als Funktion darstellen, bei der die Messwerte sich aus dem wahren Wert und dem Messfehler zusammensetzen.

Zur Erläuterung: Eine (Zufalls-)Stichprobe ist eine Auswahl von Untersuchungsobjekten aus einer Grundgesamtheit, die diese repräsentieren und bei der alle anderen Objekte der Grundgesamtheit die gleichen Chancen haben, in die Stichprobe zu gelangen. Da alle Stichproben die Grundgesamtheit nicht 1:1 abbilden und damit nicht 1:1 repräsentieren können (außer die Stichprobe fiele mit der Grundgesamtheit zusammen), gibt es immer einen kleinen Unterschied zwischen den Messwerten einer Stichprobe und dem *wahren* Wert der Grundgesamtheit. Die Grundgesamtheit ist dabei die Menge aller potentiellen Untersuchungsobjekte, also die Menge der Objekte, über die Aussagen getroffen werden sollen.

Ein weiterer wichtiger Faktor für eine entsprechende Spezifizierung von Datensätzen zur Datenselektion ist die Vollständigkeit der Daten bzw. des Datensatzes. Fehlende oder unbrauchbare Daten (Werte) können die Auswertung beeinträchtigen. Eine Möglichkeit, das Problem zu handhaben, bietet der Ausschluss von Datensätzen mit fehlenden Daten oder die Ausweisung der fehlenden Daten in der Auswertung. Im ersten Fall spricht man auch vom *Filtern* der Daten.

Neben der Vollständigkeit von Datensätzen gibt es noch andere Faktoren, die für die Überprüfung und Selektion von Daten eine wichtige Rolle spielen. Die Aktualität der Daten muss ebenso gegeben sein wie die Zuverlässigkeit der Datenquelle. Die Daten dürfen auch nicht widersprüchlich bzw. inkonsistent sein. Das heißt, ihre Konsistenz muss gegeben sein. Dies bedeutet, dass ihre Verarbeitung kein Durcheinander und keine Unklarheiten erzeugen darf.

Da besonders qualitative Daten immer wieder Prozessen der Umformulierung ausgesetzt sind, z.B. im Verlauf ihrer Verschriftlichung, kommt es dabei auch jedes Mal zu Selektionsentscheidungen. Diese gilt es inhaltlich auf Schlüssigkeit zu überprüfen, um zu gewährleisten, dass wesentliche Inhalte erhalten bleiben und das Forschungsziel mit den entsprechenden Daten bestmöglich fundiert werden kann.

Um die Daten für die weitere Bearbeitung verfügbar und handhabbar zu machen, muss besonderes Augenmerk auch auf die **technische Aufbereitung der Daten** gelegt werden. Am wichtigsten ist dabei die Eingabe der Daten in ein entsprechendes Datenerfassungs- bzw. Datenbankprogramm für die nachfolgende Datenauswertung. Daten in Form von Zahlenwerten sind problemlos einzugeben. Qualitative Daten wie Geschlecht oder höchster Bildungsabschluss müssen noch *vor* der Eingabe für die späteren Auswertungen *kodiert* (umgewandelt) oder bei großen qualitativen Datenmengen vorher *kategorisiert* werden. Diese Kodierung geschieht mit Zahlen (numerisch) oder auch mit Buchstaben (alphanumerisch).

Die Daten müssen nach ihrer Eingabe noch einmal kontrolliert und ggf. korrigiert werden. Es dürfen keine Datenwerte vorkommen, die nicht möglich sind oder die als Antwortmöglichkeit nicht vorgesehen waren. Der Vorteil von Datenbanken ist neben der übersichtlichen und einfachen Ablage der Daten vor allem ihre leichte Überprüfung auf fehlende Werte, falsche Eingaben, etc. und ein vereinfachtes Auswertungsprozedere durch schnellen und unkomplizierten Zugriff auf die Daten. Dazu gehört die vorherige Absicherung, dass mit den vorhandenen Daten die geplanten Auswertungen tatsächlich gerechnet werden können.

Wichtig ist auch die Speicherung und Sicherung audio-visueller u. a. Rohdaten auf verschiedenen Speichermedien (DVD, externe Festplatte, USB-Stick).

4 Die Rolle der Medien in der Erhebung und Aufbereitung von Daten

In den vorigen Abschnitten dieses Kapitels haben wir Sie mit qualitativen und quantitativen Erhebungsmethoden sowie mit Methoden der Datenaufbereitung bekannt gemacht. Abschließend wollen wir Sie in diesem Zusammenhang auf die Bedeutung der Medien aufmerksam machen. Dabei finden historische Dimensionen, Anregungen zur Selbstreflexion sowie systematische und praktische Überlegungen Beachtung.

Historische und systematische Überlegungen

Medien spielen in der empirischen Forschung seit jeher eine wichtige Rolle. Das gilt nicht nur für naturwissenschaftliche Experimente, sondern auch für die ältesten Formen der zählenden Datenerhebung und der Aufzeichnung über fremde Kulturen in vorchristlichen Jahrhunderten, sowie für die Staatsbeschreibungen der Neuzeit und die Vorläufer im 19. Jahrhundert (Bsp. Bevölkerungs- und Kriminalstatistik, ethnographische Forschungen). Die Frage nach der Bedeutung der Medien und ihren Wirkungen im gesellschaftlichen Zusammenhang wurde zwar bereits Anfang des 20. Jahrhunderts intensiv diskutiert. Ihre Bedeutung für die empirische Forschung ist allerdings erst in jüngster Zeit ein Thema geworden. Dabei zeichnet sich insgesamt eine Neubestimmung medialer Aspekte für Erkenntnis- und Wissensprozesse ab.

Neubestimmung meint hier freilich nicht, dass altbekannte Fragen und Motive nicht wichtig wären. Ganz im Gegenteil: Auch in der aktuellen Diskussion sind Fragen wie die nach den Möglichkeiten der Schaffung von Wahrheit und Wissen von Belang. Was die Medien betrifft, so finden wir auch hier wie in der gesamten Geschichte des Nachdenkens über Medien und ihre Wirkungen tendenziell optimistische und pessimistische Sichtweisen. Es geht uns an dieser Stelle aber nicht nur um Stimmungen und Bewertungstendenzen, sondern auch um die Bedeutung der Medien für unsere Wahrnehmung und unsere Bemühungen um Erkenntnisgewinnung.

Erinnern wir uns zunächst an Alltagsdiskussionen, in denen verfälschte Medienwirklichkeiten der unverfälschten »wahren« Wirklichkeit gegenüber gestellt werden. Auf den ersten Blick scheinen die Beispiele entlarvter Lügengeschichten weiterzuhelfen. Bei näherer Betrachtung stellen wir aber schnell fest, dass es Fälle gibt, die sich nicht so leicht entscheiden lassen, und dass es mit der einen »wahren« Wirklichkeit nicht so einfach ist. Es sind nicht alleine die »subjektiven Einfärbungen«, die eine einfache Antwort problematisch erscheinen lassen. Es kommen Fragen nach dem Status und den Eigenheiten der Gegenstände und nicht zuletzt nach der Bedeutung der Vermittlungsinstanzen hinzu.

Reflexion

Rufen Sie Gespräche in alltagsweltlichen Zusammenhängen in Erinnerung, in denen es um Themen wie »Medien und Wirklichkeit«, »Medien und Objektivität« oder »Medien und Wahrheit« ging:

- Welche Positionen haben Sie dabei vertreten?
- Wie schätzen Sie die Bedeutung Ihrer Positionen und die anderer Sichtweisen, die Sie kennen gelernt haben, für die empirische Forschung ein?
- Welche Ebenen und Aspekte spielen dabei eine Rolle?

Diskutieren Sie das Resultat Ihres Nachdenkens mit Studien- oder Arbeitskollegen.
Überlegen Sie weiters, in welcher Weise die Interaktionsdynamik im Forschungsprozess und auch die Ergebnisse variieren können, wenn zum Beispiel »printsozialisierte« Forscherinnen auf Jugendkulturen treffen, die sich durch einen »digital Lifestyle« auszeichnen.

Nehmen Sie zum Beispiel die Forschungen von Galileo Galilei (1564–1642). Er verwendete als einer der ersten Menschen ein Fernrohr zur Himmelsbeobachtung. Dies bedeutete eine Revolution in der Erforschung der Himmelskörper, denn bis dahin waren die Menschen auf Beobachtungen mit dem bloßen Auge angewiesen. Mit ihm begann die Teleskop-Astronomie. Im Zuge seiner Beobachtungen kam er zum Schluss, dass die Erde keine Sonderstellung unter den Planeten einnimmt, und dass es auf dem Mond Berge geben musste und in der Sonne bemerkenswerte Flecken. Er bestätigte u.a. die Beobachtungen von Nicolaus Kopernikus (1473–

1543) und dessen Überlegungen zur Bewegung der Himmelskörper um die Sonne. Galilei lag damit im Widerstreit zu den damaligen kirchlichen Lehren und hielt sich angesichts der Inquisitionsverfahren mit öffentlichen Äußerungen zum kopernikanischen System zurück.

Es geht uns aber nicht in erster Linie um das Problem von Irrlehren und deren Korrektur, sondern um die paradoxe Bedeutung der Verwendung von **Beobachtungsinstrumenten**: Galilei wollte der Sache *näher* kommen, indem er ein Hilfsmittel *zwischen* Auge und Gegenstand »schaltete«. Einmal abgesehen von der Bedrohung, die die Hypothesen von Kopernikus und Galileo für die lieb gewonnen Auffassungen und das ptolemäische Weltbild bedeuteten, *konnte* in den Augen der Kirchenväter mit so einer Verfremdung sozusagen nichts von Bedeutung gesehen werden. Solcherart verfälschte Erkenntnis konnte und durfte die Wahrheit der Heiligen Schrift nicht tangieren.

Auch wenn der Einsatz von Instrumenten nicht nur in der naturwissenschaftlichen, sondern auch in der sozial- und kulturwissenschaftlichen Forschung längst selbstverständlich geworden ist, so sollten wir dabei zwei Aspekte nicht übersehen: (1) Die Annahme, dass die Forschungsgegenstände durch den Einsatz von technischen Hilfsmitteln gleichsam unberührt bleiben, und (2) die Annahme, dass wir durch verbesserte Instrumentierungen den Dingen an sich näher kommen können. Beide Annahmen sind problematisch. Mit dem Einsatz von unterschiedlichen Technologien ergeben sich vielmehr jeweils *andere*, mitunter neue Perspektiven der Betrachtung, neue Themenhorizonte und Fragestellungen, und nicht zuletzt neue Methoden der Untersuchung. Die Tatsache, dass wir dabei Messfehler eingrenzen und teilweise auch ausgleichen können, bedeutet nicht, dass wir damit die Realität ein für allemal richtig erfasst hätten und unbedingte Geltungsansprüche gerechtfertigt wären. Sie bedeutet nicht mehr und nicht weniger, als dass es uns gelungen ist, einen Phänomenbereich medial und kommunikativ so zu stabilisieren, dass wir intersubjektiv brauchbare und vielleicht auch nützliche Ergebnisse hervorgebracht haben – Ergebnisse, für die wir bis auf weiteres und eingedenk der jeweiligen Reichweiten Geltung beanspruchen können. Ob wir dafür dann in einer Teildisziplin oder der »wissenschaftlichen Gemeinde« eine gewisse Anerkennung bekommen, steht noch einmal auf einem anderen Blatt.

Halten wir als Zwischenergebnis fest:

1. Die Rolle der Medien bei der Erhebung und Aufbereitung von Daten wird gerne im Sinne eines **blinden Flecks** verkannt. Der zu einer bestimmten historischen Zeit in einer spezifischen Forschungskultur selbstverständliche Ge-

brauch von Hilfsmitteln täuscht allzu leicht darüber hinweg, dass Forschungsergebnisse in aller Regel in Abhängigkeit von Technologien, Apparaten und Instrumenten zustande gebracht und kritisch überprüft werden können.

2. Die besagte Rolle der Medien ist weiters in zweierlei Hinsicht diskussionswürdig: Einmal geht es um die Bedeutung *technischer Hilfsmittel* bei der Gewinnung, Verarbeitung, Speicherung und Übermittlung von Daten; und zum Zweiten geht es um *mediale* Aspekte der Interaktions- und Kommunikationsprozesse im Sinne der Verwendung von Zeichen und ihrer Bedeutung.

Medientheorie und Medienpraxis

Harry Pross hat 1972 eine Unterscheidung eingeführt, die medientechnische Dimensionen und gesellschaftlich und kulturell bedeutsame Aspekte medialer Wirklichkeitserzeugung zusammen in den Blick nimmt. Er differenziert entlang von Graden der Technisierung primäre, sekundäre und tertiäre Medien wie folgt:

Definition

- Zu den **primären Medien** zählen Sprache und nichtsprachliche Vermittlungsinstanzen wie Mimik, Gestik oder Körperhaltung. Die Kommunikationspartnerinnen verständigen sich hier ohne Geräte und technische Hilfsmittel.
- Zu den **sekundären Medien** zählen jene Medien, die auf Produktionsseite Geräte und Technologien erfordern (Bsp. Rauchzeichen, verschriftlichte Produkte, Druckerzeugnisse). Techniken der materiellen Speicherung und Übertragung sind hier zwar auf der Angebotsseite, nicht aber auf Seiten der Empfänger erforderlich.
- Unter **tertiären Medien** versteht Pross jene Kommunikationsmittel, die sowohl auf Sender- als auch auf Empfängerseite technische Mittel erfordern (Bsp. Telekommunikationseinrichtungen, elektronische Massenmedien wie Radio, Fernsehen, AV-Technologien).

Medien nach Pross (1972, S. 10 ff)

In neuerer Zeit wird häufig eine vierte Option ins Spiel gebracht: Die **quartären Medien.** Diese zeichnen sich entsprechend dadurch aus, dass die KommunikationspartnerInnen vernetzte Computer verwenden und neue interaktive Möglichkeiten haben. Hand in Hand mit den Momenten der Digitalisierung und Vernetzung werden auch die traditionellen Rollenaufteilungen von Sender- und Empfänger-Instanzen variiert und modifiziert.

Diese und auch andere Medien-Einteilungen werden meistens im Zusammenhang medientheoretischer, kommunikationswissenschaftlicher oder gesellschaftskritischer Fragestellungen verwendet. Sie sind aber auch bei der Reflexion und Diskussionen von Forschungsprozessen und Methodenanwendungen wichtig.

Überblick

Medien bei der Erhebung und Aufbereitung von Daten

primäre Medien	teilnehmende Beobachtung, face-to-face-Befragung, Gruppengespräch, etc.
sekundären Medien	Fragebogenerhebung in Schriftform, Projektjournal, Forschungstagebuch, Fotodokumentation, Audio- oder Videoaufzeichnung, etc.
tertiäre Medien	»klassische« Telefonumfrage, Selbstevaluationen mittels AV-Technologien, etc.
quartäre Medien	Online-Befragung, Erhebungen mittels Chat-Kommunikation, Kommunikationsforen auf der Basis digitaler Technologien, etc.

Diese exemplarischen Hinweise im Lichte des Modells von Harry Pross geben eine erste Idee von der Tragweite der Rollen, die Medien bei der Erhebung und Aufbereitung von Daten haben. Ihre Aufgabe ist es nun zu überlegen, welche **Auswahl an Instrumenten** im Lichte Ihrer Forschungsfragen, der wissenschaftlichen Kommunikationskultur, in der Sie sich bewegen, der Bedeutung der Medien für Sie selbst und die Beforschten, und der verfügbaren Ressourcen angemessen erscheint. In jedem Fall sollte als Basisausstattung ein Computer mit Internetanschluss und Drucker samt Software für Text- und Bildbearbeitung verfügbar sein. Eine solche werden Sie auch dann brauchen, wenn Sie mit gedruckten Materialien arbeiten (Bsp. Beobachtungsraster, Fragebögen, vorstrukturierte Bögen für Feldnotizen, Journale, Mitschriften und Gedächtnisprotokolle). Je nach Ausrichtung der Forschung können weitere Geräte wie ein mobiles Gerät für digitale Audio-Aufzeichnungen samt externem Mikrofon und Kopfhörer, ein MP3-Player, eine Digitalkamera, eine Camcorder, Mobiltelefone, Scanner, externe Festplatten, etc. hinzu kommen. Machen Sie sich ggf. mit den Geräten und Apparaten sowie mit der zugehörigen Software vertraut, bevor Sie den Forschungsprozess starten.

Beispiele für digitale Werkzeuge zur Erhebung und Aufbereitung von Daten	
Qualitative Forschung	Ähnlich wie bei den diversen Aufnahmegeräten (AV-Recorder, Fotoapparat, etc.), die offline eingesetzt werden, sind bislang für qualitative Forschungen kaum eigene Werkzeuge entwickelt worden. Insofern nicht ohnedies bestehende Medienangebote untersucht werden, eignen sich für Erhebungszwecke je nach Fragestellung auch frei verfügbare Software-Anwendungen. Wer zum Beispiel ein eigenes Online-Forum als Werkzeug in der qualitativen Sozialforschung einsetzen will, findet hierfür u. a. auf den folgenden Internetseiten hilfreiche Werkzeuge: http://www.forumieren.de/ http://www.communityhost.de Wer Interaktionsdynamiken dokumentieren will und dafür Mitschnitte von Bildschirm-Aktivitäten braucht, kann z. B. auf die folgenden Software-Pakete zurückgreifen: http://camstudio.org/ http://www.wisdom-soft.com/products/autoscreenrecorder_free.htm http://www.techsmith.com/camtasia.html Für das Aufnehmen und Editieren von Tondokumenten hat sich insbesondere Audacity® bewährt (unterstützt WAV, AIFF, Ogg Vorbis, MP3-Formate): http://audacity.sourceforge.net/ Digital Replay System (DRS) ermöglicht die Kombination von Systemlog-Dateien mit Audio- und Videoaufzeichnungen sowie die simultane Betrachtung mehrerer synchronisierter Aufzeichnungen (PC & MAC) http:// http://thedrs.sourceforge.net/ Transkriptionssoftware: f4 – Audiotranskription: http://www.audiotranskription.de/f4.htm ELAN – Language Archiving Technology: http://www.lat-mpi.eu/tools/elan/ MoViQ – Movies and Videos in Qualitative Social Research: http://www.moviscript.net/ Transcriber unterstützt die händische Kommentierung von Sprachaufzeichnungen (Bsp. Rundfunksendungen): http://trans.sourceforge.net/ Feldpartitur – Zur Transkription von Videodaten (Christine Moritz) http://www.feldpartitur.de/

Beispiele für digitale Werkzeuge zur Erhebung und Aufbereitung von Daten	
Quantitative Forschung	In der quantitativen Forschung sind inzwischen zahlreiche Erhebungsinstrumente verfügbar. Wir wollen uns hier auf einige ausgewählte Beispiele beschränken, die alle das Erstellen von Fragebögen und die Durchführung von Online-Befragungen unterstützen: SoSci Survey: https://www.soscisurvey.de/ GrafStat: http://www.grafstat.de/ Limesurvey: http://www.limesurvey.org/ SurveyMonkey: http://de.surveymonkey.com/ Statistische Datenauswertungen mit R: http://www.r-project.org/ Comprehensive R Archive Network (CRAN): http://cran.r-project.org/ SPSS (Statistische Datenauswertungen): http://www_01.ibm.com/software/de/analytics/spss
	Spezielle Werkzeuge zur Datenaufbereitung stehen bei proprietären Software-Paketen für professionelle Anwendungen wie zum Beispiel SPSS zur Verfügung. Dort gibt es das Zusatzmodul PASW® Data Preparation, mit dem zweifelhafte oder ungültige Fälle sowie Variablen und Datenwerte ermittelt werden und die Muster fehlender Daten angezeigt werden können (vgl. http://data.uni-klu.ac.at/zid_software/Dokumentationen/SPSS/ver_18/DE/SPSS_Data_Preparation_18.pdf
	SIMSTAT (http://provalisresearch.com/products/simstat/) Provalis Research bietet etliche weitere nützliche Analyse-Werkzeuge an.

Nachdem empirische Forschung heute in vielen Bereichen mit digitalen Hilfsmitteln durchgeführt wird, wollen wir Sie abschließend auf einige nützliche Werkzeuge und Internetquellen hinweisen. Beachten Sie dabei, dass in den Forschungseinrichtungen mitunter nur bestimmte Produkte unterstützt oder favorisiert werden, und dass praktisch hier jede Woche neue Angebote verfügbar werden, sodass ein Blick auf die Webseite zum Buch (star.huterundroth.at) und einschlägige Recherchen sehr lohnend sein können.

Werkzeuge zur Datenaufbereitung sind häufig auch bei Werkzeugen zur Datenanalyse integriert. Weitere Hinweise zur Thematik finden Sie im fünften Kapitel und im Internet unter der Adresse star.huterundroth.at.

Literaturtipps

Irion, Thomas (2002): Einsatz von Digitaltechnologien bei der Erhebung, Aufbereitung und Analyse multicodaler Daten [61 Absätze]. Forum Qualitative Sozialforschung / Forum: Qualitative Social Research, 3(2), Art. 16, http://www.qualitative-research.net/index.php/fqs/article/view/855/1859. Download am 16.12.2013.

Lewins, Ann & Silver, Christina (2007:) Using Software in Qualitative Research: A Step-by-Step Guide. London: Sage Publications.

V Datenauswertung

G. Poscheschnik, B. Lederer, T. Hug

Auf den folgenden Seiten finden Sie eine Einführung in die gängigsten Auswertungsmethoden in der empirischen Forschung. Im ersten Abschnitt erhalten Sie einen Überblick über die wichtigsten Auswertungsmethoden in der qualitativen Forschung. Das sind die Qualitative Inhaltsanalyse, die Grounded theory bzw. Gegenstandsbezogene Theoriebildung, die Qualitative Typenbildung, die Psychoanalytische Textinterpretation, die Diskurs- und die Konversationsanalyse und schließlich die Metaphernanalyse. Der zweite große Abschnitt dieses Kapitels führt Sie in die Auswertung quantitativer Daten, wie sie etwa bei einer Beobachtung, einer Befragung oder einem Experiment anfallen, ein. Hierbei lernen Sie die allerwichtigsten Kenngrößen und Vorgehensweisen sowohl der beschreibenden als auch der vergleichenden Statistik kennen. Der dritte Abschnitt befasst sich mit wichtigen medientheoretischen und medienpraktischen Aspekten im Auswertungszusammenhang. Dabei machen wir Sie auf die Bedeutung von Computerprogrammen bei der Auswertung empirischer Daten und eine Auswahl entsprechender nützlicher Instrumente aufmerksam.

1 Qualitative Auswertungsmethoden

Qualitative **Auswertungsmethoden** dienen der verstehenden Interpretation von Texten, Situationen, Gesprächen und Gegenständen. Gemeinsam ist den qualitativen Auswertungsmethoden, dass die Auswertung in einem mehrgliedrigen, regelgeleiteten Prozess erfolgt. Man gelangt also Schritt für Schritt von den Daten zur Theorie. Damit wird völliger Interpretationswillkür ein Riegel vorgeschoben. Die gängigsten qualitativen Auswertungsmethoden sind die Qualitative Inhaltsanalyse, die Grounded theory, die qualitative Typenbildung, die Psychoanalytische Textinterpretation, die Konversationsanalyse, die Diskursanalyse und die Metaphernanalyse. Weitere qualitative Auswertungsmethoden werden auf star.huterundroth.at vorgestellt. Teilweise sind diese Methoden (z. B. Grounded Theory oder Diskursanalyse) mehr als nur Auswertungsmethoden und bilden fast schon ein eigenes Forschungsdesign (s. Abschnitt III.4). Der Einfachheit halber handeln wir sie aber hier ab.

Qualitative Inhaltsanalyse

Definition

Wie der Name schon andeutet, ist die qualitative Inhaltsanalyse eine Methode zur inhaltlichen Analyse von Texten (Mayring 2002; 2010). Hierbei wird das Textmaterial zunächst in Sinn-Einheiten zergliedert. Diesen Einheiten werden dann abstraktere Kategorien zugeordnet, die deren Inhalte prägnant beschreiben. Ausgehend von dem, was eine bestimmte Person ganz konkret gesagt hat, wird also eine etwas abstraktere Kategorie gebildet. Diesen Kategorien lassen sich dann ähnliche Aussagen derselben Person oder anderer Personen zuordnen.

Durch die qualitative Inhaltsanalyse erzielt man eine große Reduktion der Datenmenge und ein System abstrakterer Kategorien, das ein Verständnis des Textmaterials erlaubt. Das funktioniert etwas vereinfacht gesagt, indem längere Aussagen auf ihre Quintessenz reduziert werden. Nehmen wir folgende Aussage eines Psychotherapeuten aus einem Interview über seine professionelle Entwicklung: »Naja, irgendwann wirft man die ganzen schönen Theorien aus der Ausbildung auf den Müll, weil man merkt, dass die Praxis doch ganz anders ist. Man macht seine Erfahrungen und fängt dann an seiner Intuition zu trauen.« Diese Aussage lässt sich in einem ersten Schritt paraphrasieren als »Verwerfen von Theorien aus der

Ausbildung / Erfahrungen machen, auf Intuition vertrauen«. Schließlich ließe sich das auf die Kategorie »Erfahrung und Intuition ersetzen Theorie« reduzieren.

Die qualitative Inhaltsanalyse ist ein stark regelgeleitetes Verfahren, das einen hohen Strukturiertheitsgrad aufweist. Das heißt, die einzelnen Schritte sind relativ genau definiert. Zur Kategorienbildung sind zwei Strategien denkbar: Erstens eine deduktive Kategorienanwendung und zweitens eine induktive Kategorienbildung. Bei der deduktiven Kategorienanwendung wird schon vor der Durchsicht des Textmaterials mithilfe von elaborierten Theorien ein Kategoriensystem entwickelt, dem dann die konkreten Aussagen des Interviews oder des Texts zugeordnet werden. Und bei der induktiven Kategorienbildung verfährt man genau umgekehrt, indem man sein Kategoriensystem Schritt für Schritt aus den konkreten Aussagen des Texts ableitet. Deduktive Kategorienanwendung und induktive Kategorienbildung können natürlich einander ergänzen. Tatsächlich wird in den meisten Forschungsprojekten auch mit einer Kombination der beiden Strategien gearbeitet.

Bei der qualitativen Inhaltsanalyse lassen sich drei Grundformen unterscheiden. Erstens die zusammenfassende Inhaltsanalyse, zweitens die strukturierende Inhaltsanalyse und drittens die explizierende Inhaltsanalyse.

Zusammenfassende Inhaltsanalyse: Ziel einer zusammenfassenden Inhaltsanalyse ist es, das gesamte Textmaterial auf die wesentlichen Inhalte zu reduzieren. Durch die abstrakte Zusammenfassung oft langer, konkreter Textpassagen entsteht ein Miniaturbild des Ganzen, in dem sich die zentralen Aussagen des Gesamtmaterials wiederspiegeln. Bei der zusammenfassenden Inhaltsanalyse arbeitet man in erster Linie mit induktiver Kategorienbildung. Man geht das Textmaterial Zeile für Zeile durch und sucht nach solchen Textstellen, die für die Untersuchung als relevant festgelegt wurden. Hat man so eine Textstelle gefunden, versucht man eine Kategorie zu bilden. Eine Kategorie ist ein Begriff oder ein Satz, der den Inhalt der Aussage vereinfacht wiedergibt, also paraphrasiert. Wird im Verlauf der weiteren Analyse eine Textstelle gefunden, die zu dieser Kategorie passt, wird sie ihr subsumiert. Eine Textstelle, die sich bestehenden Kategorien nicht zuordnen lässt, erfordert die Konstruktion einer neuen Kategorie. Wenn keine neuen Kategorien mehr gefunden werden können, wird das Kategoriensystem überprüft und überarbeitet. Das Resultat einer zusammenfassenden Inhaltsanalyse ist ein System von Kategorien, das das Gesamtmaterial en miniature abbildet. Eine lange Aussage einer Interviewten über ihre Erfahrungen mit der beruflichen Weiterbildung, in der sie sich ausgiebig über ihre Lehrer mokiert, könnte zusammengefasst werden als »Unzufriedenheit mit den Lehrenden«.

Strukturierende Inhaltsanalyse: Bei der strukturierenden Inhaltsanalyse schließlich geht es darum, aus dem Textmaterial eine bestimmte Struktur herauszuschälen. Unter Struktur werden hier inhaltliche Aspekte, bestimmte Typen oder auch Skalierungen verstanden. In einer Untersuchung zur Lehrerarbeitslosigkeit (Ulich et al. 1985) mit qualitativer Inhaltsanalyse wurde z.B. eine Skala zur Ausprägung der subjektiven Belastung konstruiert. Diese war unterteilt in »keine Belastung«, »schwache Belastung« und »starke Belastung«. Das aus den Strukturierungsdimensionen bestehende Kategoriensystem muss so exakt präzisiert werden, dass jede Textstelle ganz eindeutig einer Kategorie zugeordnet werden kann. Um das zu bewerkstelligen, wird ein Kodierleitfaden entwickelt, der genaue Regeln enthält, wann eine bestimmte Textstelle einer bestimmten Kategorie zugeordnet wird und wann nicht. Dazu werden erstens die Kategorien möglichst exakt definiert. Das heißt, man gibt genau an, welche Textstellen einer bestimmten Kategorie zuordenbar sind. Zweitens werden so genannte Ankerbeispiele benannt. Ankerbeispiele sind konkrete Textpassagen, die zu einer bestimmten Kategorie gehören und als prototypische Beispiele für die Kodierung fungieren. Drittens werden Kodierregeln ausformuliert, die insbesondere dann eine unmissverständliche Zuordnung der Textstellen zu bestimmten Kategorien erlauben, wenn es Abgrenzungsprobleme zwischen verschiedenen, aber ähnlichen Kategorien gibt. Der so entwickelte Kodierleitfaden dient als Richtlinie für die Auswertung.

Explizierende Inhaltsanalyse: Eine Sonderform der qualitativen Inhaltsanalyse ist die explizierende Inhaltsanalyse. Hierbei geht es darum, eine fragliche oder sonstwie unverständlich gebliebene Textstelle mithilfe zusätzlichen Materials zu erklären. Dazu kann man sich entweder des direkten Textumfelds der fraglichen Stelle bedienen oder Material aus anderen Texten verwenden. Im ersten Fall wird zusätzliche Information eingeholt, die sich im Text selbst befindet und das zu klärende Element erhellt. Im zweiten Fall zieht man Informationen heran, die über den Text an sich hinausgehen. Das könnten beispielsweise je nach Fragestellung Informationen sein über den Autor des Texts, die Rezipienten des Texts oder auch das historische und kulturelle Umfeld, in dem der Text entstanden ist. Wenn Sie z.B. biographische Informationen von Shakespeare heranziehen, um seine Stücke besser verstehen zu können, wäre das eine Form von explizierender Inhaltsanalyse. Die explizierende Inhaltsanalyse ist so gesehen eine Kontextanalyse.

Grounded theory bzw. Gegenstandsbezogene Theoriebildung

Definition

Die **grounded theory** bzw. **gegenstandsbezogene Theoriebildung** (Glaser / Strauss 1998; Flick 2004) ist eine Methode, die mithilfe der schrittweisen Interpretation von Texten oder Situationen Theorien generiert. Das Auswertungsverfahren der Grounded theory nennt sich theoretisches Kodieren. Dazu werden einzelnen Elementen des Textmaterials Begriffe bzw. Codes zugeordnet, die den Text anfangs möglichst konkret, später zunehmend abstrakter beschreiben und interpretieren. Insofern ist die Grounded theory der qualitativen Inhaltsanalyse nicht ganz unähnlich.

Das theoretische Kodieren der Grounded theory besteht aus drei Schritten, dem offenen, dem axialen und dem selektiven Kodieren. Diese drei Schritte sind im Prozess der Forschung nicht unbedingt klar voneinander unterscheidbar, allerdings beginnt die Forschung mit offenem Kodieren und nähert sich dem Ende hin mehr dem selektiven Kodieren. Die gefundenen Codes werden im Prozess der Forschung miteinander verknüpft und zu Oberbegriffen zusammengefasst, ein Vorgang, der als Kategorisierung bezeichnet wird.

1. Offenes Kodieren: Bei diesem ersten Schritt der Grounded theory wird der Text bzw. das Datenmaterial in einzelne Sinneinheiten zergliedert und mit Begriffen bzw. Codes versehen. Meistens macht man das aufgrund des hohen Arbeitsaufwands nicht mit dem ganzen Text, sondern nur mit besonders signifikanten oder unklaren oder einleitenden Passagen. Im Zuge dessen entstehen oft hunderte von Codes, die dann in einem nächsten Auswertungsschritt zu für die Fragestellung besonders wichtigen Kategorien gebündelt werden. Die dadurch entstandenen Kategorien werden erneut mit Codes versehen, die nun aber auf einem höheren Abstraktionsniveau liegen als die im ersten Schritt verwendeten. In einem Interview über seine berufliche Laufbahn sagt ein älterer Angestellter über seine Versetzung in eine andere Abteilung: »Ja das musste damals so sein, da kann man gar nichts machen.« Diese Aussage lässt sich kodieren als »Hinnehmen der Veränderung« und / oder »Unterwerfung, kein Handlungsspielraum«. Das Ergebnis des offenen Kodierens ist eine Liste von Codes und Kategorien, die das Datenmaterial strukturieren und erläutern. Hilfreich bei der Entwicklung von Codes und Kategorien sind die W-Fragen: Was passiert hier? Wer ist beteiligt? Wie wird gesprochen? Wann und wo ereignet es sich? Wie viel und wie stark sind die Erfahrungen? Warum ist das so? Wozu ist das passiert? Womit wurde das erreicht?

2. Axiales Kodieren: Das axiale Kodieren dient der Differenzierung und Verfeinerung der Kategorien, die beim offenen Kodieren gewonnen wurden. Beim axialen Kodieren, werden diejenigen Kategorien ausgewählt, deren Weiterverfolgung am vielversprechendsten erscheint. Diese fungieren dann als Achsenkategorien, die mit möglichst vielen passenden Stellen aus dem Text angereichert werden. Wichtig ist in diesem Auswertungsschritt, dass die Beziehungen zwischen den Kategorien und Unterkategorien herausgearbeitet werden. Beim axialen Kodieren wird also versucht, die gefundenen Codes in Beziehung zueinander zu setzen, um die Ursachen und Kontextbedingungen eines Phänomens zu identifizieren. So kann man Ursache-Wirkungs-, Mittel-Zweck- oder Zeit-Raum-Relationen auf die Spur kommen. In einer Studie über die medizinische Versorgung in Altenpflegeheimen könnte sich z. B. herauskristallisieren, dass oft dann Medikamente verabreicht werden, wenn die Heimbewohner Kummer und Sorgen aussprechen.

3. Selektives Kodieren: Das selektive Kodieren setzt das axiale Kodieren auf einem höheren Abstraktionsniveau fort. Ziel ist es hier, eine so genannte Kernkategorie herauszuarbeiten, um die sich alle anderen Kategorien gruppieren lassen. Diese soll einen kurzen Überblick über das gesamte Material bieten, aber nicht mehr als ein paar Zeilen Umfang haben. Ergebnis dieses Schritts ist eine zentrale Kategorie und ein Phänomen, das das Zentrum der ganzen Theoriebildung darstellt. Letztendlich soll sich jedenfalls eine zentrale Theorie ausformulieren und durchs Material überprüfen lassen. Hat sich z. B. in biographischen Interviews mit pensionierten Managern, die viel Anerkennung aus ihrem Beruf geschöpft haben, ergeben, dass diese sich nach einer verantwortungsvollen Arbeit sehnen, ließe sich als Kernkategorie »Wunsch nach Vertrautheit und Kontinuität im Leben« bilden.

Qualitative Typenbildung

Angenommen Sie finden heraus, dass manche Leute ihre Biographie so erzählen als hätten Sie überhaupt keinen Einfluss darauf, was in ihrem Leben mit ihnen passiert; und andere erzählen ihre Biographie so, als würden sie durch die Entscheidungen, die sie treffen, die Kontrolle über ihr Leben haben; dann können Sie hinsichtlich des Kriteriums der Kontrollüberzeugung zwei Biographietypen beschreiben und sie beispielsweise »Das Opfer des Schicksals« und »Des Schicksals Schmied« nennen.

Typen werden auch im Bereich der Persönlichkeitsforschung konstruiert. Bestimmte Arten von Verhaltens- und Erlebensweisen im beruflichen und privaten Bereich lassen sich zu bestimmten Charaktertypen zusammenfassen. Denken Sie z. B. an introvertierte und extravertierte Persönlichkeiten. Es ist dabei unvermeidlich, dass gewisse Gesichtspunkte einseitig gesteigert und andere im selben Atemzug unterschlagen werden. Eine Typologie unterschlägt also die Komplexität und Einzigartigkeit jedes Falls und sucht nach gewissen Ähnlichkeiten, sprich nach dem, was typisch ist. Typologische Analysen laufen für gewöhnlich in drei Schritten ab:

Definition

Die **qualitative Typenbildung** versucht hinsichtlich bestimmter Merkmale eine Reihe von Typen zu eruieren, denen sich einzelne Fälle dann zuordnen lassen. Die Typenbildung rekurriert dabei auf Max Weber, der Idealtypen gebildet hat, um soziokulturelle Unterschiede erklären zu können (z. B. die typisch katholische und die typisch protestantische Ethik, der typische Unternehmer, der typische Arbeiter). Man geht also davon aus, dass es unterschiedliche Typen von Menschen gibt, die sich in Bezug auf bestimmte Merkmale von anderen Typen unterscheiden (s.z. B. Bohnsack 2007; Kelle / Kluge 2010; Mayring 2002).

1. Herausfiltern von Typisierungsmerkmalen: In einem ersten Schritt wird bei der Typenbildung ein Korpus an Datenmaterial, meist eine Vielzahl von Fällen, in Bezug auf bestimmte Merkmale durchforstet. Diese zuvor festgelegten Merkmale (z. B. Persönlichkeitseigenschaften, ethische Haltungen, Erzählstile etc.) werden von einer vorab festgelegten Forschungsfrage definiert. Alle relevanten Formen und Ausprägungen dieses Merkmals, die sich im Datenmaterial finden lassen, werden dokumentiert. Als Endergebnis des ersten Schritts erhält man dann eine Liste mit einer begrenzten Anzahl von Formen und Ausprägungen des untersuchten Merkmals. Bei der typologischen Analyse des Datenmaterials kann man zwischen Typisierungskategorien und Typisierungsdimensionen unterscheiden. Erstere meinen klar abgegrenzte Merkmale, die auf einen Fall zutreffen oder nicht zutreffen; letztere beschreiben das Ausmaß der Ausprägung eines Merkmals.

2. Konstruktion einer Typologie: Danach werden die einzelnen Fälle mithilfe der gefundenen Typisierungskategorien und Typisierungsdimensionen analysiert. Durch die Suche nach Gemeinsamkeiten und Unterschieden zwischen den Fällen gelangt man zu einem Set von Typen. Dabei zeichnet sich jeder einzelne Typus durch das Vorhandensein bestimmter Typisierungsmerkmale und das gleichzeitige Nicht-Vorhandensein anderer Typisierungsmerkmale aus. Man filtert aus dem Gesamtmaterial also eine Gruppe von Typen heraus, die sich untereinander jeweils genügend ähneln, um sie zusammenzufassen; zugleich müssen sich diese aber von anderen Typen aufgrund ihrer Unterschiedlichkeit abgrenzen lassen.

3. Zuordnung weiterer Fälle: Wenn das System von Typen einmal steht, kann man in weiteren Untersuchungsdurchgängen neue Fälle aufgrund ihrer Merkmale einem oder mehrerer dieser Typen zuordnen. Die bestehende Typologie fungiert dann als Orientierungspunkt, um ihr weitere ähnliche Fälle zuzuordnen. Tauchen allerdings widersprüchliche und nicht-zuordenbare Fälle auf, so kann die Typologie auch ergänzt werden.

Psychoanalytische Textinterpretation

Definition

Die **psychoanalytische Textinterpretation** geht von der Annahme aus, dass sich hinter dem gesprochenen Wort eine unbewusste Bedeutung verbirgt. Diese latente, unbewusste Struktur ist zwar nicht direkt erkennbar, kann aber erschlossen werden, da sie den manifesten Inhalt des Texts determiniert. Die psychoanalytische Textinterpretation zielt darauf ab, diese latenten Strukturen ans Licht zu bringen, indem sie sich Schritt für Schritt von der Oberfläche des Textmaterials an diese herantastet (Leithäuser / Volmerg 1979).

Da menschliches Verhalten ohne seine unbewusste Dimension oft nicht völlig verständlich ist, können Sie die psychoanalytische Textinterpretation einsetzen, um die verborgenen Strukturen hinter den Erzählungen aufzudecken. Um die unbewussten Sinnstrukturen zu entschlüsseln, wird der ursprüngliche Text in einem mehrgliedrigen Prozess analysiert.

1. Logisches Verstehen: Im ersten Schritt der Analyse, der sich logisches Verstehen nennt, geht es darum, den manifesten Inhalt der Erzählungen zu erfassen. Hier geht es vereinfacht gesagt um die Frage, *was* die Leute sagen und *was* sie tun. Der erste Kodierungsschritt besteht in nichts anderem als der Anfertigung einer Paraphrase, die die wesentlichen Aspekte des Gesagten wiedergibt. Trotzdem beginnt bereits jetzt eine erste Suche nach Widersprüchlichkeiten im Text, die einen Hinweis auf unbewusste Determinanten liefern. Das können z. B. freudsche Versprecher oder auch ausdrucksstarke Metaphern sein. Wenn ein Vorsitzender eine Sitzung eröffnet mit den Worten, »Ich begrüße alle Anwesenden und erkläre die Sitzung für beendet«, darf man vermuten, dass seine Worte etwas verraten über seine Einstellung zu dieser Sitzung.

2. Psychologisches Verstehen: Der nächste Kodierungsschritt ist das psychologische Verstehen. Dabei geht es nun nicht mehr darum, über was die Leute sprechen und was sie sagen, sondern *wie* sie sprechen und *wie* sie es sagen. Man versucht nun das innere Erleben, vor allem die Emotionen des Probanden zu erfassen. Dazu achtet man sowohl auf Mimik, Gestik und Intonation, als auch auf Aussagen, die sich unmittelbar aufs subjektive Erleben beziehen. Besonders interessant sind nun Widersprüche zwischen dem Inhalt des Gesagten und dem Affekt. Stellen Sie sich jemanden vor, der mit weinerlicher Stimme und Tränen in den Augen sagt: »Mir geht es sehr gut, total super, alles ist bestens.« In dem Fall wird man wohl zu Recht vermuten, dass es demjenigen alles andere als gut geht.

3. Szenisches Verstehen: Beim dritten Schritt, dem szenischen Verstehen, werden nun die ersten beiden Schritte zusammengebracht. Es geht nun um die Frage, *was* wird *wie* gesagt und / oder getan? Dabei lassen sich dann *Szenen* identifizieren. Unter Szenen versteht die Psychoanalyse unbewusste Interaktionsmuster, die als Schablonen für die Gestaltung von zwischenmenschlichen Beziehungen dienen. Diese artikulieren sich in Sprechakten und Handlungen. Die zentrale Szene können Sie herausarbeiten, indem Sie verschiedene vom Interviewten berichtete Beziehungsepisoden miteinander vergleichen und so sich wiederholende Muster erkennen. Wenn jemand wutentbrannt schreit, dass er sich nichts als Frieden und Verständnis wünscht, und dabei auch noch mit der Faust auf den Tisch schlägt, dann mag es schon sein, dass sich derjenige bewusst Frieden wünscht, ihm dürfte aber die nötige Friedfertigkeit dazu fehlen.

4. Rekonstruktives Verstehen: Im letzten Schritt, dem rekonstruktiven Verstehen geht es um die Aufdeckung von verdrängten und abgewehrten Inhalten. Die leitende Frage hierbei lautet: Was wurde verdrängt? Oder präziser noch: *Warum* wurde *was* verdrängt und / oder abgewehrt? Der abgewehrte Sinn und der Sinn der Abwehr lassen sich nur unter Einbezug aller vorhergehenden Analyseschritte verstehen. Besonders wichtig ist dabei das nochmalige Aufgreifen der im Text gefundenen Auffälligkeiten und Widersprüche. Als Beispiel folgende mit verbittertem

Unterton getätigte Aussage: »Ich brauch überhaupt keine Menschen! Auf die ist sowieso kein Verlass!« Unter Einbezug weiterer Kontextinformationen ließe sich die Vermutung anstellen, dass hinter der Aussage ganz stark verdrängte Wünsche nach Nähe und Ängste vor Enttäuschung stecken.

Diskurs- und Konversationsanalyse

Bei den konversations- und diskursanalytischen Methoden geht es im Vergleich zu den anderen Auswertungsmethoden weniger darum, was Einzelne denken und erleben, sondern um den Austausch zwischen den Menschen. Es geht hierbei also stärker um Prozesse des Sozialen.

Definition

Die **Konversationsanalyse** geht davon aus, dass soziale Interaktionen eine permanente Koordination des eigenen Tuns mit dem Tun des Anderen erfordern, um funktionieren zu können. Kommunikative Ordnung wird im Gespräch Zug um Zug hergestellt. Die Konversationsanalyse untersucht diesen Ablauf von Interaktionshandlungen (Deppermann 2008; Flick 2004). Ziel ist es, die Ordnung und die Ordnungsmechanismen von Gesprächen zu entdecken. Wie werden Gespräche begonnen? Wie werden Gespräche aufrechterhalten? Wie werden Gespräche beendet?

Wenn sich zwei Menschen miteinander unterhalten, regulieren sie mithilfe feiner, bewusst kaum wahrnehmbarer Zeichen, wie Betonungen und kurzen Pausen, ihr Gespräch und die Sprecherwechsel. Beide Interaktionspartner haben dabei die Aufgabe, Signale fürs gegenüber auszusenden und die Signale des Gegenübers zu interpretieren. Die Konversationsanalyse versucht diese impliziten Kommunikationsregeln, die die Konversationen zwischen Menschen steuern, zu identifizieren. Es geht der Konversationsanalyse also weniger um die Inhalte von Gesprächen und mehr um die formalen Regeln, nach denen Gespräche ablaufen.

Teilweise werden dabei Alltagsgespräche untersucht. In so einem Fall kann es dann unter anderem um die Organisation von Sprecherwechseln oder auch die Eröffnung und die Beendigung von Gesprächen gehen. Teilweise werden auch spezielle Formen von Alltagsgesprächen untersucht, darunter Klatsch und Tratsch, Familiengespräche und Telefongespräche. Neuerdings wird speziellen, auch asymmetrischen Gesprächsformen vermehrt Aufmerksamkeit von Seiten der Forschung geschenkt. Das wären z. B. Arzt-Patient-Interaktionen, Gerichtsverhandlungen oder psychotherapeutische Gespräche. Psychotherapeutische Gespräche beispielsweise werden meist von der Therapeutin mit einem unspezifischen Starter in Gang gesetzt, der dem Gegenüber auch signalisiert, dass das Organisationsprinzip von Alltagsgesprächen, über alles Mögliche reden zu können, nun außer Kraft gesetzt ist. Solche Starter sind z.B. »Was führt Sie zu mir?« oder »Worum geht es denn?«. Gleichzeitig werden damit auch die Rollen festgelegt: derjenige, der die Frage stellt, ist der Zuhörer; der andere ist der Erzähler. Mittlerweile werden auch schriftliche Produkte wie Gutachten oder Medienberichte konversationsanalytisch ausgewertet.

Konversationsanalysen verlangen in einem ersten Schritt eine Aufzeichnung der zu analysierenden Daten. Das Transkript dieser Daten muss akribisch genau angefertigt werden. Jede Pause, jedes noch so unbedeutend erscheinende Füllwort und jede Betonung können bedeutsam sein. In einem nächsten Schritt werden solche Textstellen identifiziert, die ein Element der Ordnung im jeweiligen Gesprächstyp darstellen. Dann wird nach ähnlichen Stellen gefahndet, um eine Kollektion von solchen Ordnungselementen zu erhalten. Anschließend wird untersucht, wie das jeweilige Element verwendet wird, um Ordnung in der Interaktion herzustellen.

Definition

Die **Diskursanalyse** untersucht die Entstehung und Veränderung von Meinungen im sozialen Vollzug (Keller 2010). Dieser vollzieht sich im sozialen Bereich und erfolgt über den mehr oder weniger kontroversen Austausch von Perspektiven unterschiedlicher Personen und Personengruppen. Die Diskursanalyse versucht diesen Prozess empirisch zu untersuchen, wobei sie der Konstruktion von unterschiedlichen Versionen eines Geschehens in Berichten und Darstellungen besonderes Augenmerk schenkt.

Unter einem Diskurs versteht man die Erörterung eines bestimmten Themas in der Gesellschaft. Es ist der Prozess der Konstruktion von Meinungen. Der Diskurs ist die institutionalisierte, gesellschaftliche Redeweise über eine Thematik, die die Handlungen der Menschen bestimmt. Diskurse spielen sich nur teilweise in direkten Gesprächen zwischen zwei oder mehreren Menschen ab und werden hauptsächlich über die Medien vermittelt. Deshalb werden in Diskursanalysen nicht nur Interviews und Gruppendiskussionen, sondern auch Fernseh-, Radio-, Internet- und Zeitungsberichte einbezogen. In den Medien und im Alltag lassen sich Diskurse über legale und illegale Drogen, Diskurse über Umweltschutz, Diskurse über Kriminalität, Diskurse über Gesetzesänderungen, Diskurse über Rassismus, Diskurse über Kriege beobachten. Mit der Diskursanalyse kann man diese und andere Diskurse wissenschaftlich untersuchen.

Das methodische Vorgehen von Diskursanalysen wird nur selten exakt dargelegt. Meist handelt es sich um ein Sammelsurium von unterschiedlichen Erhebungs-, Aufbereitungs- und Auswertungsmethoden, die um das Ziel kreisen, den Diskurs über ein bestimmtes Thema zu analysieren. Die Methoden müssen dabei an die jeweilige Fragestellung adaptiert werden. Hilfreiche Fragestellungen bei Diskursanalysen sind: Wann taucht ein bestimmter Diskurs auf und wann verschwindet er wieder? Welche Strategien werden angewandt, um Standpunkte im Diskurs gegenüber anderen durchzusetzen? Wie verändern sich bestimmte Diskurse im Laufe der Zeit? Wer ist Träger, wer Adressat und wer Publikum eines bestimmten Diskurses? Wer verfügt über Machtressourcen (Geld, Prestige etc.) im Diskurs, die es ihm ermöglichen, seine Perspektive gegenüber anderen durchzusetzen?

Bei der Diskursanalyse wird in einem ersten Schritt der zu untersuchende Diskurs spezifiziert. Daran anschließend wird eine möglichst genaue Fragestellung expliziert. Daraus folgt eine Festlegung der zu untersuchenden Daten und eine Auswahl probater Erhebungsmethoden. Nach der entsprechenden Aufbereitung werden die Daten mithilfe von Auswertungsmethoden analysiert. Die gewählten Methoden müssen für die zur Untersuchung des Diskursfeldes und die Beantwortung der Forschungsfragen geeignet sind. Wie schon angedeutet, gibt es keine kanonisierte diskursanalytische Methode. In Diskursanalysen ist es eher so, dass die Texte, die audiovisuellen Formate (Werbung, Fernsehnachrichten, Filme usw.) und die Artefakte (Gebäude, Maschinen usw.) auf ihre Rolle und Bedeutung im jeweiligen Diskurs befragt und qualitativ-hermeneutisch interpretiert werden. Dabei kommen unterschiedliche Auswertungsmethoden wie z. B. Inhaltsanalyse, Psychoanalyse oder Grounded theory zum Einsatz.

Metaphernanalyse

Das Wort »Metapher« leitet sich vom Altgriechischen metaphorein ab und bedeutet so viel wie »von einem Ort zum anderen tragen, hinübertragen«. Bereits Aristoteles hat sich sprachphilosophisch mit Metaphern beschäftigt und diese definiert als die Übertragung eines Begriffs in einen anderen Kontext, in dem er dann in uneigentlichem Sinne verwendet wird. Wenn wir von einem Tischbein sprechen, meinen wir das Gestänge, auf dem die Tischplatte ruht, erwarten uns aber nicht, dass es sich um ein Bein im eigentlichen Sinne handelt, das gehen könnte.

Definition

Unter **Metaphernanalyse** versteht man den wissenschaftlichen Versuch, Metaphern zu verstehen und zu erklären (Schmitt 2000; 2003). Welche Metaphern zur Beschreibung welcher Phänomene verwendet werden, soll Aufschluss geben, wie dieses Phänomen von den Menschen erlebt und gedacht wird. Die Metaphernanalyse baut dabei auf der allgemeinen menschlichen Sprachkompetenz auf, dem situativen Kontext entnehmen zu können, wann etwas wörtlich gemeint ist und wann etwas metaphorisch gemeint ist.

Die neuere kognitionswissenschaftliche Metapherntheorie hat der Metaphernanalyse auch in der qualitativen Forschung Auftrieb verschafft. Ihr zufolge funktioniert menschliches Denken, Handeln und Sprechen nach metaphorischen Mustern (Lakoff / Johnson 2007). Menschen denken, obgleich ihnen das meist nicht bewusst ist, in Metaphern. Und dieses Denken wiederum artikuliert sich im Sprechen und prägt das Handeln. Nutzt man beispielsweise zur Beschreibung von Diskussionen bevorzugt militärische Metaphern (»Zweifrontenkrieg«, »Angreifen von Schwachpunkten«, »Positionen beziehen«), dann wird Argumentieren implizit als Krieg angesehen. Die Verdichtung von gleichsinnigen Redewendungen zu einem so genannten *metaphorischen Konzept* lässt sich als Ausdruck einer kognitiven Tiefenstruktur verstehen. Diese wiederum wird geprägt durch die jeweilige Kultur.

Bei der Metaphernanalyse werden zuerst der Forschungsgegenstand, die Forschungsfrage und das Datenmaterial bestimmt. Die Metaphernanalyse kann sich unter anderem auf Metaphern in politischen Reden, Metaphern im Management oder Metaphern in der Wissenschaftssprache richten. Es lassen sich auch interkulturelle Unterschiede in der Verwendung von Metaphern untersuchen, z.B. die AIDS-Metaphorik in europäischen und afrikanischen Staaten. Auch die typische Metaphorik von Subgruppen, z.B. Punks, lässt sich wissenschaftlich erforschen. In der Biographieforschung lässt sich die Metaphernanalyse zur Untersuchung individueller Metaphern heranziehen; und in der Psychotherapieforschung lassen sich Metaphern als Mittel der Kommunikation beschreiben. In einem zweiten Schritt wird das Datenmaterial in einer Wort-für-Wort-Analyse nach metaphorisch gebrauchten Begriffen durchforstet. Das Resultat dieses Vorgehens ist ein »Lexikon« von Metaphern, die für die untersuchten Fälle typisch sind. Diese gefundenen Metaphern können dann in einem dritten Schritt zu metaphorischen Konzepten zusammengefasst werden. Die Metaphern und metaphorischen Konzepte können anschließend auch mit anderen qualitativen und / oder quantitativen Methoden weiter analysiert und mit typischen Metaphoriken anderer Fälle oder Gruppen verglichen werden. In der Metaphernanalyse kommen ebenso wie auch in der Diskursanalyse unterschiedliche Forschungsmethoden zum Einsatz, die speziell zum Zwecke der Analyse von Metaphern adaptiert werden.

Literaturtipps

Deppermann, Arnulf (2008): Gespräche analysieren. Eine Einführung in konversationsanalytische Methoden. 4. Auflage. Opladen: Leske und Budrich.

Glaser, Barney; Strauss, Anselm (2010): Grounded Theory. Strategien qualitativer Forschung. 3. Aufl. Bern: Huber.

Kelle, Udo & Kluge, Susann (2010): Vom Einzelfall zum Typus. Fallvergleich und Fallkontrastierung in der qualitativen Sozialforschung. 2. überarbeitete Auflage. Wiesbaden: VS.

Keller, Rainer (2010): Diskursforschung. Eine Einführung für SozialwissenschaftlerInnen. 4. Aufl. Wiesbaden: VS.

Leithäuser, Thomas & Volmerg, Birgit (1979): Anleitung zur Empirischen Hermeneutik. Psychoanalytische Textinterpretation als sozialwissenschaftliches Verfahren. Frankfurt / Main: Suhrkamp.

Mayring, Philipp (2010): Qualitative Inhaltsanalyse. Grundlagen und Techniken. 11. Vollständig überarbeitete Aufl. Weinheim: Beltz (UTB).

Kruse, Jan; Biesel, Kay; Schmieder, Christian (2011): Metaphernanalyse. Ein rekonstruktiver Ansatz. Wiesbaden: VS.

2 Quantitative Auswertungsmethoden (BL)

Es folgt ein erster einführender Überblick auf die gängigsten Verfahren bei der Auswertung quantitativer Daten, wie sie etwa bei einer Beobachtung, einer Befragung oder einem Experiment anfallen. Hierbei lernen Sie die allerwichtigsten Kenngrößen und Vorgehensweisen sowohl der beschreibenden als auch der vergleichenden Statistik kennen.

Sie haben eine Befragung, eine Beobachtung, eine Inhaltsanalyse oder gar ein Experiment durchgeführt und dabei jede Menge hierfür interessanter Daten erhoben. Jetzt geht es darum, diese Daten auszuwerten und sozusagen »in Form zu bringen«. Dies kann auf qualitative (siehe Abschnitt V.1) oder eben quantitative Art und Weise geschehen, wobei sich diese beiden Ansätze aber keinesfalls gegenseitig ausschließen.

Zur Auswertung quantitativer Daten gehören unvermeidlich zumindest *grundlegende* Kenntnisse der Statistik. Statistik bezeichnet die Befassung mit größeren Datenmengen, wie sie für die quantitative empirische Sozialforschung üblich sind. Sie sucht nach möglichen Regelmäßigkeiten und Gesetzmäßigkeiten.

Erfahrungsgemäß schreckt allein schon das Wort »Statistik« viele Studierende (womöglich auch Sie?) regelrecht ab: Haben sich manche von Ihnen nicht sogar deshalb für ein Studium der Sozial- und / oder Geisteswissenschaften entschieden, um eben nicht mehr mit mathematischen Prozeduren belästigt zu werden? Keine Angst: Im Folgenden geht es hier auch gar nicht darum, Sie mit einem »Crashkurs« in Statistik zu bedienen (was auf den wenige Seiten ohnehin nicht einmal denkbar ist!). Vielmehr soll Ihnen hier ein allererster Überblick auf die allerwichtigsten Kenngrößen, Begrifflichkeiten und Prozeduren einer Datenauswertung im Rahmen quantitativer empirischer Forschung geboten werden. Es wird Ihnen hier in aller Kürze sozusagen »die Spitze des Eisbergs« präsentiert, wobei sich diese Spitze aber durchaus als Einstiegshilfe in die Thematik eignet. Damit soll Ihnen auch – so vorhanden – der Argwohn gegen alles, was mit Zahlen und Formeln zu tun hat genommen und so die weitere Annäherung an das Thema erleichtert werden. Schließlich werden Sie sehen, dass die Grundlagen einer **beschreibenden** und einer **vergleichenden Statistik** keine höhere Mathematik erfordern und im Grunde genommen viel einfachere Sachverhalte umfassen, als viele Studierende oft befürchten.

Deskriptive Statistik

Sie haben im Rahmen eines Forschungsprojekts also empirische Daten gesammelt, etwas durch eine Befragung oder eine Beobachtung, die es nun auszuwerten und letztlich auch zu präsentieren gilt. Daten sind beobachtete Merkmalsausprägungen von empirischen Beobachtungseinheiten, die letztlich auf Messskalen abgebildet werden (z. B. »Metermaß«, »Temperatur in Grad Celsius«, »Richterskala« etc., auch Diagramme gehören hierzu, etwa solche mit »X- und Y-Achse« usw.).

Die »deskriptive Statistik« (»beschreibende Statistik«) beschäftigt sich mit der Zusammenfassung von Daten und mit der Präsentation aussagekräftiger Kennzeichen einer Datenmenge. Dabei bieten sich Ihnen verschiedene Möglichkeiten an, Daten zusammenfassend und aussagekräftig darzustellen.

Tabellarische und graphische Darstellungen von Daten

Eine der gängigsten Möglichkeiten, eine Auszählung von Daten optisch ansprechend darzustellen, liefert etwa folgendes Beispiel. Es wurde das Bruttoeinkommen von insgesamt 200 Arbeiternehmerinnen erhoben. Die **Stichprobe** umfasst also 200 Personen, man sagt: n (Stichprobenumfang) = 200.

Die Grundgesamtheit, aus der heraus die Stichprobe gezogen wurde, wird mit N bezeichnet. In unserem Beispiel also etwa alle Arbeitnehmerinnen eines bestimmten Unternehmens, also bspw. N = 2500.

Beispiel

Häufigkeitentabelle 1

Kategorie	Brutto-verdienst von … bis	*absolute* Häufigkeit f_i	*relative* Häufigkeit (%)	*kumu-lierte* (d. h. aufsum-mierte) absolute Häufigkeit	*kumu-lierte* relative Häufigkeit
1	1200–1599	8	4	8	4
2	1600–1999	46	23	54	27
3	2000–2399	68	34	122	61
4	2400–2799	64	32	186	93
5	2800–3200	14	7	200	100
		Summe= 200	Summe= 100		

Der besseren Übersicht halber wurden die Ergebnisse in unserem Beispiel in 5 Kategorien von Einkommensuntergruppen unterteilt. Die **absolute Häufigkeit** von »Treffern« in jeder einzelnen Kategorie wird als f_i bezeichnet, wobei »*f*« für »*frequency*« (Frequenz) steht und »*i*« für *Index* steht (also hier die Rangzahl der jeweiligen Kategorie).

Ein anderes Beispiel für die mögliche tabellarische Darstellung von Daten liefert die folgende Tabelle. In ihr sind die Schulnoten (in sechs möglichen Kategorien in Form der Noten von 1 bis 6) und die Häufigkeiten, mit denen diese in einer Schulklasse mit 30 Schülern (n = 30) vergeben wurden, gegenüber gestellt.

Beispiel

Häufigkeitentabelle 2

Noten x_i (x steht für die Kategorie)	**Häufigkeit** f_i
1	3
2	6
3	7
4	8
5	4
6	2

Eine solche ganz und gar typische Tabelle kann auch in Form eines **Balkendiagramms** (in der Fachsprache ein sog. »**Histogramm**«) dargestellt werden. Dies ist optisch weitaus ansprechender und vor allem aussagekräftiger, wie Sie sicher bestätigen werden:

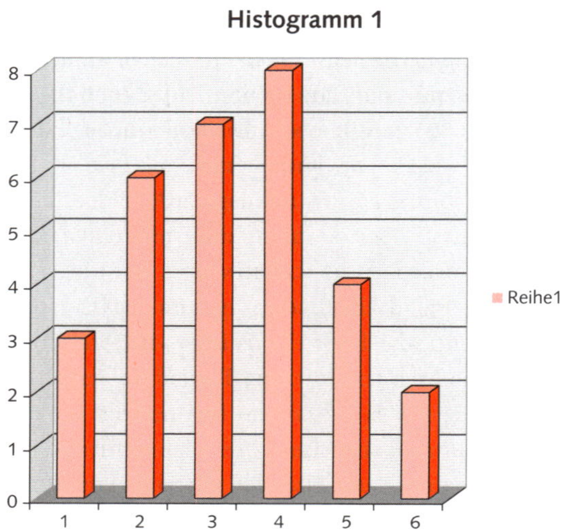

Verbindet man nun noch die Mittelpunkte der Balkenspitzen miteinander, erhält man ein sogenanntes »**Polygon**«, das gleich auf den ersten Blick nochmal etwas aussagekräftiger erscheint, wie folgendes Beispiel zeigt:

Zunächst die zugehörige Häufigkeitstabelle (Der Stichprobenumfang bleibt der Gleiche, d.h. **n = 30**), die Häufigkeiten sind diesmal jedoch andere:

Häufigkeitentabelle 3

Noten x_i	Häufigkeit f_i
1	7
2	5
3	5
4	3
5	4
6	6

Beispiel

Die Daten lassen sich zunächst wieder als **Histogramm** darstellen:

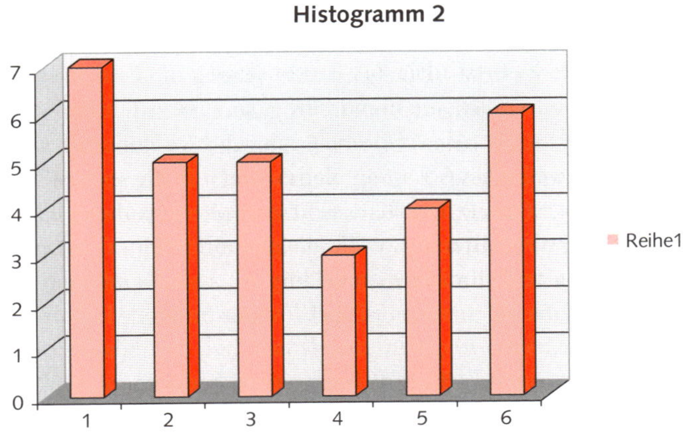

Oder in Form eines Polygons:

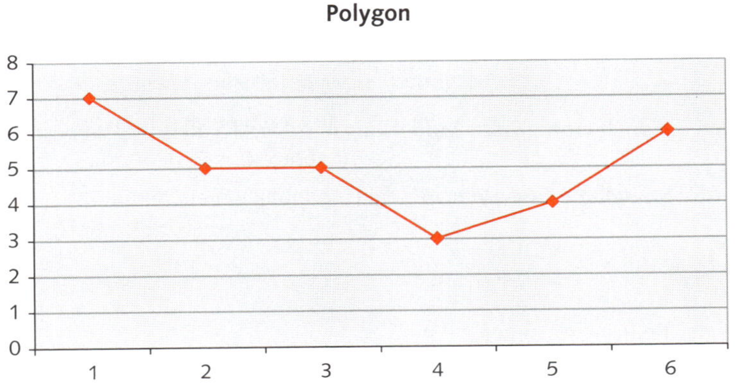

Bei den vorangegangenen Beispielen handelt es sich nur um einige der gängigsten Möglichkeiten, Datenmengen grafisch ansprechend und aussagekräftig aufzubereiten. Geläufig sind Ihnen z. B. sicher auch die sog. »**Tortendiagramme**«, wie sie oft bei der Visualisierung von Wahlergebnissen genutzt werden.

Die hier verwendeten Tabellen wurden mit dem gerade für Einsteiger sehr einfach zu bedienenden Programm »Excel« erstellt. Jedoch sind auch viele andere Anwendungen mit den einschlägigen Statistikprogrammen möglich.

Im Folgenden erhalten Sie einen Überblick auf die wichtigsten statistischen Kenngrößen der beschreibenden (»deskriptiven«) Statistik, die aus solchen Grafiken wie den gezeigten nicht direkt ablesbar sind. Es handelt sich dabei um Angaben und Werte, die als zentrale Kennziffern wichtige Eigenschaften einer Datenmenge ausdrücken und diese dadurch beschreiben helfen. Welches also sind nun die wichtigsten und meist angeführten Größen der deskriptiven Statistik?

Der Modus bzw. Modalwert

Die grundlegendste Kennwert, der zur Beschreibung größerer Datenmengen herangezogen werden kann, ist der **Modalwert**, auch **Modus** genannt (die Abkürzung dafür ist $\mathbf{x}_{mod}$). Der Modalwert ist einfach derjenige einzelne Messwert, der am häufigsten Auftritt, also die Kategorie mit der größten Häufigkeit.

In den Beispielen 2 und 3 ist der Modus 4; in den Beispielen 4, 5 und 6 hingegen gibt es keinen Modus, weil es keinen häufigsten Wert gibt, da zwei Kategorien gleichauf liegen. Gibt es mehrere Merkmalsausprägungen mit der gleichen maximalen Häufigkeit, so existiert also kein Modalwert!

Versuchen Sie doch einmal, den Modalwert in folgender Reihung zu bestimmen:

3 / 4 / 4 / 5 / 5 / 5 / 5 / 6 / 6 / 6 / 7 / 8

Richtig! Es ist die 5

In folgender Reihung hingegen

3 / 4 / 4 / 4 / 4 / 5 / 6 / 6 / 6 / 7

ist der Modalwert die 4

1.3. Der Median

Die zweite wichtige statistische Kenngröße ist der **Median**, auch **Zentralwert** genannt (Kurzzeichen: $\mathbf{x}_{med}$). Er ist derjenige Wert, also diejenige Merkmalsausprägung, die **in der Mitte** steht, sofern alle Daten nach ihrer Größe sortiert und aufgereiht sind (bei Daten, die nicht in eine Reihenfolge gebracht werden können, gibt es entsprechend auch keinen Median!). Der Median halbiert aufgrund seiner Mittelstellung die Messwerte in zwei gleich große Teile.

Im folgenden Beispiel (gesammelte Punkte in einem Test mit n = 9):

3 / 5 / 6 / 7 / 9 / 10 / 11 / 13 / 14

ist der Median wegen der ungeraden Zahl der Stichprobe »aufgerundet« die 5. Stelle in der Reihung, also die 9.

Bei einer geraden Zahl von Werten (n = 8), etwa

3/ 5 / 6 / 7 / 9 / 10 / 11 / 13

ist der Median genau in der Mitte, also zwischen dem 4. und 5. Rangplatz; in diesem Beispiel liegt er also genau zwischen 7 und 9, der Median ist somit 8.

Ein weiteres Beispiel soll Ihnen nun noch den großen Nutzen bzw. die große Aussagekraft des Medians verdeutlichen (und zudem vom nachfolgend vorgestellten Mittelwert abgrenzen helfen).

In einer Belegschaft wurden folgende Bruttoverdienste (in Euro) erhoben (n = 9):

970 / 980 / 1050 / 1090 / 1160 / 1180 / 1200 / 1800 / 6600

Der Median liegt am 5. Rangplatz, ist also der Wert 1160,– Euro. Wie Sie sehen können, gibt es einen »Ausreißer«, der den errechneten Durchschnitt der Einkommen (also die Summe der Gesamteinkommen geteilt durch 9) auf 1781,11 Euro anhebt. Der Durchschnitt täuscht aber gewaltig, weil 7 von 9 Angestellten höchstens 1200 Euro verdienen!

Der Median als derjenige Wert, der in der Mitte einer Rangreihenfolge steht, ist hier sicher aussagekräftiger, weil atypische Ausreißer nach oben oder unten keine Rolle spielen!

Das arithmetische Mittel

An dieser Stelle wird es ein (klein) wenig komplexer, was die verwendeten Zeichen und Formeln angeht, nicht aber, was die Inhalte betrifft.

Das »arithmetische Mittel« ist umgangssprachlich »der Durchschnitt« einer Datenmenge. Das Zeichen dafür ist $\bar{x}$ Die mathematische Formel für das arithmetische Mittel ist bei einfachen Datenreihen

x1 + x2 + x3… usw. bis + **xn : n**

Mathematisch formuliert lautet die Formel:

$$\bar{x} = \frac{\sum_{i-1}^{n} x_i}{n}$$

bzw. (anders geschrieben)

$$\bar{x}_{\text{arithm}} = \frac{1}{n}\sum_{i=1}^{n} x_i = \frac{x_1 + x_2 + \ldots + x_n}{n}$$

Es besteht übrigens kein Grund zur Beunruhigung: Bereits Taschenrechner, ganz zu schweigen von Statistikprogrammen wie Excel oder SPSS, ersparen Ihnen komplexe Rechenoperationen und liefern die Lösung per Tastendruck bzw. Mausklick!

Hier ein einfaches Beispiel zur Berechnung des arithmetischen Mittels: 4 Personen (n = 4) haben folgende Punktwerte in einem Test erzielt:

7 / 3 / 5 / 5

$\bar{x}$ ist dann (7 + 3 + 5 + 5) : 4 = 20 : 4 = **5**

Wenn mehrere Kategorien mit unterschiedlichen zugehörigen Daten vorhanden sind (wie im Beispiel 2 bzw. 3), gilt die Formel

$$\bar{x} = \mathbf{x_i \times f_i : n}$$

(x_i ist dabei die »i-te« Beobachtungskategorie, f_i die Anzahl der zugehörigen Daten)

In den Beispielen 2 und 3:

$\overline{x} = (1\times3 + 2\times6 + 3\times7 + 4\times8 + 5\times4 + 6\times2) : 30$
$= (3 + 12 + 21 + 24 + 20 + 12) : 30$
$= 92 : 30 = 3{,}33$

Varianz und Standardabweichung

Die **Varianz** (**S^2,** manchmal auch einfach mit **V** bezeichnet) und die **Standardabweichung** (s. die Wurzel aus S^2 bzw. V) sind ein Maß dafür, wie stark die einzelnen Messwerte einer Untersuchung durchschnittlich um den Mittelwert verteilt sind.

Schauen Sie sich zur Verdeutlichung noch einmal die beiden *Histogramme* in den Beispielen 3 und 5 an: Ob Sie es auf den ersten Blick glauben oder nicht: das *arithmetische Mittel* beträgt in beiden Fällen das Gleiche! (Rechnen Sie es ruhig nach: Sie kommen auf den Wert 3,33) Dabei sind doch die Messwerte / Daten ganz offensichtlich völlig unterschiedlich um diesen Mittelwert herum verteilt! Hier nun kommen die Varianz bzw. die Standardabweichung ins Spiel: Sie gibt Auskunft darüber, ob die erhobenen Daten weit um den jeweiligen Mittelwert herum gestreut sind oder ob sie eher eng um den Mittelwert herum zu liegen kommen.

Die obigen Beispiele (3 und 5) verdeutlichen Ihnen den Nutzen und die Aussagekraft dieser statistischen Kenngrößen: Es macht eben einen großen Unterschied, ob das Ergebnis einer Klausur darin besteht, dass die meisten Noten um »die Mitte« herum zu liegen kommen oder ob es statt dessen einige sehr gute Zensuren auf der einen und einige sehr schlechte auf der anderen Seite des Spektrums gibt, hingegen kaum Durchschnittsleistungen – auch wenn der Mittelwert jeweils der Gleiche ist.

Die zugegeben etwas abschreckende Formel für die Varianz lautet ausgeschrieben:

$$s^2 = \frac{1}{n}\sum_{i=1}^{n}(x_i - \overline{x})^2$$

Einen Spezialfall bildet die Formel bei sehr großen Grundgesamtheiten:

$$s^2 \text{ (oder } \hat{\sigma}^2) = \frac{1}{n-1}\sum_{i=1}^{n}(x_i - \overline{x})^2$$

Auch in diesen beiden Fällen gilt wiederum, dass entsprechende Programme Ihnen jedwede Rechenarbeit abnehmen!

Da die Varianz (S^2) als quadrierte Größe vorliegt, wird der besseren Anschauung zuliebe die **Wurzel** gezogen und man erhält die Standardabweichung **s** (auch Streuung genannt), die aber die gleiche grundsätzliche Bedeutung für die Interpretation zahlenmäßiger Daten hat.

Noch ein Beispiel, um Ihnen die Aussagekraft dieser Kenngrößen zu verdeutlichen: In einer Gruppe von in etwa gleichgroßen männlichen Basketballspielern dürfte die durchschnittliche Körpergröße relativ eng um das arithmetische Mittel herum **streuen**. D. h., dass die einzelnen Abweichungen nach unten und nach oben nicht allzu stark ausfallen sollten. Ganz anders schaut das aber auf die Gesamtbevölkerung bezogen aus, wo es weitaus mehr (sehr) kleine und (sehr) große Menschen gibt und die Messwerte deshalb insgesamt *breiter* (um den Mittelwert herum*) streuen* als in der Stichprobe der Basketballspieler.

Am besten lässt sich die Streuung anhand einer Normalverteilungskurve erklären: Sehr viele Datenerhebungen sind nämlich »normalverteilt«, wie es in der Statistik heißt: Ob Körpergröße, Intelligenzquotient oder durchschnittliche Studiendauer: in allen Fällen gibt es einen Mittelwert, um den herum die meisten Einzelfälle zu liegen kommen, wohingegen Ausreißer nach oben und unten eher die Ausnahme bilden: Die allermeisten Menschen sind in Europa zwischen 1,60 m und 1,90 m

Standardnormalverteilung

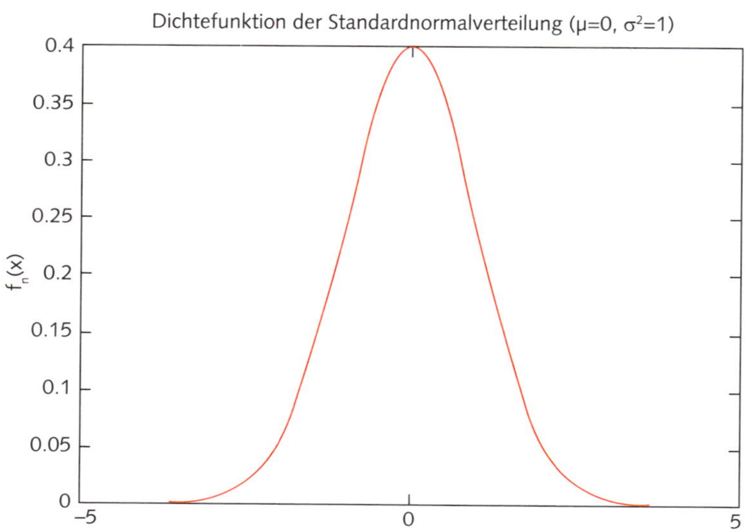

groß, nur relativ wenige sind sehr klein oder sehr groß und kommen darunter oder darüber zu liegen. Als Diagramm (mit »X- und Y-Achse«) aufgetragen entsteht so eine »**Normalverteilung**«. In Anlehnung an den Mathematiker Carl-Friedrich Gauß wird dabei auch von einer »Gauß'schen Glockenkurve« gesprochen.

Definitionsgemäß werden bei einer Normalverteilung der Mittelwert mit μ und die Varianz mit σ, die Standardabweichung mit μ symbolisiert. Betragen diese Werte 0 (Mittelwert) und 1 (Varianz), handelt es sich um eine Standardnormalverteilung (s. Abb. auf S. 172). Unterscheiden sich die Werte der Glockenkurve von 0 und 1, handelt sich um keine Standardnormalverteilung, sondern eine einfache Normalverteilung.

Je *enger* bzw. *steiler* und *schmaler* nun diese Glockenkurve ist, desto geringer ist die Varianz bzw. Standardabweichung, desto enger sind also die Daten um den Mittelwert versammelt. Je *breiter* und *weniger steil* die Verteilung hingegen, desto größer ist die Standardabweichung.

Der Korrelationskoeffizient

Da gerade von zweidimensionalen Diagrammen die Rede war (also solchen mit einer »x- und einer y-Achse«): Ein weiteres wichtiges Kriterium der beschreibenden Statistik ist der sog. »**Korrelationskoeffizient**«. Immer wenn zwei einander zugehörige Merkmale gegeneinander aufgetragen werden (z.B. die Anzahl von Personen auf der x-Achse und deren jeweiliges Einkommen auf der y-Achse), haben Sie es mit Diagrammen zu tun, die etwa die Form annehmen können, wie im Streudiagramm-Beispiel auf Seite 174 gezeigt..

In diesem Beispiel weisen die beiden Variablen (einerseits der Preis einer Ware, andererseits deren verkaufte Stückzahl) offenbar *keinen* engeren Zusammenhang auf. Das Diagramm zeigt einen sog. »Schwarm« von Daten, Fachleute sprechen in diesem Zusammenhang von einem »Streudiagramm«.

Anders stellt sich Ihnen das im zweiten Beispiel-Diagramm auf der Seite 174 dar, wo die Kurve (»Graph« ist der Fachausdruck hierfür) ein steiles, »exponentielles« Wachstum an den Tag legt.

Im nächsten Beispiel sind die beiden Variablen so miteinander verbunden (»korreliert«), dass der Graph eine gleichmäßig steigende Gerade darstellt. Man sagt, der Zusammenhang ist linear.

Streudiagramm

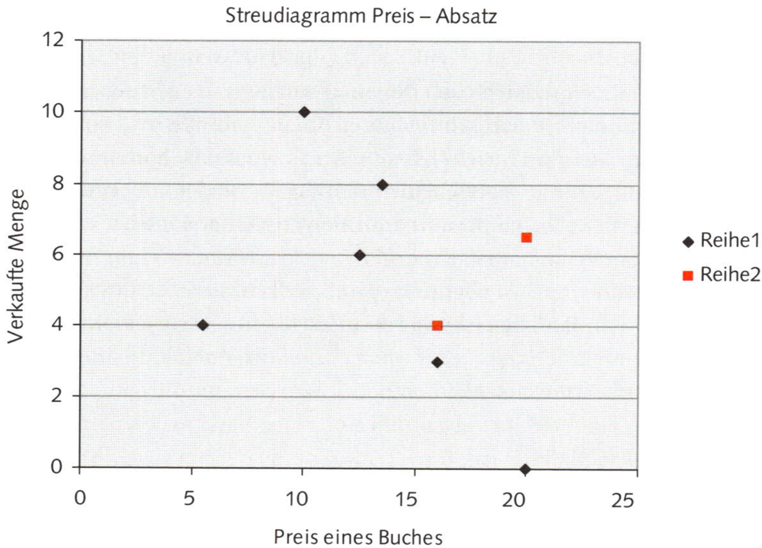

Exponentielles Wachstum

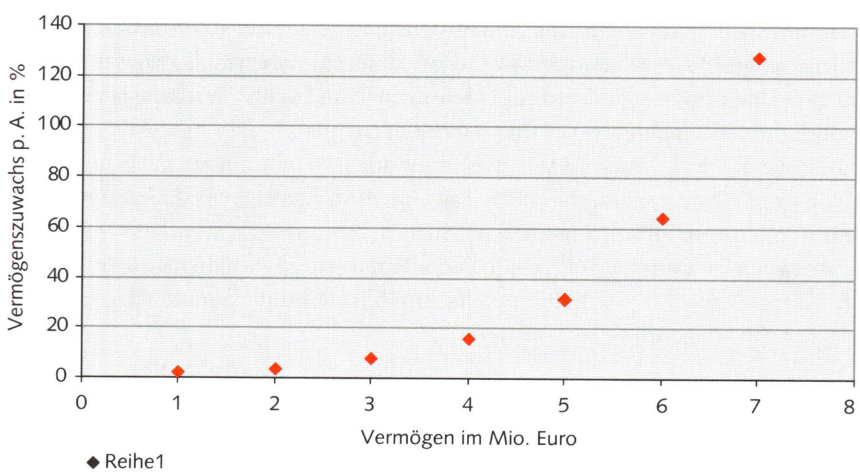

Lineares Wachstum

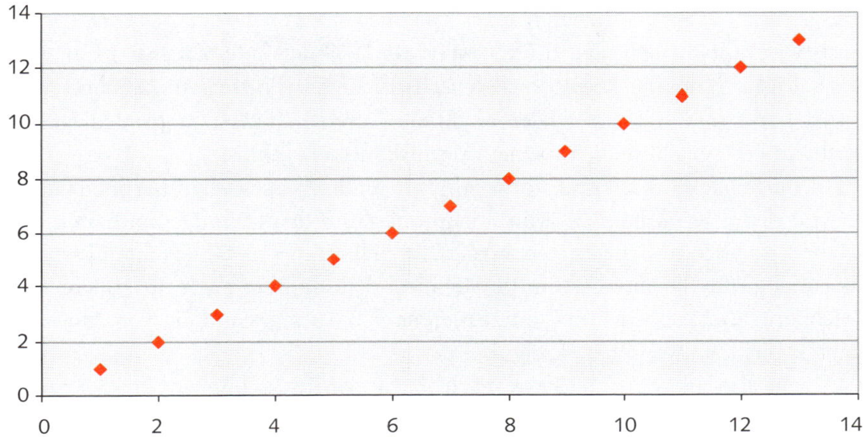

In den beiden Beispielen springt jeweils der Zusammenhang der beiden Größen geradezu ins Auge. Wie aber lässt sich unabhängig von solchen Graphen der jeweilige Zusammenhang zweier Merkmale *berechnen*? Schließlich kann dieser Zusammenhang offensichtlich ganz unterschiedlicher Art sein und wie in Beispiel 8 oft auch überhaupt keine Gerade ergeben. Anders gefragt: Wie kann berechnet werden, wie die jeweiligen Variablen miteinander korreliert sind?

Auskunft darüber gibt der sog. »**Korrelationskoeffizient**« (sein Zeichen ist **r**). Die mathematische Formel ist zugegeben etwas kompliziert (sie weist Klammern, einen Bruch und eine Wurzel auf), erfordert aber dennoch keinerlei höhere Mathematikkenntnisse und hat uns an dieser Stelle auch nicht weiter zu interessieren (zumal verschiedene leicht zu bedienenden Statistikprogramme für den PC dergleichen »mir nichts, dir nichts« auszurechnen in der Lage sind.)

Ist r berechnet, kann das Ergebnis jeden Wert zwischen –1 und +1 annehmen (d. h.: $\mathbf{-1 \leq r \leq +1}$). Ist r = 0, heißt das, dass es keinen Zusammenhang zwischen den Werten gibt (wie im Beispiel 7). Ist r gleich 1, sind die Daten positiv korreliert (d. h., große x-Werte entsprechen großen y-Werten, wie in den Beispielen 8 und 9), ist r gleich –1, sind die Daten umgekehrt negativ korreliert: Kleine y-Werte entsprechen dann großen x-Werten. Grundsätzlich gilt: Je kleiner r, desto schwächer ist der Zusammenhang zweier Merkmale.

Inferenzstatistik

Bisher ging es darum, Ihre empirisch gewonnen Daten anhand markanter Merkmalsgrößen zu *beschreiben.* Hierfür zeichnet die vorangehend skizzierte *deskriptive Statistik* verantwortlich. Die **Inferenzstatistik** (»schließende Statistik«) hingegen beschäftigt sich mit der Frage, ob wissenschaftliche Ergebnisse dem Zufall geschuldet sind oder ob ihnen eine wissenschaftliche Gesetzmäßigkeit zugrunde liegt – in letzterem Fall spricht man von einem **signifikanten** Ergebnis.

Die Frage nach »Zufall und Notwendigkeit« in der Wissenschaft hat auch viel zu tun mit dem Zusammenhang von Stichproben und den Grundgesamtheiten, aus denen diese Stichproben gezogen werden. Ist ein bestimmtes Untersuchungsergebnis zufällig nur für eine bestimmte Stichprobe gültig oder auch für andere, vergleichbare Stichproben einer interessierenden Grundgesamtheit von Untersuchungsobjekten (Menschen, Ereignisse usw.)?

Es geht also auch um die Frage nach *möglichen* Rückschlüssen von der Stichprobe auf die Gesamtheit eines zu untersuchenden Phänomens (also z. B. danach, inwieweit eine bestimmte Merkmalsausprägung der Schüler einer bestimmten Schule in einer bestimmten Stadt typisch ist für alle Schüler eines bestimmten Bundeslandes). Von großer Bedeutung ist innerhalb der schließenden Statistik somit der Aspekt der **Repräsentativität**. Was aber bedeutet es aus Sicht der Wissenschaft eigentlich, wenn es beispielsweise heißt: »Das Ergebnis ist repräsentativ?«

Repräsentativität

Prinzipiell gibt es verschiedene Arten von Stichproben: z. B. Zufallsstichproben, bei denen jede Untersuchungseinheit einer Grundgesamtheit die gleiche Chance hat, in die Stichprobe zu gelangen. Das beste Beispiel einer solchen rein zufälligen Auswahl ist das *Losverfahren.* Zufallsstichproben weisen dabei die höchste Repräsentativität auf. Systematische Verfahren hingegen, etwa *Quotenverfahren* oder eine *systematische Auswahl,* »ziehen« eine Stichprobe nicht zufällig, sondern berücksichtigen (je nach Forschungsinteresse) bestimmte Gruppen bevorzugt oder auch ausschließlich. (Beispielsweise kann eine Gesamtheit von Personen nach Alter, Geschlecht, Bildungsabschluss etc. aufgeteilt werden. Die Stichproben werden dann gemäß der prozentualen Anteile dieser Gruppen an der Gesamtbevölkerung zusammengestellt).

Repräsentativität heißt, dass die Stichprobe(n) so ausgewählt wurde(n), dass sich die Merkmale, um die es in der Untersuchung geht, hinsichtlich ihrer statistischen Kenngrößen (wie *Median, Modalwert, arithmetisches Mittel, Streuung* usw.) in Stichprobe *und* Gesamtpopulation nicht zu stark unterscheiden, so dass sich von der Stichprobe auf diese Grundgesamtheit *rückschließen* lässt. Wie groß muss nun aber eine Stichprobe sein, um sie als repräsentativ bezeichnen zu können? Grundsätzlich gilt: Eine ganz bestimmte Zahl (etwa: immer 10 % einer Gesamtheit) gibt es nicht, vielmehr hängt diese immer auch vom Untersuchungsgegenstand ab. (Bei manchen Merkmalen wie dem Wahlverhalten reichen schon relativ kleine Fallzahlen [gemessen an der Gesamtbevölkerung], um aussagekräftige Rückschlüsse ziehen zu können, denn die Zahl potentieller Wahlentscheidungen ist durch das Parteienspektrum relativ eng begrenzt. Hinsichtlich einer Befragung des »Lieblingsessens der Deutschen« bedürfte es hingegen umfangreicherer Stichproben.)

Oft sind es auch wissenschaftlich-methodische Erfahrungswerte, mit der die notwendige Anzahl befragter (oder beobachteter) Menschen festgelegt wird, die mindestens erforderlich ist, um die gleichen (oder sehr ähnliche) Ergebnisse zu erzielen, wie sie größere (und damit repräsentativere) Stichproben erzielen. Darüber hinaus gibt es in der Statistik aber auch (relativ komplizierte) mathematische Verfahren, um die optimale Stichprobengröße zu bestimmen.

Ob Hypothesen, die anhand einer Stichprobe überprüft werden, nur *zufällig* bestätigt oder widerlegt werden, oder tatsächlich Rückschlüsse auf die Grundgesamtheit zulassen, darüber geben bestimmte Testverfahren Auskunft.

Hypothesentest

Hypothesentests sagen also etwas darüber aus, ob von einer gezogenen Stichprobe auf die untersuchte Grundgesamtheit geschlossen werden kann. Bei diesem Verfahren geht es nun aber schon ein klein wenig stärker »ans Eingemachte« der Statistik. Entsprechend sollen Ihnen hier im Rahmen einer ersten Einführung in die Thematik auch nur die Grundzüge skizziert werden.

Wie Sie bereits wissen, bezeichnet Wissenschaft im Grunde nichts anderes, als das Überprüfen von Hypothesen, die wiederum Behauptungen über die Beschaffenheit der Welt sind, an der empirischen, d.h. wahrnehmbaren Realität. Ein Hypothesentest hilft festzustellen, wie groß die Irrtumswahrscheinlichkeit dafür ist, eine bestimmte Hypothese fälschlicherweise anzunehmen oder abzulehnen. Voraussetzung für einen solchen Hypothesentest ist aber, dass die Messdaten normal verteilt sind, in einem Diagramm also eine Normalverteilung (»Glockenkurve«) bilden, was eigentlich bei den meisten statistisch interessanten Verteilungen der Fall ist.

Das Praktische an einer solchen Normalverteilung ist nun: Die Gesamtfläche unterhalb der Glockenkurve beträgt immer gleich 1. Deshalb lässt sich anhand einer vorgegebenen Tabelle die Wahrscheinlichkeit (in Prozent) ablesen, mit der ein bestimmter Messwert unterhalb einer bestimmten Grenze zu liegen kommt oder innerhalb eines bestimmten Intervalls liegt. Bspw. können Sie ohne Probleme eine Aussage darüber treffen, mit welcher Wahrscheinlichkeit ein Mensch zwischen 1,70 m und 1,80 m groß ist, indem Sie die entsprechende Fläche zwischen den Werten 1,70 und 1,80 *unterhalb* des Graphen der besagten Tabelle ablesen (und in Prozentwerte übersetzen).

Ohne hier im Rahmen dieser überblicksartigen Einführung auf die Détails des Verfahrens einzugehen, müssen Sie zunächst aber noch die Normalverteilung eines vorliegenden Datensatzes in eine sog. »Standardnormalverteilung« überführen (deren Mittelwert ist, wie Sie schon wissen, stets 0 und die Standardabweichung ist stets 1), da in der Regel die erwähnten Tabellen nur für Standardnormalverteilungen in den einschlägigen Lehrbüchern (oder auch im Internet) anzufinden sind. Diese Umwandlung geschieht mittels eines bestimmten mathematischen Verfahrens, welches aber keinerlei höhere Mathematikkenntnisse voraussetzt.

Doch wie läuft so ein Hypothesentest nun im Einzelnen ab? Die Ausgangsfrage dabei lautet zunächst ganz grundsätzlich: Ist eine bestimmte Hypothese gültig oder muss sie durch eine andere ersetzt werden? Die bisherige bzw. bisher als gültig erachtete Hypothese (sozusagen der »Titelverteidiger«) wird üblicherweise als Nullhypothese bezeichnet (H0), die Alternativhypothese ist sozusagen die »Herausforderin« (H1): Wer hat recht, welche Hypothese ist die Zutreffende? Im Kern funktioniert der Hypothesentest nun so, dass der Mittelwert der H0-Verteilung mit dem Mittelwert der H1-Verteilung verglichen wird. Behauptet H1 beispielsweise, dass dieser größer ist, wird H1 *verworfen* und H0 beibehalten, wenn dem tatsächlich so ist.

Aber um wie viel bzw. wie stark müssen sich diese Mittelwerte voneinander unterscheiden, so dass Ihre Entscheidung, eine Hypothese anzunehmen oder aber abzulehnen, nicht nur dem Zufall geschuldet ist? Man spricht hierbei von der »Irrtumswahrscheinlichkeit« oder auch vom »**Signifikanzniveau**«. Wann ist mit anderen Worten ein Ergebnis **signifikant** (also nicht auf Zufall gründend)? Wiederum vereinfacht gesagt: Wenn der Mittelwert der Alternativhypothese in den *äußeren Grenzbereichen* der Glockenkurve der H0-Verteilung zu liegen kommt, wird dieser abgelehnt. Genauer gesagt: Ist die Irrtumswahrscheinlichkeit für eine fälschliche Ablehnung der Nullhypothese kleiner gleich 5 % (liegt also in den äußersten 5 % der Fläche unterhalb der Verteilungskurve) wird ein Testergebnis als signifikant bezeichnet. Ist die Irrtumswahrscheinlichkeit sogar kleiner gleich 1 %, spricht man von einem hoch signifikanten Ergebnis.

Die Hypothesenprüfung liefert also wie gesagt letztlich Aussagen darüber, wie groß die sog. »Irrtumswahrscheinlichkeit« ist, d. h.: wie groß die Wahrscheinlichkeit ist, dass die Alternativhypothese fälschlicherweise angenommen oder aber abgelehnt wird.

Falls Ihnen das etwas zu komplex anmutet, hier ein Beispiel zum besseren Nachvollziehen: Die Befragung aller Teilnehmer einer der meist gebuchten Fortbildungsveranstaltungen (»Grundlagen quantitativer Datenauswertung«) in einer von Ihnen geleiteten Volkshochschule ergab, dass nur 10 % der Teilnehmer mit der Veranstaltung *nicht* zufrieden waren. Sie haben nunmehr die Entscheidung zu treffen, ob es einer (nicht ganz billigen) didaktischen und medientechnischen Überarbeitung der Fortbildung bedarf. Damit Sie eine aussagekräftige Entscheidungsgrundlage gewinnen, beschließen Sie, 100 Teilnehmer per standardisiertem Fragebogen zu befragen. Sie legen vorab folgendes fest:

Sind mindestens 10 Teilnehmerinnen mit der Qualität der Veranstaltung unzufrieden, soll diese überarbeitet und verbessert werden (*Hypothese H0*), sind es weniger, bedarf es keiner größeren Änderungen (*Hypothese H1*). Sagen wir, in Ihrer ersten Befragung erklärten 12 Teilnehmerinnen ihre Unzufriedenheit.

Da Sie sich der Zufälligkeit von Stichproben und darauf gründenden Ergebnissen im Klaren sind, machen Sie die 2. Umfrage (n= 100). Sie entschließen sich, mit einer 95 %igen Wahrscheinlichkeit zufrieden zu sein (d.h. mit *einfacher*, nicht hoher *Signifikanz*), dass Ihr Befragungsergebnis *nicht* dem Zufall geschuldet ist. In dieser Befragung erklären 8 Fortbildungsteilnehmer ihre Unzufriedenheit.

Was heißt das nun mit Blick auf Ihre beiden Hypothesen?

Bei Ihrer ersten Befragung erklärten wie gesagt 12 Teilnehmerinnen, mit der Qualität der Veranstaltung unzufrieden zu sein. Ihre H0- Hypothese wäre damit angenommen. Jedoch könnte dies aufgrund des zufälligen Charakters Stichprobe auch täuschen: Dann nämlich, wenn der tatsächliche Anteil der nicht-zufriedenen in der Grundgesamtheit (alle Fortbildungsteilnehmerinnen) im Gegensatz zur Stichprobe doch kleiner als 10 % ist. Sie würden also bei der Annahme der Hypothese H0 mit einer gewissen Irrtumswahrscheinlichkeit einen Fehler begehen.

Dieser Fehler berechnet sich aus der sog. Ablehnungswahrscheinlichkeit, die anhand der Verteilungsfunktion Ihrer Befragungsergebnisse ablesbar ist (nachdem diese, wie gesagt, auf mathematischem Wege in eine »Standardnormalverteilung« überführt wurde). Anhand einer schon erwähnten Tabelle (»die Standardnormalverteilungstabelle«), die sich in jedem Statisitik-Lehrbuch bzw. im Internet findet, kann nun die Wahrscheinlichkeit abgelesen werden, dass es einem Stichprobenzufall geschuldet ist, dass weniger oder gleich 9 Teilnehmer unzufrieden sind. Sie beträgt in unserem Fall 0,451. Was aber bedeutet dieser Wert? – Er bedeutet, dass es unter der Annahme, dass tatsächlich 10 % aller Teilnehmer unzufrieden sind, bei der Befragung mit 45,1 % Wahrscheinlichkeit zu einer Fehlentscheidung hinsichtlich der Annahme von H0 kommt. Da dieses Ergebnis natürlich nicht akzeptabel ist, können Sie H0 verwerfen.

Natürlich gibt es über die vorangehend kurz vorgestellten statistischen Ansätze und die ihnen zugrundeliegenden Fragestellungen hinaus noch viele weitergehende Auswertungsmethoden quantitativer Sozialforschung: So ist es z. B. durchaus üblich, mehrere Variablen auf einmal miteinander in Bezug zu setzen (»*zu korrelieren*«): Bspw. könnten Sie bei einer Befragung zum Thema »Politische Einstellungen von jungen Frauen« deren verschiedene Antworten noch mit weitergehenden Faktoren wie Ausbildungsstand oder Wohnort (Stadt / Land) in Zusammenhang setzen. Hierfür gibt es sogenannte »**Multivarianz- und Diskriminanzanalysen**«, die jedoch den Rahmen eines ersten Überblicks an diese Stelle überschreiten.

Die vorangehenden Ausführungen zur beschreibenden und schließenden Statistik sollten Ihnen, wie eingangs schon erwähnt, lediglich einen allerersten Eindruck davon vermitteln, wie Sie bei der Auswertung quantitativer Daten *im Wesentlichen* vorzugehen haben. Dabei wurde Ihnen eine Auswahl der gängigsten Begriffe und Verfahrensweisen unterbreitet, die keinesfalls das gesamte Repertoire statistischer Verfahren abdeckt.

Vielmehr ist hier zumindest eines hoffentlich gelungen: Sie davon zu überzeugen, dass auch bei der Auswertung quantitativer Forschungsergebnisse im Grunde nur »mit Wasser gekocht wird«. Einer intensiveren Beschäftigung und Einarbei-

Zusammenfassung

Die **beschreibende Statistik (deskriptive Statistik)** fasst empirische Daten anhand aussagekräftiger Kennzeichen zusammen. Gängige Verfahren sind dabei die tabellarische Darstellung von Daten, entweder in Form einer Häufigkeitstabelle oder mit Hilfe eines Histogramms bzw. Polygons. Die allerwichtigsten Kenngrößen der beschreibenden Statistik sind der

- Modalwert / Modus (der Messwert, der am häufigsten auftritt),
- der Median (er halbiert die Datenmenge in zwei gleich große Teile),
- das arithmetische Mittel (der »Durchschnitt«),
- die Varianz und die Standardabweichung (sie geben darüber Auskunft, wie weit die Daten um den Mittelwert »streuen«) und nicht zuletzt
- der Korrelationskoeffizient (der den Zusammenhang zwischen zwei Variablen charakterisiert).

tung in das Thema (falls Ihr Forschungsprojekt größere und komplexere Datenmengen »abwirft«), sollte nun nichts mehr im Wege stehen.

Die **schließende Statistik** (**Inferenzstatistik**) stellt die Frage, ob wissenschaftliche Ergebnisse dem Zufall einer Stichprobe geschuldet sind oder ob es sich dabei vielmehr um wissenschaftliche Gesetzmäßigkeiten handelt. Entsprechend geht es auch darum, inwieweit eine Stichprobe Rückschlüsse auf die jeweilige Grundgesamtheit, aus der die jeweilige Stichprobe »gezogen« wurde, zulässt; d. h.: inwieweit sie repräsentativ ist. Das wichtigste Verfahren hierbei ist der Hypothesentest, der die Mittelwerte von Normalverteilungen vergleicht und Aussagen darüber zulässt, ob die »alte« Hypothese (H0) oder die »Herausforderin« (H1) signifikant (oder gar hoch signifikant) anzunehmen oder abzulehnen ist.

Literaturtipps

Bortz, Jürgen & Döring, Nicola (2006): Forschungsmethoden und Evaluation für Sozialwissenschaftler. 4. überarbeitete Auflage. Berlin: Springer.

Bosbach, Gerd & Korff, Jens Jürgen (2011): Lügen mit Zahlen. Wie wir mit Statistiken manipuliert werden. 3. Aufl. München: Heyne Verlag.

Friedrichs, Jürgen (1990): Methoden empirischer Sozialforschung. 14. Auflage. Opladen: Westdeutscher Verlag.

Kromrey, Helmut (2009): Empirische Sozialforschung. Modelle und Methoden der standardisierten Datenerhebung und Datenauswertung. 12. Aufl. Stuttgart: Lucius & Lucius.

Schnell, Rainer; Hill, Paul B. & Esser, Elke (2013): Methoden der Empirischen Sozialforschung. 10. Aufl. München: Oldenbourg.

Urban, Klaus (1996): Statistik. Einführung in die statistische Methodenlehre. 4. Aufl. München / Wien: Oldenbourg.

3 Zum Einsatz von Medien bei der Auswertung von Datensätzen

Zum Abschluss dieses einführenden Überblicks über Methoden der Datenauswertung wollen wir auf einige medienbezogenen Aspekte hinweisen, die uns in diesem Zusammenhang wichtig erscheinen. In einem ersten Schritt stellen wir Ihnen einige konzeptionelle Unterscheidungen vor, die an die medientheoretischen Überlegungen des vorigen Kapitels anknüpfen. Dabei lernen Sie die Begriffe ›multimedial‹, ›multimodal‹ und ›multicodal‹ kennen. Im zweiten Schritt machen wir Sie auf die Bedeutung von Computerprogrammen bei der Auswertung empirischer Daten und eine Auswahl entsprechender nützlicher Instrumente aufmerksam.

Multicodierungen und Multimodalitäten

Im IV. Kapitel haben wir gesehen, dass die Frage der **Medien im Forschungsprozess** in zweierlei Hinsicht diskussionswürdig ist. Das Thema lässt sich – vereinfacht gesprochen – als zwei Seiten einer Münze diskutieren: Einerseits haben wir es mit der sinnlich-materiellen Gestalt von Medientechnologien, Apparaten und Instrumenten zu tun – und andererseits haben wir es immer auch mit deren symbolischen und zeichenhaften Dimensionen zu tun. Diese Verbindung von Technologie und medialer Darstellung spielt in allen alltagsweltlichen, künstlerischen und wissenschaftlichen Zusammenhängen der Sinngebung und Bedeutungsproduktion eine wichtige Rolle. Wie immer Sie zum Beispiel die knappen Ausdrucksformen per SMS verbuchen – ob eher als kreative Leistungen, als nützliche Hilfsmittel in manchen Situationen, als Verlust von Sprachkompetenz, als Modus der Belebung von Dialekten, u.s.w. – sie werden allemal im Zusammenspiel technischer und sozio-kultureller Aspekte so kreiert, dass sie als spezielle Formen der Medienkommunikation beschreibbar werden.

Auch wenn in der empirischen Forschung die Tragweite solcher Überlegungen erst langsam zu dämmern beginnt, so deuten Ausdrücke wie »Apparatemedizin«, »Bücherwissenschaften« oder »kognitive Werkzeuge« klar darauf hin, dass mit den angedeuteten **medialen Formen** gewisse Besonderheiten verbunden sind, die für erkenntnistheoretische und praktisch-nutzenorientierte Aspekte gleichermaßen bedeutsam sind.

Sie werden nun vielleicht einwenden, dass das Zusammenspiel von technisch-materiellen und zeichenhaften Aspekten eine sehr abstrakte und allgemeine Behauptung darstellt, die zwar plausibel ist, die Ihnen aber nicht viel weiterhilft beim Einstieg in die Welt der empirischen Forschung. Angesichts des breiten Spektrums von empirischen Methoden, das wir Ihnen vorgestellt haben, würde dies von Fall zu Fall doch völlig Unterschiedliches bedeuten. Und außerdem hätten wir es doch ohnedies in den meisten Fällen mit einem Konglomerat von direkter Kommunikation, Texten, Bildern, Grafiken, Tondokumenten oder auch Videoclips zu tun. So gesehen sei doch heute jede empirische Forschung gewissermaßen »multimedial« – so what?

Unsere Antwort ist ein klares Jein! Freilich können wir Ihnen zustimmen, dass bei der Erhebung und Auswertung qualitativer und quantitativer Daten allemal auch mündliche Gesprächsformen und schriftliche Formen der Textkommunikation eine Rolle spielen usw. Aber das sagt noch nichts darüber aus, *wie* wir mit den Daten umgehen und was sie für wen bedeuten. Erinnern Sie sich an das Beispiel einer mündlichen Alltagserzählung im ersten Kapitel und die unterschiedlichen Akzente, die bei wissenschaftlich motivierten Beschreibungsformen zum Tragen kommen. Wir haben u.a. argumentiert, dass mit den qualitativen und quantitativen Beschreibungsformen unterschiedliche Abstraktionsgrade verbunden sind, die sich auf einem Kontinuum verorten lassen. Wir wollen hier einen Schritt weitergehen und Sie zum Nachdenken über eingespielte Routinen in der empirischen Forschung anhand multimedialer Dimensionen anregen und zeigen, wie und warum dies gerade im Zusammenhang von Auswertungsperspektiven wichtig ist.

Vielfach wird der Ausdruck »**Multimedia**« schlicht im Sinne einer Verknüpfung unterschiedlicher Medientechnologien und inhaltlicher Medienangebote auf digitaler Basis verstanden. So gesehen wären die Inszenierungen antiker Rezitatoren beim Festmahl mit und ohne musikalische Unterstützung nicht als multimediale zu bezeichnen. Analoges würde für die Rezitationen mittelalterlicher Mönche oder im Fall von Stummfilmen mit Klavierbegleitung gelten. Andererseits reicht aber das Kriterium »Verknüpfung auf digitaler Basis« nicht aus, wenn man an Kombinationen von Text-, Bild- und Tonelementen in digitalisierten Videoclips oder die in Büchern abgedruckten Darstellungen von Multimedia-Anwendungen denkt. Aber selbst wenn wir das Kriterium im Sinne einer rechnergestützten Integration von Speicher- und Übertragungsmedien sowie Datenbanken und Datentypen weiter konkretisieren, können wir so allenfalls die technische Seite der Thematik besser nachvollziehen. Für ein umfassenderes Verständnis von Multimedialität braucht es auch die Berücksichtigung von Dimensionen der Interaktivität, der Wahrnehmung, der Sensorik, der Gestaltung und des Verwendungszusammenhangs.

Definition

Multimedialität lässt sich bestimmen als Zusammenspiel von

- *technischen Herstellungs-, Speicher- und Übertragungsmedien* (Buchdruck, Radio, Film, TV, Computer, Internet, etc.),
- *semiotischen* **Kommunikationsmitteln** (Bild, Sprache, Sprechen, Schrift, Gestik, Zahl, Ton, Musik) und
- *interaktiven Nutzungsformen von Diensten und inhaltlichen* **Medienangeboten** (Texte, Bilddarstellungen, Text-Bild-Kombinationen, Radio-/Fernsehsendungen, Animationen, Websites, etc.)
- in sozio-kulturellen, politischen, ökonomischen und institutionellen Kontexten.

Im Zusammenhang empirischer Forschung ist es nun wichtig zu sehen, dass – ähnlich wie in alltagsweltlichen Kontexten – Prozesse und Formen der **Digitalisierung** zunehmend bedeutsam geworden sind. Hand in Hand damit ändern sich wissenschaftliche Ansprüche, Routinen und Kommunikationspraxen. Neue Phänomenbereiche rücken ins Blickfeld, Vorgangsweisen und Techniken werden vielfach adaptiert und mancherorts werden neue Methoden entwickelt.

Heißt das, dass Sie statt Plakaten, Post-its, Karteikarten und Klebstoff unter allen Umständen geeignete Computerprogramme verwenden *müssen*, um qualitätsvolle Auswertungsergebnisse erzielen zu können? Die Antwort darauf lautet wieder Jein: Bei einfachen Fragestellungen in kleinen Praxisforschungsprojekten können Sie mit einem Textverarbeitungsprogramm und einigen ausgedruckten Materialien mitunter leicht das Auslangen finden. Bei etwas komplexeren Fragestellungen kann es sehr hilfreich oder sogar unerlässlich sein, geeignete Computerprogramme einzusetzen. Sie finden heute kaum mehr Forscherinnen, die »aus Prinzip« auf technische Hilfsmittel zur Komplexitätsbewältigung verzichten wollen oder die etwa auf die Verwendung von Lochstreifen oder Lochkarten bei statistischen Analysen bestehen.

Wichtig ist zunächst, dass Sie sich klar vor Augen führen, dass sowohl auf der Ebene der von Ihnen untersuchten Phänomenbereiche als auch auf der Ebene der Forschungspraxis spezifische *Modalitäten des Umgangs mit* **Kommunikationsmitteln** (Schreiben, mündliche Sprachen, Schriftsprachen, Gesten, Bilder, etc.) und **Symbolsystemen** (Schrift-, Zahlen-, Bild-, Notations-, Präsentationssysteme, Clipformate, etc.) bedeutsam sind. Die einschlägigen Kommunikationsmodalitäten stellen mehr oder weniger gut eingespielte Praxen dar, die jeweils bestimmte Aspekte eines Bedeutungszusammenhangs hervorheben. Dies lässt sich an beliebigen Beispielen leicht verdeutlichen. Denken Sie etwa an eine Untersuchung über Pilates als Trendsportart, in der es um die Analyse von »Fun-Faktoren« in ausgewählten Trainingsgruppen geht. Sie haben es da auf der einen Seite u. a. mit »stylischen« Ausdrucksweisen, Gruppensprachen, flüchtigen Gesten und Vorstellungsbildern von körperlicher Fitness zu tun. Auf der anderen Seite sind viele der Modalitäten und ihr Zusammenspiel in einer textbasierten wissenschaftlichen Arbeit nur schwer darstellbar. Aber auch dann, wenn die Auswertung und Präsentation mit verschiedenen Symbolsystemen (Bsp. Text-Bild-Kombinationen, akustisch kommentierte Bewegungsbilder), also **multicodal** gemacht wird, bleiben auch die wissenschaftlichen Darstellungen notwendig partiell.

Wichtig

In **multicodalen** Darstellungen werden unterschiedliche Symbolsysteme und Kodierungen verwendet (z. B. in Form numerischer und grafischer Darstellungen, Text-Bild-Kombinationen, Bild-Text-Ton-Dokumente).
Multimodalität im Umgang mit Kommunikationsmitteln meint das Ensemble unterschiedlicher Darstellungs- und Ausdrucksweisen in einem Kommunikationsprozess (Bsp. mündliche Sprache, Gestik und Kleidungsstil; Set schriftsprachlicher, visueller und akustischer Ausdrucksformen; Kombination aus mündlicher Sprache, Gebärdensprache und grafischer Darstellung). Dabei wirken die Qualitäten einzelner Modalitäten zusammen (Bsp. Funktion der Stimme beim Sprechen, Sequenzierung und Linearität von Verschriftlichungen, Abstraktionsleistung der Formelsprache).
Multisensorisch bezieht sich auf das Zusammenspiel mehrerer Sinne (z. B. visuelle, auditive, haptische Wahrnehmung).

Beachten Sie im Zusammenhang der Datenauswertung weiters die folgenden Punkte:

- Orientieren Sie sich bei der Auswertung an Ihren Forschungsfragen und Erkenntnisinteressen und setzen Sie Software-Produkte für Ihre Zwecke sein. Auch wenn die Leistungsfähigkeit der diversen Computerprogramme im Detail verschieden ist, so gibt es nicht jeweils ein Programm, das für einen methodischen Ansatz geeignet ist. Es gibt auch keine Software-Agenten, Bots oder e-dwarfs, die die Auswertung für Sie erledigen. Verstehen Sie sich also als Vorsitzenden auch der Auswertungsprozesse und lassen Sie diese nicht von der Technik dirigieren.

- Hand in Hand mit den **Digitalisierungsprozessen** sind sowohl *erweiterte Handlungsspielräume* als auch *Tendenzen der Reduktion* in der Sozialforschung entstanden. Erstere beziehen sich insbesondere auf Möglichkeiten des eleganten Umgangs mit großen Datenmengen und der übersichtlichen Darstellung komplexer Zusammenhänge sowie auf neue Verfahren der Aufbereitung und Analyse multicodaler Daten (z. B. Videoclips, Filme). Letztere beziehen sich vor allem auf zweifelhafte oberflächliche Auswertungsroutinen (z. B. von vielen Onlineumfragen), Mängel bei der Prüfung der Datenqualität, die Orientierung von Fragestellungen am technisch Machbaren und die Normierung von Forschungsdesigns unter Vernachlässigung von Aspekten der Gegenstandsangemessenheit.
- Achten Sie bei der Auswertung auch auf die verschiedenen Ebenen und Schichtungen medialisierter Darstellungen. Ähnlich wie die unterschiedlichen Grade der Strukturiertheit bei Beobachtungen und Befragungen den Horizont von Antwortmöglichkeiten auf die Forschungsfragen mitbestimmen, verhält es sich auch mit den mündlichen, schriftlichen und bildhaften Ausdrucksformen. Manchmal wird »gesprochen wie man schreibt« (Bsp. Rede auf Manuskriptbasis), ein andermal wird »geschrieben wie man spricht« (Bsp. Email). Und wenn Sie zum Beispiel ein Begriffsnetz grafisch darstellen, dann behalten Sie dabei den Prozess von dessen Herstellung – angefangen von allfälligen schriftlichen Vorformulierungen (Notizen) für mündliche Antworten in der Gruppendiskussion bis hin zur autorisierten Transkription – im Auge.
- Für die meisten Mitglieder jüngerer Generationen, die mit digitalen Medien aufgewachsen sind, ist Multimodalität im Umgang mit Kommunikationsmitteln zumindest außerhalb schulischer Sozialisationsprozesse zur Normalität geworden. Eine überwiegend **monomodale wissenschaftliche Schriftkultur** kann hier nur sehr begrenzt aussagekräftige Ergebnisse erzielen. Prüfen Sie ggf. die Angemessenheit der wissenschaftlichen Symbolsysteme, die Sie in Ihrem Auswertungsprozess anwenden.
- Betrachten Sie sowohl die Forschungsprozesse als auch die **Forschungsergebnisse als Interaktionsprodukte**, die wesentlich mit den Modalitäten des Umgangs mit Kommunikationsmitteln zusammenhängen. Die Datenauswertung stellt dabei eine besonders sensitive Phase auf dem Weg zur kommunikativen Stabilisierung der Forschungsergebnisse dar.

Nützliche Computerprogramme für die Datenauswertung

In der empirischen Sozialforschung lassen sich grosso modo zwei Foki des Einsatzes computergestützter Auswertungsinstrumente unterscheiden. Auf der einen Seite sind dies Programme zur Auswertung quantitativer (numerischer) Daten, auf der anderen Seite sind dies Programme zur Auswertung qualitativer (verbaler) Daten. Hinzu kommen Instrumente zur Analyse multicodaler Videodaten. Die folgenden Auswahl nützlicher Computerprogramme für die Datenauswertung gibt Ihnen eine erste Orientierung.

Beispiele für Computerprogramme für die Datenanalyse	
qualitative Forschung	QSR NVivo 8 – http://www.qsrinternational.com/default.aspx Atlas ti 6 – http://www.atlasti.com/ MAXQDA – http://www.maxqda.com/ QDA Miner – http://provalisresearch.com/products/qualitative-data-analysis-software/
quantitative Forschung	Die im Abschnitt 4 des vorigen Kapitels exemplarisch aufgelisteten Programme unterstützen auch die Verwaltung, Auswertung, Dokumentation und Präsentation quantitativer Daten. Hier ein paar ergänzende Hinweise betreffend komplexe Visualisierungsverfahren für Interessierte: Statistische Visualisierung in LabVIEW http://www.ni.com/white-paper/4158/de Plattform zur Entwicklung maßgeschneiderter Visualisierungsschnittstellen für komplexe Daten: http://www.thinkmap.com/

Beispiele für Computerprogramme für die Datenanalyse	
	InstantAtlas™ – Statistische Visualisierung in Kombination mit GIS-Daten http://www.instantatlas.com/de/
	Für lehrreiche Beispiele für Visualisierungen von komplexen sozio-ökonomischen Entwicklungen im lokalen, nationalen und globalen Kontext siehe http://www.gapminder.org/ sowie http://www.wisdom.at/Visualisierung/Fo_Visualisierung.aspx
	Integrierte Analyse-Werkzeuge wie z. B. ProSuite werden insbesondere von Provalis Research angeboten: http://provalisresearch.com/
Beispiele für Social-Media-Analyse-Tools	Free Social Media Analytics in Excel & On The Web – http://simplymeasured.com/free-social-media-tools
	NodeXL – http://nodexl.codeplex.com/
	Gephi – http://gephi.org/
	Twitonomy – http://www.twitonomy.com/
	Topsy – http://topsy.com/
	Hashtracking – https://www.hashtracking.com/
	yourTwapperKeeper – https://github.com/540co/yourTwapperKeeper

Angesichts der rasanten Entwicklungen in diesem Bereich sollten Sie den jeweils aktuellen Stand verfügbarer Versionen und neuer Werkzeuge zu Beginn Ihrer Forschung online recherchieren. Aber Achtung: Es macht wenig Sinn, jede Woche Stunden mit der Suche nach den allerneuesten digitalen Werkzeugen zu verbringen. Sie rufen ja während einer mehrtägigen Bergtour auch nicht alle paar Stunden im Sportgeschäft an, um herauszufinden, ob nicht vielleicht doch noch ein besserer Imprägnierspray für Ihre Schuhe erhältlich sein könnte.

VI Darstellung der Ergebnisse und Ausblick

T. Hug

Wie immer linear oder zyklisch, geplant oder unverhofft, wohl strukturiert oder auch chaotisch Ihre Forschungsprozesse gelaufen sind, am Ende geht es darum, die Ergebnisse überzeugend zu präsentieren. Ziel dieses abschließenden Kapitels ist es Ihnen einige Möglichkeiten und Erfordernisse bei der Präsentation von Ergebnissen aufzuzeigen und Sie auf einige Besonderheiten im Umgang mit mündlichen, schriftlichen und visuellen Darstellungen aufmerksam zu machen. Ergänzend geben wir Ihnen einige Hinweise auf nützliche Internetquellen, sowie auf einige Anhaltspunkte, die bei der Entwicklung Ihrer forschungsmethodischen Kompetenzen hilfreich sind.

1 Die Darstellung der Ergebnisse

Im Einzelnen sind mit den verschiedenen Methoden der Erhebung, Aufbereitung und Auswertung unterschiedliche Möglichkeiten der Darstellung von Forschungsergebnissen verbunden. Wir konzentrieren uns hier auf einige exemplarische Hinweise und Querschnittsthemen.

Wie immer Sie in Ihrer Forschung konkret vorgegangen sind und welche empirischen Methoden Sie mit guten Gründen auch gewählt haben, vergewissern Sie sich vor der abschließenden Darstellung Ihrer Ergebnisse nochmals der Zielsetzungen und Erkenntnisinteressen, die Sie zu Beginn Ihres Projekts formuliert haben.

Rückblick

Meine Zielsetzungen und Erkenntnisinteressen im Rückblick

- Welche wissenschaftlichen, wirtschaftlichen, politischen, sozialen oder persönlichen Ziele verfolge ich mit meiner Forschung?
- Was treibt oder hemmt mich bei meinem Forschungsprojekt?
- Was will ich aufzeigen, widerlegen, belegen, erhärten, »beweisen«?
- Will ich einen Problemzusammenhang primär erklären oder verstehen?
- Welche praktischen und/oder theoretischen Erkenntnisinteressen habe ich?
- Habe ich den Anspruch eine Praxis zu verbessern oder zu verändern? Wenn ja, inwieweit?

Ziele und Interessen können und werden sich im Laufe eines Forschungsprozesses verändern. Wichtig ist, dass Sie

- sich diese Veränderungen und die damit verbundenen Kurskorrekturen selbst klar machen und sie angemessen darstellen
- im Fall von bezahlten Forschungsarbeiten rechtzeitig das Einvernehmen mit dem Auftraggeber herstellen, wenn Inhalt oder Umfang des Forschungsbereichs sich ändern
- es auch mal gut sein lassen und sich mit dem Stand der Dinge, den Sie in und mit Ihrem Forschungsprojekt erreicht haben, (relativ) zufrieden geben.

Zielgruppen und Zwecke

Es ist völlig normal, wenn Sie im Laufe Ihrer Forschungsprojekts die Zielsetzungen und Erkenntnisinteressen etwas nachjustieren. In vielen Fällen zählen neue, differenziertere Fragestellungen zu den besten Ergebnissen, die Sie erzielen können. Wenn Sie Ihre Ergebnisse für eine Präsentation aufbereiten, so sind damit meistens mehrere Zwecke verbunden. Einmal abgesehen vom vordergründigen oder mitlaufenden Zweck der Aneignung forschungsmethodischer Kompetenzen können sich diese auf verschiedene Dinge beziehen wie zum Beispiel

- den Zeugniserwerb in einer Lehrveranstaltung
- die Zertifizierung in einem Lehrgang
- den Abschluss eines Studiums mittels Qualifizierungsarbeit
- die Veröffentlichung in einer Zeitschrift, einem Sammelwerk oder im Internet
- die Berichtslegung an eine Auftraggeberin
- die Überzeugung einzelner oder einer Gruppe von Ihren Resultaten und der Qualität der Forschungsleistung
- die Kommunikation von Beobachtungsergebnissen oder Verbesserungsvorschlägen in einem praktischen Zusammenhang
- die Mitteilung von Forschungserfahrungen und -resultaten an ein Evaluationsteam
- etc.

Je nach Projektzusammenhang und Sinn und Ziel Ihrer Forschungen kommen von Fall zu Fall unterschiedliche Kombinationen und Gewichtungen einzelner Zwecke in Betracht. Und je nach Ihren Erwartungen an die Institution oder an konkrete Zielgruppen sollten Sie bei Ihrer Präsentation angemessene Darstellungsmittel wählen. Dies gilt freilich auch für die Ergebnisse zweckfrei gedachter Forschungen, die in erster Linie verstehen oder rekonstruieren wollen.

Wenn Sie den Anlass für die Darstellung von Forschungsergebnissen und diesbezügliche Bündel von Zwecken für sich geklärt haben, sollten Sie sich über Ihre **Zielgruppe** ein paar Gedanken machen. Ist sie groß oder klein, homogen oder heterogen, überwiegend ernsthaft interessiert, oder eher skeptisch, abweisend oder freundlich indifferent? Handelt es sich um Novizen oder (leicht) fortgeschrittene Kollegen? Handelt es sich um einen Prüfungssenat oder ein Expertinnengremium?

Es macht einen Unterschied, ob Sie Ihre Ergebnisse

- im vertrauten Kreis einer kleinen Seminarrunde oder vor 300 Studierenden in einer Ringvorlesung vortragen

- in einer wissenschaftlichen Fachzeitschrift, auf der eigenen Homepage oder in einem populärwissenschaftlichen Magazin veröffentlichen
- dem gesamten Kollegium, allen Vereinsmitgliedern, ausgewählten Mitarbeiter eines Betriebs oder nur der Geschäftsführung vorstellen
- zu Open-Access-Bedingungen oder mittels **Creative Commons**[2] Lizenz publizieren oder ob sie Firmengeheimnis bleiben müssen.

Selbsttest

Darstellung der Forschungsergebnisse für meine Zielgruppe(n)

Meine Einschätzung:	**gering**	**mittel**	**hoch**
Durchschnittliches Vorwissen in der Zielgruppe	( )	( )	( )
Neugier und Interesse	( )	( )	( )
Zeitrahmen für die Präsentation	( )	( )	( )
Umfang für einen schriftlichen Bericht	( )	( )	( )
Grad der Genauigkeit und Detailliertheit	( )	( )	( )
Erfordernisse der Veranschaulichung	( )	( )	( )
Grad der Abstraktion	( )	( )	( )
Notwendigkeit der Klärung von Fachbegriffen	( )	( )	( )
Meine Kritikfähigkeit	( )	( )	( )
Kritikfähigkeit in der Zielgruppe	( )	( )	( )
Grad der Öffentlichkeit	( )	( )	( )
....	( )	( )	( )
....	( )	( )	( )
....	( )	( )	( )

Schriftliche und mündliche Darstellungen

Die meisten Hinweise, die Sie in den Anleitungen zum **wissenschaftlichen Schreiben** und **Präsentieren** finden können (vgl. Seifert 2011, Kruse 2010), gelten sinngemäß auch für die Darstellung empirischer Forschungsergebnisse. Wir wollen uns hier deshalb auf einige wenige Anregungen beschränken, die uns besonders wichtig erscheinen:

(1) Unterscheiden Sie zwischen *schriftlichen* und *mündlichen Darstellungen*. Dieser Hinweis mag auf den ersten Blick trivial erscheinen. Wenn Sie sich aber Ihre eigenen Erfahrungen mit der Rezeption heruntergelesener Manuskripte

2 http://creativecommons.org/

vergegenwärtigen, dann wissen Sie, was wir hier meinen. Auch wenn Sie vielleicht einwenden, dass das nicht nur in vielen Hochschulseminaren, sondern auch auf Tagungen und Kongressen international sehr verbreitet ist, wollen wir Sie zur Beachtung dieser Unterscheidung ermuntern. Überlegen Sie also, welche Besonderheiten mit den Darstellungsmodalitäten verbunden sind, und nutzen Sie diese für Ihre Zwecke. In einer mündlichen Darstellung haben Sie mehr Möglichkeiten, flexibel auf Ihre Zuhörerinnen einzugehen, ergänzende Erläuterungen, Kürzungen oder Kurskorrekturen nach Bedarf vorzunehmen, Assoziationswissen auch spontan einzubringen, Stimmungen aufzugreifen und Akzente neu zu setzen, usw.

(2) Beachten Sie bei **mündlichen Darstellungen** die vorhandenen oder fehlenden Vorkenntnisse der Teilnehmer, die situativen Besonderheiten und den angemessenen Einsatz von Hilfsmitteln (z.B. Gliederungsskizze, Blickkontakte, Veranschaulichungen, Überblickstabellen, Zitatsammlung, Manuskriptauszüge, Flipchart). Überlegen Sie, was an Ihren Forschungsergebnissen besonders bemerkenswert ist, welche Zusammenhänge Sie herstellen können, und wie Sie die Resultate so aufbereiten können, dass Ihnen jemand gerne für eine halbe oder ganze Stunde zuhört. Vermeiden Sie die Inszenierung stereotyper Referatroutinen und versuchen Sie mit der Zeit Ihren eigenen Stil zu entwickeln. Nutzen Sie je nach Gruppengröße interaktive und diskursive Elemente und vermeiden Sie dialektförmige Ausdrucksweisen. Strukturieren Sie Ihre Darstellung (z.B. Einleitung, Motivierung des Themas und der Forschungsfrage, Hauptteil, Fazit, Schluss) und machen Sie sich vor Ihrer Präsentation klar, welche Kernaussagen Sie mitteilen wollen.

(3) In vielen Fällen ist es für das Verständnis Ihrer mündlichen Darstellungen hilfreich, wenn Sie ergänzend eine **Handreichung (Handout)** zur Verfügung stellen. Diese kann eine Kurzzusammenfassung der Forschungsergebnisse, Definitionen und begriffliche Erläuterungen, zentrale Thesen und Schlüsselzitate, Formeln und Diagramme, URLs (Uniform Resource Locators), Eckdaten sowie exemplarische Veranschaulichungen usw. enthalten. Sie soll ca. eine bis drei Seiten umfassen, und sie soll in jedem Fall Angaben zum Verwendungszusammenhang (Name, Datum, Ort, Anlass / Kontext, Titel des Beitrags) sowie zu den wichtigsten Literatur- und Internetquellen enthalten.

(4) **Schriftliche Darstellungen** werden zumeist in Form von mehr oder weniger umfangreichen **Forschungsberichten** gemacht. Im Falle von geförderten Projekten sind dabei die Richtlinien der Auftrags- oder Subventionsgeber zu beachten. Analoges gilt für wissenschaftliche Zweckschriften (Bsp. Seminar- /

Tipps

Sie können erheblich an argumentativer Sicherheit und Überzeugungskraft gewinnen, wenn Sie Ihre Forschungsprozesse und -ergebnisse in unterschiedlichen Varianten diskutieren und beschreiben:

a) Wählen Sie drei bis fünf Personen, mit denen Sie in unterschiedlichen Kontexten zu tun haben, und stellen Sie jeweils kurz dar, wie Sie zu Ihren Resultaten gekommen sind. Diskutieren Sie die Resultate mit Menschen unterschiedlicher Herkünfte und Bildungsniveaus, mit Kolleginnen aus fachnahen oder anderen Disziplinen, Verwandten, Sportsfreunden, dem Briefträger, dem Barkeeper, etc.
b) Eine gute Übung: Beschreiben Ihre Forschungsergebnisse mindestens in dreifacher Weise, z. B. in einem Satz, in drei bis fünf Sätzen, auf einer A4-Seite, in Form einer Handreichung (zwei bis drei A4-Seiten), eines Kurzberichts (7–10 A4-Seiten), eines wissenschaftlichen Essays (20–30 A4-Seiten), etc.

In beiden Fällen können Sie als Lohn für den Aufwand mit verbesserten argumentativen und forschungsmethodischen Kompetenzen rechnen.

Master- / Diplomarbeit oder Dissertation), bei denen die formellen Vorgaben der jeweiligen Institution zu berücksichtigen sind. Weiters kommen auch Internetpublikationen, Monografien, wissenschaftliche Beiträge für Zeitschriften und Sammelwerke sowie Essays und journalistische Darstellungsformen in Betracht. Ein guter **schriftlicher Bericht** über eine empirische Forschung enthält jedenfalls die folgenden Elemente:

- aussagekräftiger Titel
- Angaben zur Autorschaft sowie kontextuelle Hinweise (Orts- und Zeitangaben, ggf. erstellt »im Auftrag von«, »in Kooperation mit«, usw.)
- Inhaltsübersicht
- Kurzzusammenfassung (Summary oder Abstract in einer oder zwei Sprachen), in dem das Thema, die Forschungsfrage(n) und die zentralen Ergebnisse kurz skizziert werden
- Angaben zur Themenstellung und Zielsetzung der Untersuchung (Erkenntnis- und Forschungsinteresse)
- Hinweise zum Stand der Forschung im gegenständlichen Forschungsfeld
- Erläuterungen der Fragestellung(en) und Untersuchungsschwerpunkte
- Darstellung des methodischen Vorgehens und des Designs der Arbeit einschließlich einer Begründung der Methodenwahl

- Darstellung und Diskussion der Ergebnisse unter Berücksichtigung relevanter Bezugstheorien (Rückbindung an den Wissensstand)
- Zusammenfassung (Fazit) und Schlussfolgerungen
- Verzeichnis von Literatur- und Internetquellen
- Anhangsteil (Bsp. Fragebögen, Transkriptionen, Videoaufzeichnungen)

Visualisierungen und multimediale Darstellungen

Auch wenn schriftliche und mündliche Forschungsberichte in den Sozial- und Kulturwissenschaften eine zentrale Rolle spielen, so gibt es doch Grenzen der sprachlichen Darstellung. Das gilt auch für das vorliegende Buch, das überwiegend lineare, druckschriftliche Beschreibungen sowie einige Bilddarstellungen enthält. Wenn Sie also nicht allzu müde sind und keine bewusstseinsverändernde Substanzen eingenommen haben, dann werden Sie sowohl die Buchstaben und Wörter als auch die Grafiken und Abbildungen als statische wahrnehmen. Der Band enthält keine bewegten Bilder und auch keine reinen Bilddarstellungen ohne schriftliche Erläuterungen. Das ist durchaus typisch für weite Teile der sozial- und kulturwissenschaftlichen Forschung und hängt nicht nur mit rechtlichen, sondern auch mit historischen, erkenntnistheoretischen und methodologischen Aspekten der Thematik zusammen.

Seit einiger Zeit mehren sich die Hinweise auf Begrenzungen und Einseitigkeiten des alphabetischen Codes und standardisierten »Papiersprachen« (V. Flusser). Wie auch immer die Bedeutung des **bildhaften Denkens** und Darstellens für die empirische Forschung im Detail bewertet werden kann, beachten Sie, dass in verschiedenen Wissenschaftskulturen die Relationen von *poetischem* und *rationalem* Wissen sowie von *begrifflichen* und *bildhaften* Denkformen durchaus unterschiedlich bestimmt werden.

Wichtig

Begriffliche Klärungen sind wichtig, aber auch die empirische Forschung kommt nicht ohne Metaphern und Vorstellungsbilder aus.
Die Ressourcen (Arten des Sprechens, Schreibens, Berechnens, Analysierens, Aufzeigens, etc.), die in regionalen, nationalen oder globalen Wissenschaftskulturen als Mittel zur empirischen Bedeutungsproduktion Anerkennung finden, unterliegen einem stetigen Wandel.

Beachten Sie weiters die Besonderheiten von unterschiedlichen Darstellungsmodalitäten, von denen wir nachfolgend einige exemplarisch auflisten:

Besonderheiten von Darstellungsformen	
Sätze, **Schriftsprache**	• vorwiegend lineare Darstellung (Hintereinander von Elementen) • narrative und diskursive Beschreibungen in Textform • schreibendes Denken im Horizont sprachlichen Denkens
Ziffern, **Zahlen**, Formeln	• Reduktion von Mengenangaben auf Zahlenwerte (diskrete Größen) • mathematische Operationen (insbesondere mathematische Logik) • hochabstraktes Denken und numerische Darstellungen (Formalisierung)
Bilder, Zeichnungen	• gleichzeitige Darstellung mehrerer Elemente und deren Relationen • Rezeption (»Lesbarkeit«) in mehreren Richtungen • visuelles Denken

Auch wenn diese Besonderheiten kaum in »Reinkultur« anzutreffen sind, so zeigen sie doch gewisse Akzentsetzungen an, die bei der Darstellung empirischer Forschungsergebnisse bedeutsam sind. Hier einige ausgewählte Hinweise auf Themen, die in der Forschungspraxis häufig auftauchen:

1 Analytische Bilder, Abbildungen: Beispiele für Tabellen und Diagramme haben Sie im Kapitel V.2 über quantitative Auswertungsmethoden kennengelernt. In der Literatur über empirische Forschung finden Sie viele weitere Formen **analytischer Bilder** (z.B. Netzwerkdarstellungen, Flussdiagramme, Flow-Charts, Cybermaps[3], Verlaufskurven) sowie **Abbildungen** (z.B. Skizzen, Zeichnungen, Fotos, Videos). Wichtig ist, dass Sie sich klar machen, welche **Funktionen die Bilddarstellungen** haben (sollen). Diese können sich insbesondere beziehen auf die

- Verdeutlichung, Veranschaulichung und Hervorhebung von Sachverhalten oder Zusammenhängen (illustrative und ästhetische Funktionen)

3 interaktive Datenlandschaften

- Steigerung von Chancen der Akzeptanz und Verständigung oder der strategischen oder taktischen Durchsetzung von Interessen (kommunikative Funktionen)
- Unterstützung von Prozessen des Wissensaufbaus, der Sinnerzeugung und der Veränderung von Denkschemata (konstitutiv-epistemologische Funktionen)
- Unterstützung von Lehr- / Lernprozessen (didaktische Funktionen)
- Förderung von innovativen Betrachtungsweisen und phantasievollen »Findungskünsten« (heuristische Funktionen)

Tipps

Der Umgang mit Bildunterschriften und Bildüberschriften

- Bilder und Texte können sich gegenseitig erläutern, sie sind als verschiedene Ausdrucksformen aber nicht vollständig ineinander übersetzbar. Betrachten Sie das als Chance!
- Überlegen Sie, welche primäre Funktion eine Bilddarstellung im konkreten Fall haben soll, treffen Sie eine angemessene Auswahl und Positionierung des Bildes, und bringen Sie Ihre Überlegung auch mittels einer entsprechenden Bildunterschrift zum Ausdruck.
- Bildunterschriften haben eine Brückenfunktion zwischen Bild- und Textdarstellung – achten Sie auf eine inhaltlich angemessene Gestaltung dieser Schnittstellen nach dem Motto »So viel wie nötig, so knapp und pointiert wie möglich«.
- Bildunterschriften haben auch eine Rahmungsfunktion. Überlegen Sie, welche Akzente und Fokussierungen Sie setzen, welche »Lesarten« Sie nahe legen, und wie Sie Interpretationsspielräume einengen wollen.
- Machen Sie eigene Darstellungen als solche kenntlich und geben Sie die genauen Quellen von übernommenen Darstellungen an.

Diese Liste ist freilich nicht erschöpfend und je nach Anwendungskontext spielen auch Bündel solcher Funktionen eine Rolle. Besonders lehrreich sind in diesem Zusammenhang die bildpädagogischen Überlegungen von Otto Neurath (1891–1945) und seinen **Visualisierungsstrategien** gesellschaftlicher Verhältnisse (vgl. Nemeth 2003). Auch die bekannten Piktogramme gehen auf sein Visualisierungssystem Isotype (International System of Typographic Picture Education) zurück (vgl. Hartmann / Bauer 2006). Beispiele zur Visualisierung von Fragebögen und Mikrodaten (Surveys, Panels) finden Sie im Internet.[4]

4 Vgl. http://www.wisdom.at/Visualisierung00.aspx

2 Concept-maps, Mind-maps: **Concept-maps** (Begriffslandkarten) und **Mind-maps** (Gedächtniskarten) können in einem empirischen Forschungsprojekt in vielen Hinsichten sehr nützliche Instrumente sein. Das betrifft insbesondere die visuelle Darstellung von Themengebieten, Vorgangsweisen und Ergebnissen. Der Unterschied zwischen den beiden Werkzeugen besteht im Wesentlichen darin, dass Mind-maps jeweils einen zentralen Ausgangspunkt haben, während Concept-maps mehrere solche haben, die in Beziehung zueinander stehen. Concept-maps haben eine dezentrale Struktur, bei der Verknüpfungen zwischen Begriffen aufgezeigt werden, die einen mehr oder weniger komplexen Themenbereich auszeichnen. Während bei Concept-maps die Qualität der begrifflichen Beziehungen spezifiziert wird, geht es beim Mind Mapping mehr um das Prinzip der Visualisierung von Assoziationen zu einem Kernthema und dessen erster Strukturierung. Letzteres steht im Mittelpunkt und wird je nach Grad der Ausdifferenzierung mit Teilaspekten und Einzelheiten in Form von Verästelungen (Zweige und Unterverzweigungen) dargestellt. Beide Methoden können händisch auf Papier oder mittels geeigneter Softwareprogramme eingesetzt werden.

Visualisierungsbeispiel für die Strukturierung eines Berichts mittels Mind-Map

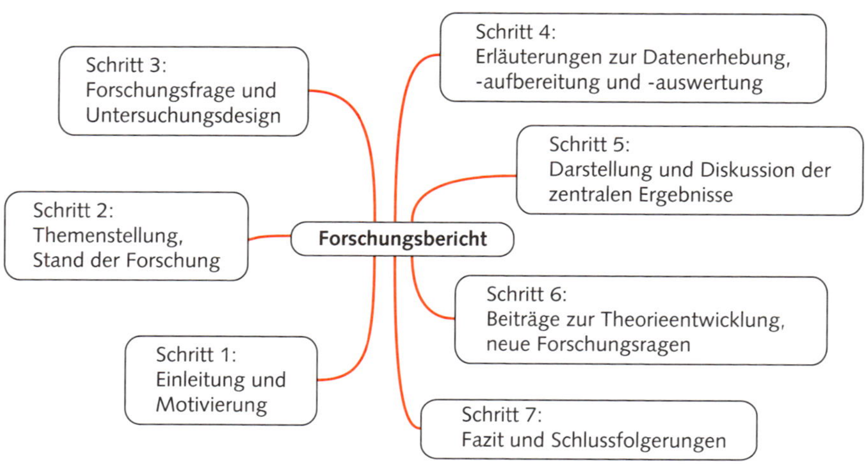

3 Präsentationssoftware: Visualisierungen und multimedialen Darstellungen werden heute in vielen Bereichen, so auch in der empirischen Forschung sehr häufig mittels **Präsentationssoftware** erstellt und dargeboten. Unter diesen Präsentationsmedien, die manchmal auch salopp »**slideware**« genannt werden, erfreut sich PowerPoint besonderer Beliebtheit. Jeden Tag werden viele Millionen Präsentationen mit diesem Programm abgehalten. Seine Funktionen sind zum De-facto-Standard geworden, obschon etliche andere Programm ähnliche Eigenschaften und Funktionalitäten aufweisen (vgl. die Liste am Ende des Kapitels). Die Attraktivität und weite Verbreitung dieser Präsentationsmedien soll allerdings nicht über deren problematische Seiten hinwegtäuschen. Edward Tufte (1997) hat als einer der ersten sehr eindrücklich auf die Schattenseiten aufmerksam gemacht. Er spricht von »chartjunk« und kosmetischen Dekorationen sowie von vergeblichen Heilungsversuchen inhaltlicher und argumentativer Schwächen (vgl. Tufte 1997, S. 34).

Pro & Kontra von digitalen Präsentationsmedien – ausgewählte Aspekte	
Abhängigkeit von der Präsentationstechnik	technologiegestützte Erweiterung von Handlungsspielräumen
Aufmerksamkeitsspaltung (Publikum, Inhalt, Technik)	Gedächtnisstütze, »roter Faden«
Tendenzen der Normierung und der Beförderung stereotyper Präsentationsweisen	kreative Gestaltungsmöglichkeiten und interaktive Nutzungsformen
Schmuckelemente und Spielereien mit wenig oder ohne Informationswert	Chancen der inhaltlichen Bereicherung und Vermittlung komplexer Zusammenhänge
Sedativum und Hypnosemittel	Multimedialität und Potenziale lebendiger Darstellung

Wägen Sie ab und entscheiden Sie selbst, inwieweit zeitgenössische Präsentationsmedien nützliche Hilfsmittel für Sie darstellen. Und vergessen Sie nicht: Man kann in Gruppen unschwer auch ohne PowerPoint Verwirrung stiften und Trancezustände auslösen.

Das Spektrum von Möglichkeiten der Visualisierung und multimedialen Darstellung von Forschungsergebnissen ist damit nicht erschöpft. Digitale Werkzeuge, bildgebende Verfahren und multimediale Forschungskonzeptionen werden ständig weiterentwickelt. Sie kommen künftig auch in Sozial- und Kulturwissenschaften verstärkt zum Einsatz.

Tipp

Wenn Sie Beispiele für dynamische und inhaltlich relevante Präsentationen suchen, dann recherchieren Sie doch mal auf der Webseite der gemeinnützigen Organisation *Technology, Entertainment, Design* (s. http://www.ted.com). Dort können Sie zahlreiche gelungene Beispiele sichten und die entsprechenden Dateien kostenlos herunterladen.
Zum Einstieg empfehlen wir Ihnen die Beiträge von Hans Rosling über »Einsichten in Armut« und »Mythen so genannter ›Entwicklungsländer‹«:
http://www.ted.com/talks/hans_rosling_reveals_new_insights_on_poverty.html
http://www.ted.com/index.php/talks/hans_rosling_shows_the_best_stats_you_ve_ever_seen.html

Wichtig

Die Opposition technikfeindliche Geistes- und Kulturwissenschaften versus techno-euphorische Ingenieur- und Naturwissenschaften ist historisch überholt.

Wie auch immer diese Entwicklung in den nächsten Jahren weiter verlaufen wird, ein Unterschied wird bleiben, auf den wir Sie aufmerksam machen wollen. Es ist dies der Unterschied zwischen **lebendig gestalten** und **lebendig werden lassen.** Es ist eine Sache, die Präsentation Ihrer Forschungsergebnisse »durchzukomponieren« und dann engagiert und lebendig vorzutragen – es ist eine andere Sache, bei einer Präsentation Raum für das zu lassen, was den Zuhörern wichtig wird und

Literaturtipps

Ballstaedt, Steffen-Peter (2011): Visualisieren. Bilder in wissenschaftlichen Texten. Konstanz u. a.: UTB.
Bernstein, David (1991): Die Kunst der Präsentation. Wie Sie einen Vortrag ausarbeiten und überzeugend darbieten. Frankfurt/Main, New York: Campus.
Coy, Wolfgang & Pias, Claus (Hrsg.) (2009): Powerpoint: Macht und Einfluss eines Präsentationsprogramms. Frankfurt / Main: Fischer.
Moser, Heinz; Holzwarth, Peter (2011): Mit Medien arbeiten. Lernen – Präsentieren – Kommunizieren. Konstanz u. a.: UTB.
Ziegaus, Sebastian (2009): Die Abhängigkeit der Sozialwissenschaften von ihren Medien. Bielefeld: transcript.

was leise Stimmen zu sagen haben. Im zweiten Fall heißt lebendig nicht notwendig unterhaltsam, sondern für die einzelnen Anwesenden subjektiv bedeutsam.

Last but not least gilt es zu bedenken, für welche Öffentlichkeit die Ergebnisse präsentiert werden sollen. Die Verschriftlichungen und Visualisierungen, die Sie im Laufe Ihrer Projektarbeiten gemacht haben, sind entsprechend zu überarbeiten und in einer geeigneten Darstellungsform zu verdichten. Entscheidend ist, dass Sie Ihre Forschungsergebnisse auf den Punkt bringen und so rahmen, dass Neugier und Nachvollziehbarkeit wahrscheinlich werden können.

2 Ausblick oder wie entwickle ich meine Methodenkompetenz weiter?

Abschließend kommen wir noch einmal an den Anfang zurück. Wir sagten, dass wir Ihnen mit diesem Buch den Einstieg in Methodenfragen erleichtern und Ihnen helfen wollen, sich im weiten Feld der empirischen Forschung zu orientieren. Auch wenn wir Sie mit jeder einzelnen Seite ermutigen wollen, über Methodenthemen nachzudenken, Anwendungen zu erproben und Schritt für Schritt forschungsmethodische Kompetenzen zu erwerben, so kann es sein, dass es mit der Entwicklung der Methodenkompetenz langsamer weitergeht als erhofft. Manchmal misslingt ein Projekt, manchmal ist ein Plan zum Scheitern verurteilt, und mitunter können die Schwierigkeiten bei der Durchführung einer Studie so groß werden, dass die Verzweiflung überhand nimmt. Was tun? Wir wollen Ihnen an dieser Stelle noch ein paar nützliche Tipps mit auf den Weg geben, die bei der Überwindung solcher Hürden und der Weiterentwicklung Ihrer Methodenkompetenz nützlich sein können. Hilfreich sind sie dann, wenn Sie sich die Tipps zunutze machen und sie Ihnen in der weiteren Folge faktisch geholfen haben.

1. Betrachten Sie die Entwicklung forschungsmethodischer Kompetenzen als ein *kontinuierliches Projekt* und nicht als eine Sache, die einmal gemacht und dann erledigt ist. Lesen Sie regelmäßig auch Methodenliteratur und konsultieren Sie Internetquellen, die sich mit empirischen Forschungsmethoden befassen.
2. Wenn es klemmt und »nichts weitergeht«, dann versuchen Sie herauszufinden, *auf welcher Ebene* das Problem liegt: Geht es um Schwierigkeiten im Umgang mit Abstraktionen und mathematischen Formeln oder eher um Fragen der Kommunikation in der Gruppe? Geht es um medientechnische Probleme oder eher Fragen des Selbstwertgefühls? Geht es um Versäumnisse im Studium oder eher um überzogene Ansprüche? usw. Machen Sie sich gemeinsam mit Ihrer

Betreuungsperson, Studienassisteninnen und kritischen Freunden klar, woran es mutmaßlicher Weise hakt, und setzen Sie dort mit der Problemlösung an.

3. *Begrenzen Sie den Aufwand für fruchtlose Bemühungen.* Sie kennen vielleicht den Witz, der von zusätzlichen Schildern handelt, die bei den Kreisverkehrszeichen in manchen abgelegenen Regionen angebracht werden sollen: Auf ihnen heißt es »Maximal 10 mal!« Haben Sie den Mut zu lösungsorientierten Ansätzen und hören Sie auf die »Affen zu füttern«, wie es im asiatischen Raum so schön heißt. Damit sind jene Formen der besonders kreativen Kommunikation mit sich selbst gemeint, die uns Ausreden und Ablenkungen aller Art immer dann für wichtig erachten lassen, wenn uns klar ist, welche Dinge geschehen sollen und wie die Reise gut weitergehen könnte. Wenn Ihre Selbstdiagnose **Prokrastination**, also krankhaftes Aufschieben von Arbeiten lauten sollte, dann nehmen Sie das ernst und gönnen sich ein paar Supervisionsstunden.
4. Orientieren Sie sich konsequent an *qualitätsvollen Angeboten* und achten Sie darauf, *auf wessen Rat Sie hören.* Horchen Sie sich im Zweifelsfall nach Möglichkeit mehrere Expertinnen an und wägen Sie ab, wem Sie mit welchen Gründen Gehör schenken. Nutzen Sie verfügbare Unterstützungsangebote von Tutoren und Dozentinnen, und nehmen Sie Sprechstundentermine in wohl vorbereiteter Weise wahr.
5. In den empirischen Wissenschaften ist es wie in der Kunst: Häufig wird etwas präsentiert, das mit dem Alltagsverstand gar nicht oder jedenfalls nicht auf Anhieb nachvollzogen werden kann. Man muss *Geduld haben* und oft *mehrere Anläufe machen*, um »dahinter zu kommen«, die »Nuss zu knacken« und ein »Aha-Erlebnis« zu haben. Erinnern Sie sich an Punkt 1 auf der Seite 17 im ersten Kapitel: Die Wissenschaft stellt alltagsweltliche Grundannahmen und Selbstverständlichkeiten in Frage und bricht mit der fraglos angenommenen Perspektive des »**So-und-so-ist-es**«.
6. Achten Sie auf *Kontraste wissenschaftlicher Wissensdarstellungen zu denen der medialen Alltagsdiskurse.* Wenn Sie also in der Tagespresse lesen, dass »eine wissenschaftliche Studie ergeben hat, dass 90 % der Männer dies und das« tun würden, »die Jugendlichen politikverdrossen« seien oder »Frauen im Alter zu diesem und jenem« neigen würden, dann prüfen Sie, ob sich die Auseinandersetzung lohnt und achten Sie darauf, ob Sie Angaben zu den Quellen, zu den untersuchten Gruppen, zum Design der Studie und zu den Methoden finden können.
7. Achten Sie bei der *Rezeption von empirischen Forschungsergebnissen* auch auf methodische Aspekte und Fragen der Methodenbegründung. Wie werden dabei Erhebungs- und Auswertungsmethoden sowie Auswahlkriterien begrün-

det? Wie angemessen erscheinen Ihnen diese Begründungen? Sowohl von guten Projekten wie auch aus den Fehlern anderer lässt sich viel lernen.

8. Sortieren Sie die **Handlungsrollen** als Rezipientin, Student, Planerin, Forscher, Produzentin, Vermittler, Controllerin, etc. und halten Sie sich vor Augen, welche Rolle diese Rollen in Ihrem Forschungsprojekt spielen. Vermeiden Sie Vermischungen der Handlungsrollen und holen Sie sich differenziertes Feedback zu konkreten Fragen und Aufgabenbereichen.
9. Betrachten Sie auch das *soziale Umfeld der Orte*, an denen Sie forschen und Methodenkompetenz erwerben. Welche Bedeutung haben die *Bezugssysteme* Technik, Wirtschaft, Politik und Recht? Wie ist die lokale Wissenschaftskultur gestaltet und wie lassen sich allzu enge Handlungsspielräume erweitern oder allzu große Spielräume so eingrenzen, dass ein gedeihlicher Projektfortschritt wahrscheinlich(er) wird?
10. Machen Sie sich *Reichweiten und Geltungsansprüche* Ihrer Forschung klar. Fassen Sie diese weder zu eng noch zu weit. Auch ausgehend von Einzelfällen lassen sich Aussagen über Muster und Strukturen treffen. Schränken Sie nicht zuletzt im Bereich webbasierter Forschung Ihre Ansprüche möglichst klar und konkret ein.

Meine Methodenkompetenz entwickeln: Bisherige Schritte und next steps

Tragen Sie in Stichworten die jeweiligen Aktivitäten ein!

	Ist-Stand Das habe ich zuletzt gemacht:	Soll-Stand Das will ich im nächsten Monat / Semester anpacken:
Überblickswissen in Methodenfragen aneignen		
Begründungen der Methodenanwendung argumentieren		
ein forschungsmethodisches Konzept kennenlernen (Erhebung, Aufbereitung, Auswertung)		
eine empirische Methode ausprobieren		
eine kleine Studie durchführen (Forschungserfahrungen sammeln)		
ein digitales Werkzeug für Forschungszwecke ausprobieren		

Meine Methodenkompetenz entwickeln: Bisherige Schritte und next steps	
Tragen Sie in Stichworten die jeweiligen Aktivitäten ein!	
Beratung und Unterstützung in Anspruch nehmen (z. B. einen Sprechstundentermin vereinbaren)	
Berichte von empirischen Forschungsprojekten rezipieren	
ein für mich neues didaktisches Element in meine Präsentation der Forschungsergebnisse einführen	
Andere Punkte:	

Betrachten Sie Ihre Aufstellung und beantworten Sie für sich die folgenden Fragen:

- Wie wichtig sind mir die einzelnen Punkte und wie viel Zeit muss ich schätzungsweise für die einzelnen Vorhaben einräumen?
- Wie viel Zeit steht mir dafür zur Verfügung und wie realistisch sind meine »Arbeitspakete«?
- Wie steht es um den Zugang zum Forschungsfeld und welche Unterstützung kann ich in welcher Form bekommen?
- Wie ist das Verhältnis von Neugier und Lust am Ausprobieren zu Zwang und Verpflichtung?
- Wie kann ich über meine Forschungsinteressen mit anderen ins Gespräch kommen?
- Wie ist das Verhältnis von Anspruch und Wirklichkeit in Sachen Forschungsmethoden und wie halte ich es sonst mit diesem Verhältnis?

3 Nützliche Internetquellen und Werkzeuge

Unabhängig davon, wie sehr Ihre empirische Forschung in methodischer Hinsicht interbasiert ist (oder nicht), bietet das Internet mittlerweile zahlreiche Ressourcen. Hier eine Auswahl relevanter Quellen:

Empirische Forschung – Auswahl nützlicher Internetquellen	
Nachschlagewerke, Diskussionsforen, Sammlungen und Übersichten	ILMES – Internet-Lexikon der Methoden der empirischen Sozialforschung http://wlm.userweb.mwn.de/ilmes.htm Sozialwissenschaftliche Überblicksseite http://www.sowiport.de/ GESIS – Leibniz-Institut für Sozialwissenschaften (Tools & Standards, Dienstleistungen zu Daten, Methoden und Fachinformationen) http://www.gesis.org/ e-stat – Internetbasierte Lehr- und Lernumgebung in der angewandten Statistik http:// http://www.mathe-online.at/nml/materialien/eStat/ WISDOM – Wiener Institut für Sozialwissenschaftliche Dokumentation und Methodik http://www.wisdom.at/ Recherchekurs Sozialwissenschaften http://lotse.uni-muenster.de/sozialwissenschaften/index-de.php Unterrichtsmaterial und Links für den Unterricht im Fach Statistik (Ulrich Rapp) http://www.ulrich-rapp.de/stoff/statistik/index.htm Überblicksseite zur qualitativen Sozialforschung http://www.qualitative-forschung.de/ Forum Qualitative Sozialforschung: Mehrsprachiges Online-Journal zur qualitativen Forschung http://www.qualitative-research.net/ [werner.stangl]s arbeitsblätter http://paedpsych.jk.uni-linz.ac.at/internet/arbeitsblaetterord/ http://arbeitsblaetter.stangl-taller.at/FORSCHUNGSMETHODEN/ KHANACADEMY: Video-Statistik-Kurs https://www.khanacademy.org/math/probability

→

Empirische Forschung – Auswahl nützlicher Internetquellen	
← Nachschlagewerke, Diskussionsforen, Sammlungen und Übersichten	Suche nach wissenschaftlichen Publikationen scholar.google.com Social Science Open Access Repository http://www.ssoar.info/ Computer Assisted Qualitative Data AnalysiS (CAQDAS) http://www.surrey.ac.uk/sociology/research/researchcentres/caqdas Webpräsenz Buchreihe STAR – Studieren, aber richtig star.huterundroth.at
Kollaboration und Kooperation	Inhalte gemeinsam bearbeiten und online präsentieren http://www.zoho.com https://www.mikogo.de/ File Sharing & Collaboration http://www.box.com/ Google docs – Dokumente, Tabellen und Präsentationen online bearbeiten http://docs.google.com/ Webbasierte Plattform (incl. Audio- und Video-Unterstützung) http://www.wiziq.com/ Chat- und Videoconferencing-Tool http://tinychat.com/ Social Networking und Online-Conferencing: http://www.blackboard.com/Platforms/Collaborate/Overview.aspx Siehe auch http://de.wikipedia.org/wiki/Kollaborationssoftware http://en.wikipedia.org/wiki/List_of_collaborative_software

Empirische Forschung – Auswahl nützlicher Internetquellen	
Concept-mapping und Mind-mapping	Concept Maps zur strukturierten Darstellung von Inhalten IHMC Cmap-Tools: http://cmap.ihmc.us/ Easy-Mapping-Tool: http://www.cognitive-tools.de/ PiCoMap™: http://www.hice.umich.edu/hice/picomap FreeMind: http://freemind.sourceforge.net/ Freeplane: http://freeplane.sourceforge.net/ xMind: http://sourceforge.net/projects/xmind3/ Siehe auch http://en.wikipedia.org/wiki/List_of_mind_mapping_software http://www.dmoz.org/Reference/Knowledge_Management/Knowledge_Creation/Mind_Mapping/Software/
Präsentationssoftware	Impress: http://www.openoffice.org/de/product/impress.html Online-Präsentationen: http://prezi.com/ Keynote (für MacOS): http://www.apple.com/de/mac/keynote/ PowerPoint-Präsentationen (online): http://de.slideshare.net/
nützliche Helferleins	Freie Bürosoftware http://www.openoffice.org/de/ PDF-Dateien erstellen http://www.pdfcreator.org http://freepdfxp.de/ Terminplanung und Terminvereinbarung http://www.doodle.com/ Zitieren http://www.zotero.org Screenshots und Bildbearbeitung http://www.techsmith.com/jing.html http://www.blender.org/

→

Empirische Forschung – Auswahl nützlicher Internetquellen	
← nützliche Helferleins	Desktop Publishing-Programm http://www.scribus.net/ Facebook für AkademikerInnen http://www.academia.edu/ http://www.researchgate.net/ Skills for Learning – Ressourcensammlung http://skillsforlearning.leedsmet.ac.uk/ Online-Wörterbücher und Übersetzungshilfen http://dict.cc/ http://dict.leo.org/ http://www.duden.de/ http://pons.eu/
Software Downloads	http://sourceforge.net/ http://www.hotscripts.com/ http://www.softonic.de/ http://openlab.esev.ipv.pt/ Spezialtipps: Überblick über Freeware, Shareware und FLOSS Universität Paderborn: http://imt.uni-paderborn.de/unser-angebot/anleitungen/free-und-shareware/ Openlab ESEV: http://ensinolivre.pt/files/guiasoftwarelivrev11.pdf
(Meta-)Suchmaschinen	http://www.dmoz.org/World/Deutsch/Computer/Internet/Suchen/Suchmaschinen/Metasucher/ http://www.dmoz.org/World/Deutsch/Computer/Internet/Suchen/Suchmaschinen/

Gutes Gelingen und viel Freude sowie auch Kraft, Geduld und Ausdauer bei Ihren empirischen Forschungsaktivitäten wünschen Ihnen die Autoren!

Literaturhinweise

Titel, auf die im Text verwiesen wurde

Baur, Nina & Blasius, Jörg (2014): Handbuch Methoden der empirischen Sozialforschung. Wiesbaden: Springer VS.

Bohnsack, Ralf (2007): Rekonstruktive Sozialforschung. Einführung in qualitative Methoden. Stuttgart: Budrich, UTB.

Braun, Edmund & Radermacher, Hans: Wissenschaftstheoretisches Lexikon. Graz / Wien / Köln: Styrie, 1978.

Buchholz, Michael (Hrsg.) (2001): Metaphernanalyse. Göttingen: Vandenhoeck und Ruprecht.

Denz, Hermann & Horst O. Mayer (2001a): Methoden der quantitativen Sozialforschung. In: Hug, Theo (Hrsg.): Wie kommt Wissenschaft zu Wissen? Band 2: Einführung in die Forschungsmethodik und Forschungspraxis. Baltmannsweiler: Schneider-Verlag Hohengehren, S. 75–105.

Denz, Hermann & Horst O. Mayer (2001b): Methodologie der quantitativen Sozialforschung. In: Hug, Theo (Hrsg.): Wie kommt Wissenschaft zu Wissen? Band3: Einführung in die Methodologie der Sozial- und Kulturwissenschaften. Hohengehren: Schneider, S. 52–59.

Denzin, Norman (1978): Sociological Methods: A Sourcebook. New York: McGraw Hill.

Deppermann, Arnulf (2008): Gespräche analysieren. Eine Einführung. 4. Aufl. Wiesbaden: VS.

Flick, Uwe (1996): Psychologie des technisierten Alltags. Opladen: Westdeutscher Verlag.

Flick, Uwe (2004a): Qualitative Sozialforschung. Eine Einführung. Reinbek bei Hamburg: Rowohlt.

Flick, Uwe (2004b): Triangulation. In: Flick, Uwe; von Kardorff, Ernst & Steinke, Ines (Hrsg.): Qualitative Forschung. Ein Handbuch. Reinbek bei Hamburg: Rowohlt, S. 309–318.

Flick, Uwe; v. Kardoff, Ernst & Steinke, Ines (Hrsg.) (2004): Qualitative Forschung. Ein Handbuch. Reinbek bei Hamburg: Rowohlt.

Glaser, Barney; Strauss, Anselm (1998): Grounded Theory. Strategien qualitativer Forschung. Bern: Huber.

Hartmann, Frank & Bauer, Erwin K. (2006): Bildersprache: Otto Neurath, Visualisierungen. Wien: WUV.

Hug, Theo (2001): Erhebung und Auswertung empirischer Daten: Eine Skizze für AnfängerInnen und leicht Fortgeschrittene. In: Hug, Theo (Hrsg.): Wie kommt Wissenschaft zu Wissen? Band 2: Einführung in die Forschungsmethodik und Forschungspraxis. Baltmannsweiler: Schneider-Verlag Hohengehren, S. 11–29.

Kelle, Udo & Erzberger, Christian (2004): Qualitative und quantitative Methoden: kein Gegensatz. In: Flick, Uwe; von Kardorff, Ernst & Steinke, Ines (Hrsg.): Qualitative Forschung. Ein Handbuch. Reinbek bei Hamburg: Rowohlt, S. 299–309.

Kelle, Udo; Kluge, Susann (2010): Vom Einzelfall zum Typus. Fallvergleich und Fallkontrastierung in der qualitativen Sozialforschung. Wiesbaden: VS.

Keller, Reiner (2010): Diskursforschung. Eine Einführung für SozialwissneschaftlerInnen. 4. Aufl. Wiesbaden: VS.

Köhler, Thomas (2004): Statistik für Psychologen, Pädagogen und Mediziner. Ein Lehrbuch. Stuttgart: Kohlhammer.

Lakoff, George & Johnson, Mark (2007): Leben in Metaphern. Konstruktion und Gebrauch von Sprachbildern. Heidelberg: Carl Auer.

Lamnek, Siegfried (2010): Qualitative Sozialforschung: Lehrbuch. 5. Aufl. Weinheim: Beltz Psychologie Verlags Union.

Leithäuser, Thomas & Volmerg, Birgit (1979): Anleitung zur Empirischen Hermeneutik. Psychoanalytische Textinterpretation als sozialwissenschaftliches Verfahren. Frankfurt/Main: Suhrkamp.

Mayring, Philipp (2001): Kombination und Integration qualitativer und quantitativer Analyse. Forum Qualitative Sozialforschung 2 (1). http://www.qualitative-research.net/index.php/fqs/article/view/967/2111. 17.12.2013.

Mayring, Philipp (2002): Einführung in die Qualitative Sozialforschung. Weinheim: Beltz.

Mayring, Philipp (2010): Qualitative Inhaltsanalyse. Grundlagen und Techniken. 11. Aufl. Weinheim: Beltz, UTB.

Mayring, Philipp (2007): Designs in qualitativ orientierter Forschung. Journal für Psychologie 15, Ausgabe 2. http://www.journal-fuer-psychologie.de/index.php/jfp/article/view/127/111. Download am 17.12.2013.

Merton, Robert K./Kendall, Patricia L. (1945): Das fokussierte Interview. In: Hopf, Christel & Weingarten, Elmar (Hrsg.) (1979): Qualitative Sozialforschung. Stuttgart: Klett-Cotta, S. 171–204.

Nemeth, Elisabeth (2003): Gesellschaftliche Tatbestände sichtbar machen. Otto Neurath über den Gegenstand der Wirtschaftswissenschaft und seine Visualisierung. In: Czerwinska-Schupp, Ewa (Hrsg.): Philosophie an der Schwelle des 21. Jahrhunderts. Frankfurt / Main u. a.: Peter Lang, S. 181–208.

Poscheschnik, Gerald (2005): Empirische Forschung in der Psychoanalyse – Einige Gedanken zur wissenschaftstheoretischen und methodologischen Standortbestimmung. In: Poscheschnik, Gerald (Hrsg.): Empirische Forschung in der Psychoanalyse. Grundlagen – Anwendungen – Ergebnisse. Gießen: Psychosozial-Verlag, S. 11–59.

Pross, Harry (1972): Medienforschung: Film, Funk, Presse, Fernsehen. Darmstadt u. a.: Habel.

Rico, Gabriele L. (2002): Garantiert schreiben lernen: Sprachliche Kreativität methodisch entwickeln – ein Intensivkurs auf der Grundlage der modernen Gehirnforschung. Reinbek bei Hamburg: Rowohlt.

Scheele, Brigitte & Groeben, Norbert (1988): Dialog-Konsens-Methoden zur Rekonstruktion Subjektiver Theorien. Die Heidelberger Struktur-Lege-Technik, konsensuale Ziel-Mittel-Argumentation und kommunikative Flußdiagramm-Beschreibung von Handlungen. Tübingen: Francke.

Schmitt, Rudolf (2000): Skizzen zur Metaphernanalyse. Forum Qualitative Sozialforschung 1. http://www.qualitative-research.net/index.php/fqs/article/view/1130/2514. Download am 17.12.2013.

Schmitt, Rudolf (2003): Methode und Subjektivität in der Systematischen Metaphernanalyse. Forum Qualitative Sozialforschung 4. http://www.qualitative-research.net/index.php/fqs/article/view/714/1547. Download am 17.12.2013.

Schütze, Fritz (1983): Biographieforschung und narratives Interview. Neue Praxis 13, S. 283–293.

Seifert, Josef W. (2011): Visualisieren – Präsentieren – Moderieren. 33. Aufl. Speyer: Gabal.

Seiffert, Helmut / Radnitzky, Gerhard (Hg.): Handlexikon zur Wissenschaftstheorie. München (Ehrenwirth) 1989.

Steinke, Ines (2004): Gütekriterien qualitativer Forschung. In: Flick, Uwe; von Kardorff, Ernst; Steinke, Ines (Hrsg.): Qualitative Forschung. Ein Handbuch. Reinbek bei Hamburg: Rowohlt, S. 319–331.

Tufte, Edward R. (1997): Visual explanations. Images and quantities, evidence and narrative. Cheshire, Conn.: Graphics Press.

Ulich, Dieter; Haußer, Karl & Mayring, Philipp (1985): Psychologie der Krisenbewältigung. Eine Längsschnittuntersuchung mit arbeitslosen Lehrern. Weinheim: Beltz.

Witzel, Andreas (2000): Das problemzentrierte Interview [25 Absätze]. Forum Qualitative Sozialforschung / Forum: Qualitative Social Research 1, Art. 22. http://www.qualitative-research.net/index.php/fqs/article/viewArticle/1132/2519. Download 17.12.2013.

Weitere Literaturtipps zu den einzelnen Kapiteln

Kap. I (Ausgangspunkte)

Eberhard, Kurt (1999): Einführung in die Erkenntnis– und Wissenschaftstheorie. Geschichte und Praxis der konkurrierenden Erkenntniswege. 2. Aufl. Stuttgart u. a.: Kohlhammer.

Feyerabend, Paul (1984): Wissenschaft als Kunst. Frankfurt am Main: Suhrkamp.

Heßler, Martina (Hg.) (2006): Konstruierte Sichtbarkeiten: Wissenschafts- und Technikbilder seit der Frühen Neuzeit. München: Fink.

Hierdeis, Helmwart & Hug, Theo (1997): Pädagogische Alltagstheorien und erziehungswissenschaftliche Theorien. Bad Heilbrunn: Klinkhardt.

Kap. II (Von der Idee zum Projekt)

Esselborn-Krumbiegel, Helga (2008): Von der Idee zum Text. Eine Anleitung zum wissenschaftlichen Schreiben. Stuttgart: Schöningh (UTB).

Rückriem, Georg & Stary, Joachim (1997): Wissenschaftlich arbeiten – subjektive Ratschläge für ein objektives Problem. In: Friebertshäuser, Barbara & Prengel, Annedore (Hg.): Handbuch qualitative Forschungsmethoden in der Erziehungswissenschaft. Weinheim / München: Juventa, S. 831–846.

Kap. III (Erste Schritte – Die Planung eines Forschungsprojekts)

Albers, Sönke; Klapper, Daniel; Konradt, Udo; Walter, Achim & Wolf, Joachim (Hrsg.) (2009): Methodik der empirischen Forschung. 3. Aufl. Wiesbaden: Gabler.

Arbeitskreis Qualitative Sozialforschung (Hrsg.) (1994): Verführung zum Qualitativen Forschen. Eine Methodenauswahl. Wien: WUV.

Kelle, Udo & Erzberger, Christian (2004): Qualitative und quantitative Methoden: kein Gegensatz. In: Flick, Uwe; von Kardorff, Ernst & Steinke, Ines (Hrsg.): Qualitative Forschung. Ein Handbuch. Reinbek bei Hamburg: Rowohlt, S. 299–309.

Kap. IV (Datenerhebung und Datenaufbereitung)

Bohnsack, Ralf (2004): Gruppendiskussion. In: Flick, Uwe; von Kardorff, Ernst & Steinke, Ines (Hrsg.): Qualitative Forschung. Ein Handbuch. Reinbek bei Hamburg: Rowohlt, S. 369–384.

Garz, Detlef & Kraimer, Klaus (Hrsg.) (1991): Qualitativ–Empirische Sozialforschung. Konzepte, Methoden, Analysen. Opladen: Westdeutscher Verlag.

Hopf, Christel (2004): Qualitative Interviews – ein Überblick. In: Flick, Uwe; von Kardorff, Ernst & Steinke, Ines (Hrsg.): Qualitative Forschung. Ein Handbuch. Reinbek bei Hamburg: Rowohlt, S. 349–359.

Jones, Steve (Ed.) (1999): Doing Internet Reserach: Critical Issues and Methods for Examining the Net. London: Sage Publications.

Lüders, Christian (2004): Beobachten im Feld und Ethnographie. In: Flick, Uwe; von Kardorff, Ernst & Steinke, Ines (Hrsg.): Qualitative Forschung. Ein Handbuch. Reinbek bei Hamburg: Rowohlt, S. 384–402.

Markham, Annette N. & Baym, Nancy K. (2009) (Eds.): Internet Inquiry: Conversations about Method. London: Sage Publications.

Mikos, Lothar (2008): Film- und Fernsehanalyse. Konstanz: UVK.

Mikos, Lothar & Wegener, Claudia (2005): Qualitative Medienforschung: Ein Handbuch. Konstanz: UVK.

Vavoula, Giasemi; Pachler, Norbert & Kukulska-Hulme, Agnes (Eds.) (2009): Researching Mobile Learning: Frameworks, Tools and Research Designs. Frankfurt / Main u. a.: Peter Lang.

Kap. V (Datenauswertung)

Bergmann, Jörg R. (2004): Konversationsanalyse. In: Flick, Uwe; von Kardorff, Ernst & Steinke, Ines (Hrsg.): Qualitative Forschung. Ein Handbuch. Reinbek bei Hamburg: Rowohlt, S. 524–538.

Böhm, Andreas (2004): Theoretisches Codieren: Textanalyse in der Grounded Theory. In: Flick, Uwe; von Kardorff, Ernst & Steinke, Ines (Hrsg.): Qualitative Forschung. Ein Handbuch. Reinbek bei Hamburg: Rowohlt, S. 475–485.

Bohnsack, Ralf (1993): Rekonstruktive Sozialforschung. Einführung in Methodologie und Praxis qualitativer Forschung. Opladen: Leske & Budrich.

Buchholz, Michael B. (Hrsg.) (2001): Metaphernanalyse. Göttingen: Vandenhoeck und Ruprecht.

Deppermann, Arnulf (2008): Gespräche analysieren. Eine Einführung. 4. Aufl. Wiesbaden: VS.

Glaser, Barney & Strauss, Anselm (1998): Grounded Theory. Strategien qualitativer Forschung. Bern: Huber.

Jäger, Siegfried (1993): Kritische Diskursanalyse. Eine Einführung. Duisburg: DISS.

Mikos, Lothar (2008): *Film- und Fernsehanalyse.* Konstanz: UVK.

Mikos, Lothar & Wegener, Claudia (2005): Qualitative Medienforschung: Ein Handbuch. Konstanz: UVK.

Scheufele, Betram & Engelmann, Ines (2009): Empirische Kommunikationsforschung. Konstanz: UVK.

Schnell, Rainer; Hill, Paul B. & Esser, Elke (2013): Methoden der Empirischen Sozialforschung. 10. Auflage. München: Oldenbourg.

Strübing, Jörg (2008): Grounded Theory. Zur sozialtheoretischen und epistemologischen Fundierung des Verfahrens der empirisch begründeten Theoriebildung. Wiesbaden: VS Verlag für Sozialwissenschaften.

Kap. VI (Darstellung der Ergebnisse und Ausblick)

Baumgartner, Peter & Payr, Sabine (2001): Studieren und Forschen mit dem Internet. Innsbruck, Wien: Studien-Verlag.

Seifert, Josef W. (2011): Visualisieren – Präsentieren – Moderieren. 33. Auflage. Speyer: Gabal.

Sesink, Werner (2012): Einführung in das wissenschaftliche Arbeiten inklusive E-Learning, Web-Recherche, digitale Präsentation u.a. 9. Auflage, München: Oldenbourg.

Vögtli, Alexander & Ernst, Beat (2007): Wissenschaftliche Bilder. Eine Bildkritik. Basel (Schwabe).

Weber, Karsten: Simulationen in den Sozialwissenschaften. In: Journal for General Philosophy of Science, Volume 38, Number 1 / April 2007, S. 111–126.

Titel, die in den Kästen aufscheinen

Kap. I (Ausgangspunkte)

Flick, Uwe; Kardoff, Ernst v. & Steinke, Ines (Hrsg.) (2005): Qualitative Forschung. Ein Handbuch. (7. Aufl.) Reinbek bei Hamburg: Rowohlt.

Heinze, Thomas (2001): Qualitative Sozialforschung. Einführung, Methodologie und Forschungspraxis. München / Wien: Oldenbourg.

Hug, Theo (Hrsg.) (2001): Wie kommt Wissenschaft zu Wissen? 4 Bände, Baltmannsweiler: Schneider-Verlag Hohengehren.

Hussy, Walter; Schreier, Margrit & Echterhoff, Gerald (2013): Forschungsmethoden in Psychologie und Sozialwissenschaften – für Bachelor. (2. Aufl.) Berlin u. a.: Springer.

Kruse, Otto (2010): Lesen und Schreiben. Der richtige Umgang mit Texten im Studium. Konstanz u. a.: UTB.

Mautner, Gerlinde (2011): Wissenschaftliches Englisch. Stilsicher schreiben in Studium und Wissenschaft. Grundlagen und Anwendungen. Konstanz u. a.: UTB.

Niedermair, Klaus (2010): Recherchieren und Dokumentieren. Der richtige Umgang mit Literatur im Studium. Konstanz u. a.: UTB.

Raithel, Jürgen (2008): Quantitative Forschung: Ein Praxiskurs. (2. Aufl.) Wiesbaden: VS.

Kap. II (Von der Idee zum Projekt)

Booth, Wayne C.; Colomb, Gregory G. & Williams, Joseph M. (2008): The Craft of Research. Third Edition. Chicago & London: The University of Chicago Press.

Ebster, Claus & Stalzer, Lieselotte (2013): Wissenschaftliches Arbeiten für Wirtschafts- und Sozialwissenschaftler. 4. Aufl.. Wien: facultas wuv (UTB).

Kap. III (Erste Schritte – Die Planung eines Forschungsprojekts)

Hug, Theo (2001): Erhebung und Auswertung empirischer Daten: Eine Skizze für AnfängerInnen und leicht Fortgeschrittene. In: Hug, Theo (Hrsg.): Wie kommt Wissenschaft zu Wissen? Band 2: Einführung in die Forschungsmethodik und Forschungspraxis. Hohengehren: Schneider, S. 11–29.

Köhler, Thomas (2004): Statistik für Psychologen, Pädagogen und Mediziner. Ein Lehrbuch. Stuttgart: Kohlhammer.

König, Eckard & Bentler, Annette (2013): Konzepte undArbeitsschritte im qualitativen Forschungsprozess – ein Leitfaden. In: Friebertshäuser, Barbara; Langer, Antje & Prengel, Annedore (Hrsg.): Handbuch qualitative Forschungsmethoden in der Erziehungswissenschaft. 4. Aufl. Weinheim / München: Juventa, S. 173–182.

Kromrey, Helmut (2009): Empirische Sozialforschung. Modelle und Methoden der standardisierten Datenerhebung und Datenauswertung. 12. Auflage. Stuttgart: Lucius & Lucius.

Mayring, Philipp (2001): Kombination und Integration qualitativer und quantitativer Analyse. Forum Qualitative Sozialforschung 2 (1). http://www.qualitative-research.net/index.php/fqs/article/view/967/2111. Download am 16.12.2013.

Mayring, Philipp (2002): Einführung in die Qualitative Sozialforschung. Weinheim: Beltz.

Mayring, Philipp (2007): Designs in qualitativ orientierter Forschung. Journal für Psychologie 15, Ausgabe 2. http://www.journal-fuer-psychologie.de/index.php/jfp/article/view/127/111. Download am 16.12.2013.

Mörtl, Kathrin; Lamott, Franziska (2010): Wie wird Veränderung in der Psychotherapieforschung gemessen? Ein Plädoyer für triangulierende Forschung. Psychotherapie und Sozialwissenschaft 12 (2), 95-102.

Poscheschnik, Gerald (2012): Macht und Ohnmacht des Szientismus. Oder: Die Chance qualitativer Forschung. Psychotherapie und Sozialwissenschaft 14 (2), 13-36.

Steinke, Ines (2004): Gütekriterien qualitativer Forschung. In: Flick, Uwe; von Kardorff, Ernst & Steinke, Ines (Hrsg.): Qualitative Forschung. Ein Handbuch. Reinbek bei Hamburg: Rowohlt, S. 319–331.

Kap. IV (Datenerhebung und Datenaufbereitung)

Atteslander, Peter (2010): Methoden der empirischen Sozialforschung. 13. Aufl. Berlin u. a.: Schmidt.

Diekmann, Andreas (2007): Empirische Sozialforschung: Grundlagen, Methoden, Anwendungen. 18., vollständig überarbeitete und erweiterte Neuausgabe. Reinbek: Rowohlt.

Flick, Uwe (2007): Qualitative Sozialforschung. Eine Einführung. 5. Aufl. Reinbek bei Hamburg: Rowohlt.

Helfferich, Cornelia. (2011): Die Qualität qualitativer Daten. Manual für die Durchführung qualitativer Interviews. 4. Aufl. Wiesbaden: VS Verlag für Sozialwissenschaften.

Irion, Thomas (2002): Einsatz von Digitaltechnologien bei der Erhebung, Aufbereitung und Analyse multicodaler Daten [61 Absätze]. Forum Qualitative Sozialforschung / Forum: Qualitative Social Research, 3(2), Art. 16, http://www.qualitative-research.net/index.php/fqs/article/view/855/1859. Download am 16.12.2013.

Lamnek, Siegfried (2010): Qualitative Sozialforschung. 5. Aufl. Weinheim: Beltz.

Lewins, Ann & Silver, Christina (2007:) Using Software in Qualitative Research: A Step-by-Step Guide. London: Sage Publications.

Mayer, Horst Otto (2012): Interview und schriftliche Befragung. Grundlagen und Methoden empirischer Sozialforschung. 6. Aufl. München / Wien: Oldenbourg.

Mayring, Philipp (2002): Einführung in die Qualitative Sozialforschung. Weinheim: Beltz.

Moser, Heinz (2008): Instrumentenkoffer für die Praxisforschung. Eine Einführung. Zürich: Lambertus.

Przyborski, Aglaja & Wohlrab-Sahr, Monika (2013): Qualitative Sozialforschung: Ein Arbeitsbuch. München / Wien: Oldenbourg.

Raithel, Jürgen (2008): Quantitative Forschung: Ein Praxiskurs. Wiesbaden: VS.

Kap. V (Datenauswertung)

Bortz, Jürgen & Döring, Nicola (2006): Forschungsmethoden und Evaluation für Sozialwissenschaftler. 4. überarbeitete Auflage. Berlin: Springer.

Bosbach, Gerd & Korff, Jens Jürgen (2011): Lügen mit Zahlen. Wie wir mit Statistiken manipuliert werden. 3. Aufl. München: Heyne Verlag.

Deppermann, Arnulf (2008): Gespräche analysieren. Eine Einführung in konversationsanalytische Methoden. 4. Auflage. Opladen: Leske und Budrich.

Friedrichs, Jürgen (1990): Methoden empirischer Sozialforschung. 14. Auflage. Opladen: Westdeutscher Verlag.

Glaser, Barney; Strauss, Anselm (2010): Grounded Theory. Strategien qualitativer Forschung. 3. Aufl. Bern: Huber.

Kelle, Udo & Kluge, Susann (2010): Vom Einzelfall zum Typus. Fallvergleich und Fallkontrastierung in der qualitativen Sozialforschung. 2. überarbeitete Auflage. Wiesbaden: VS.

Keller, Rainer (2010): Diskursforschung. Eine Einführung für SozialwissenschaftlerInnen. 4. Aufl. Wiesbaden: VS.

Kromrey, Helmut (2009): Empirische Sozialforschung. Modelle und Methoden der standardisierten Datenerhebung und Datenauswertung. 12. Auflage. Stuttgart: Lucius & Lucius.

Kruse, Jan; Biesel, Kay; Schmieder, Christian (2011): Metaphernanalyse. Ein rekonstruktiver Ansatz. Wiesbaden: VS.

Leithäuser, Thomas & Volmerg, Birgit (1979): Anleitung zur Empirischen Hermeneutik. Psychoanalytische Textinterpretation als sozialwissenschaftliches Verfahren. Frankfurt / Main: Suhrkamp.

Mayring, Philipp (2010): Qualitative Inhaltsanalyse. Grundlagen und Techniken. 11. Vollständig überarbeitete Aufl. Weinheim: Beltz (UTB).

Schnell, Rainer; Hill, Paul B. & Esser, Elke (2013): Methoden der Empirischen Sozialforschung. 10. Auflage. München: Oldenbourg.
Urban, Klaus (1996): Statistik. Einführung in die statistische Methodenlehre. 4. Auflage. München / Wien: Oldenbourg.

Kap. VI (Darstellung der Ergebnisse und Ausblick)

Ballstaedt, Steffen-Peter (2011): Visualisieren. Bilder in wissenschaftlichen Texten. Konstanz u.a.: UTB.
Bernstein, David (1991): Die Kunst der Präsentation. Wie Sie einen Vortrag ausarbeiten und überzeugend darbieten. Frankfurt/Main, New York: Campus.
Coy, Wolfgang & Pias, Claus (Hrsg.) (2009): Powerpoint: Macht und Einfluss eines Präsentationsprogramms. Frankfurt / Main: Fischer.
Moser, Heinz; Holzwarth, Peter (2011): Mit Medien arbeiten. Lernen – Präsentieren – Kommunizieren. Konstanz u.a.: UTB.
Ziegaus, Sebastian (2009): Die Abhängigkeit der Sozialwissenschaften von ihren Medien. Bielefeld: transcript.

Sachregister